民主与教育

〔美〕约翰·杜威◎著

俞吾金　孔慧◎译

杜威著作精选

刘放桐　陈亚军　主编

华东师范大学出版社

·上海·

图书在版编目(CIP)数据

民主与教育/(美)约翰·杜威著;俞吾金,孔慧译.
—上海:华东师范大学出版社,2019(杜威著作精选)
ISBN 978-7-5675-8873-8

I.①民… II.①约…②俞…③孔… III.①杜威(Dewey,
John 1859-1952)—实用主义教育思想 IV.①G40-06
②B712.51

中国版本图书馆 CIP 数据核字(2019)第 061759 号

杜威著作精选

民主与教育

著　　者　(美)约翰·杜威
译　　者　俞吾金　孔　慧
责任编辑　朱华华
责任校对　张　雪
装帧设计　卢晓红

出版发行　华东师范大学出版社
社　　址　上海市中山北路 3663 号　邮编 200062
网　　址　www.ecnupress.com.cn
电　　话　021-60821666　行政传真 021-62572105
客服电话　021-62865537　门市(邮购)电话 021-62869887
地　　址　上海市中山北路 3663 号华东师范大学校内先锋路口
网　　店　http://hdsdcbs.tmall.com

印 刷 者　常熟高专印刷有限公司
开　　本　890 毫米×1240 毫米　1/32
印　　张　14
字　　数　288 千字
版　　次　2019 年 5 月第 1 版
印　　次　2024 年 12 月第 6 次
书　　号　ISBN 978-7-5675-8873-8
定　　价　58.00 元

出 版 人　王　焰

Schools of To-Morrow
School and Society

Human
Nature
and
Conduct

Democracy
and
Education

econstruction
in Philosophy

Psychology

The Quest
for Certainty

The Public and its Problems

Art as
Experience

Ethics

How
We Think

Experience
and Nature

目　录

主
编
序

在杜威诞辰 160 周年暨杜威访华 100 周年之际,华东师范大学出版社推出《杜威著作精选》,具有十分重要的纪念意义。

一百年来,纵观西方思想学术发展史,杜威的影响不仅没有成为过去,相反,随着 20 世纪后半叶的实用主义复兴,正越来越受到人们的瞩目。诚如胡适先生所言:"杜威先生虽去,他的影响永远存在,将来还要开更灿烂的花,结更丰盛的果。"

在中国,杜威的命运可谓一波三折。只是在不远的过去,国人才终于摆脱了非学术的干扰,抱持认真严肃的态度,正视杜威的学术价值。于是,才有了对于杜威著作的深入研究和全面翻译。

华东师范大学出版社历来重视对于杜威著作的翻译出版,此前已推出了《杜威全集》(39 卷)、《杜威选集》(6 卷)的中文版,这次又在原先出版的《全集》的基础上,推出《杜威著作精选》(12 种)。如此重视,如此专注,在国内外出版界都是罕见的,也是令人赞佩的。

或许读者会问,既有《全集》、《选集》的问世,为何还要推出《精选》? 我们的考虑是:《全集》体量过大,对于普通读者来说,不论是购买的费用还是空间的占用,均难以承受。而《选集》由于篇幅所限,又无法将一些重要的著作全本收入。《精选》的出版,正可以弥补《全集》和《选集》的这些缺憾。

翻译是一种无止境的不断完善的过程,借这次《精选》出版的机会,我们对原先的译本做了新的校读、修正,力图使其更加可靠。但我们知道,尽管做了最大努力,由于种种原因,一定还会出现这样那样的问题。我们恳切地希望各位方家不吝赐教,以使杜威著作的翻译臻于完美。

最后,我们要特别感谢华东师范大学出版社王焰社长,感谢朱华华编辑。杜威著作的中文翻译出版,得到了华东师范大学出版社一如既往的大力支持,朱华华编辑为此付出了很多的心血。没有这种支持和付出,就没有摆在读者面前的这套《杜威著作精选》。

刘放桐　陈亚军

2019 年 1 月 28 日于复旦大学

Schools of To-Morrow

School and Society

Human
Nature
and
Conduct

Democracy
and
Education

econstruction
n Philosophy

Psychology

The Quest
for Certainty

The Public and its Problems

Art as
Experience

Ethics

How
We Think

Experience
and Nature

序言

本书的论述体现出这样一种努力,即探索和阐述蕴含在民主社会中的种种理念,并把这些理念应用到教育的各种问题上。这一探讨包含从上述观点出发对建设性目标和公共教育方法的暗示,也包含对先前的社会境况中形成的认知理论和道德发展理论的批判性评价,而在名义上的民主社会中,这些理论仍然发挥着作用,阻碍着民主理想的彻底实现。正如本书将表明的,本书所论述的哲学关系到民主的成长,而民主的成长既伴随着各门科学中的实验方法、生物科学中的进化观和产业重组的发展,也伴随着这些发展所暗示的教材和教育方法的变化。

在此,笔者由衷地感谢师范学院古德塞尔(Goodsell)博士的批评;感谢同一个学会的基尔帕特里克(Kilpatrick)教授的批评和他就本书论述主题的顺序提出的建议,笔者从他那里获益良多;还要感谢爱尔西·瑞普利·克拉普(Elsie Ripley Clapp)小姐提供的许多批评和建议。古德塞尔博士和基尔帕特里克教授还十分乐意地通读了校对稿。笔者也衷心地感谢学生们多年来一届接一届地前来听课,这里无法细述了。

约翰·杜威

哥伦比亚大学,纽约

1915 年 8 月

第一章　教育作为生活的必需

EDUCATION AS A NECESSITY OF LIFE

1. 通过传递，生活得以更新

生命体与非生命体最显著的差别，在于生命体通过更新来保持自身。一块石头在受到击打时，只是一味承受。当它的承受能力大于受击打力度时，它就维持在外形上不变。否则，它就会被打碎成小块。石头永远不会试图作出反应，从而在抗击打时维持自身，甚至让这个击打变成促进它自身下一步行动的一个有利因素。尽管生命体轻易就会被不可抗力打倒，但仍然会试图把作用于它的能量转化为帮助它进一步生存下去的手段。如果它做不到这一点，就不只是裂成小片（至少就比较高级的生命形式来说是这样），而是不可能作为生命体再存在下去。

只要生命体持续下去，它就会想方设法为自己的利益而运用周围的各种能量。它使用光、空气、水分和土壤。所谓使用它们，是指把它们转化为保持它自身的手段。只要它尚在生长，它利用环境所耗费的能量就大于它回馈给环境的能量：它在生长。如果从这层意思上去理解"控制"一词，那么就可以说，生命体能够为自身的持续活动而抑制和控制各种能量，否则，它自身就会被消耗殆尽。生命是一个通过作用于环境以实现自我更新的过程。

在所有比较高级的生命形式中，这一过程不可能永无止境地持续下去。假以时日，它们就被压垮了，死亡了。生物无法担当起永无止境地更新自我的任务。然而，生命进程的延续性并不依赖于任何个体存在的延长。其他生命形式持续不绝地繁衍着。并且，尽管如地质学记录所显示的，不只是个体，就连物种也会灭绝，但生命进程仍以各种日益复杂的形式持续着。随着一些物种逐渐消亡,新的生命形式出现了,它们更能适宜于运用它们无力反抗的各种阻碍。生命的延续,意味着环境反复地重新适应生命有机体的各种需求。

我们已经论及最低级的生命形式——作为一种物理事物而存在。但是,我们使用"生活"一词来表示所有范围的经验,包括个体的和种族的。当我们看到一本名为《林肯的一生》(*Life of Lincoln*)的书时,我们并不会期待在其中能够找到一篇有关生理学的论文。我们料想它有对社会历史背景的记述;对早期环境、家庭条件、家人职业的描述;对性格发展中的主要事件的阐述;对具有标志性意义的奋斗和成就的描写;对这个个体的希望、品味、欢乐和苦难的描写。我们也以极为相似的形式,谈论一个原始部落的生活、雅典人民的生活、美国国民的生活。"生活"涵盖了各种习俗、制度、信念、成败、劳逸。

我们也在同样充满意义的程度上使用"经验"一词。"通过更新来延续"这一原则,既适用于纯粹的生理学意义上的生命,也适用于经验。对人类来说,各种信念、理想、希望、快乐、困苦及实践的再创造,都是随着物理存在的更新而实现的。任何经验,通过社会群体的更新而得以延续,这是一个毫不夸张的事实。教育,在其最广义的层面上,就是这种生活的社会性延续的手段。无论在现代城市里,还是在原始部落中,一个社会群体中的每一个组成要素生来都不成熟,无力无援,没有语言、信念、理念或者社会规范。每个个体,每个单位,作为其群体的生活经验的载体,迟早会消逝;但这个群体的生活仍然会延续下去。

在一个社会群体中,每一个成员都有生有死,这些根本的、无法回避的事实决定了教育是必要的。一方面,群体中的新生成员们——群体将来唯一的代表们还不成熟，而成年的成员们则十分成熟，拥有关于群体的知识和习俗，这两者形成了鲜明的对照。另一方面，新生的成员们不仅有必要保持足够的个体数量上的优先，而且有必要被引导到成年成员们的利益、目的、信息、技能和实践上去，不然，这个群体富有特色的生活就将中止。甚至在一个原始部落里，成年人的造诣也大大胜于不成熟的成员们自食其力所能达到的造诣。随着文明的提升，未成熟的成员们的诸种原创能力和长者的规范、习俗之间的差距被扩大了。单纯身体上的成长，单单掌握极少的生活必需品，已不足以维持群体生活的繁衍，必须深思熟虑和煞费苦心。人们对社会群体的各种目的和习惯生来既不知晓，也不太关心，因此不得不让他们认识并积极关心这些事情。教育，唯有教育，才能弥合这条鸿沟。

社会，如同生物学上的生命，通过传递的过程而存在。这种传递通过年长者向年轻者交流有关行事、思维和感受的各种习惯而得以实现。社会中一些成员逐渐淡出群体生活，但如果他们不同那些正进入群体生活的成员们就理想、希望、期待、规范、见解进行交流，社会生活就难以存在下去。如果构成社会的成员们持续地存活下去，他们就可以教育新生的成员，但这样一来，这项工作就更多地为个人兴趣所引导，而不是以社会需求为导向。这在如今，则是一项必不可少的工作。

显而易见，假如一场瘟疫刹那间夺去了一个社会所有人的生命，那么，这个群体也就永远消失了。然而，群体中每一个成员都会死亡，这就和传染病一下子吞噬他们所有人的生命一样，是确定无疑的。但是，由于年龄层上的差异，即一些人死亡而另一些人出生这一事实，社会结构通过理念和实践的传递而可能得到不断的重构。可是,这种更新并非自然而然的。如果不是煞费苦心地进行真正的、彻底的传递,那么,即使最文明的群体也会重新陷入野蛮,甚至蒙昧的状态。事实上,年轻人如此不成熟,以至于假如听凭他们自食其力而没有其他人的指导和帮助的话,他们甚至无法获得维持肉体上生存所必需的各项基本能力。人类中的年幼者与许多低级动物的幼崽相比,其最初的功能是如此之弱,甚至连支持身体的各种力量也必须经过传授方能获得,更别提所有关于人类技术、艺术、科学和道德的成就了。

2. 教育与交流

确实,教与学的必要性对一个社会的持续存在是如此明显,以至于我们所说的东西不过是老生常谈罢了。但是,我们有理由这么做,因为强调这些可以防止我们持有一种过于学院化和形式化的教育观。的确,学校是一种重要的传递方式,可以让未成熟的人们养成不同的性情倾向。但它只是传递方式之一,与其他机构相比,也只是比较表层的方式。只有领会到更为根本和长久的传授模式才是我们的需要时,我们才能确定地将那些学院化的方式置于真实的语境中。

社会,不只是通过传递、交流而得以持续存在;说它存在于①传递、交流之中,也不为过。"共同的"、"共同体"和"交流"这些词

---

① 英文原书中用斜体表示强调,本书中处理为楷体。——译者

不只是在字面上有关联。人们基于共同的事务而生活在一个共同体中，而交流则是他们掌握这些共同事务的方式。为了形成一个共同体或社会，他们必须在下述方面是共同的：目标、信念、渴望、知识——一种共同的理解——社会学家们所谓类似心理就是这个意思。这些东西无法像在物理意义上传递砖块那样，由一个人传给另一个人；也不能像人们分享一个馅饼那样，将之切成一小片一小片来分享。交流确保人们参与共同的理解，从而保障人们有相似的情绪、性情和理智——如回应期望和要求的方式。

人们毗邻而居并不能就此形成一个社会，就像一个人即使搬到离其他人数英尺甚至数英里之远的地方，也不可能不受社会的影响。一本书或一封信为相隔千里之遥的人们搭建的联系，甚至比共处一室的居民之间的联系更为密切。个体们甚至不会因为效力于某个共同目标而就此组成一个社会群体，比如一台机器的各个部件都为一个共同结果而尽可能地竭诚合作，可它们不构成一个共同体。可是，如果它们都认识到这个共同目标并对此有兴趣，从而都按照这个目标来调整各自具体的活动，那么，它们就会形成一个共同体。但是，这将涉及交流。每个人都必须知道其他人在做什么，还必须想方设法让其他人知道他自己的目的和进程。要达成共识，有待交流。

这使我们不得不认识到，甚至在最具社会性的群体中，也存在着许多非社会性的关系。在任何社会群体里，还有很多人类关系仍停留在类似机器的程度上。个人之间相互利用以达成他所渴望的结果，而并不考虑被利用者的情绪和理智倾向，也不管被利用者是不是同意。这种利用显现出物质上的优越性，或者地位、技能、工艺能力和支配机械工具或财政手段上的优越性。目前诸如家长和子女、教师和学生、雇佣者和被雇佣者、统治者和被统治者的关系，仍然处于这个水平；无论他们各自活动的相互牵连有多么息息相关，他们绝没有构成真正的社会群体。下达命令和接受命令可以改变行动及其结果，但本身并不导致对目的的共享和对兴趣的交流。

不仅社会生活等同于交流，而且所有交流（因此是所有真正的社会生活）都是富有教育意义的。作为交流的接受方，就是去拥有被扩展和改变了的经验。一个人分享到了另一个人的所思所感，在这个程度上，他多多少少会改变一些自己的态度，而做交流的一方也不会不被改变。尝试这样一个实验：把某种经验充分、准确地传达给另一个人，尤其是这个经验稍微有点复杂，你就会发现，你自己对这个经验的态度也在改变；不然，你会觉得不可思议。为了交流经验，就必须把经验明确地表达出来；而明确地表达经验就需要跳出这个经验，像外人那样看待它，考虑它和别人的生活有什么交集，这样就能把经验置入一种形式，一种能让他领会到这个经验的意义的形式。假如一个人试图以明智的方式把自己的经验告诉另一个人，除非他说的是老生常谈或警言妙句，否则，他必须富有想象地吸纳对方经验中的某些东西。所有交流都像艺术。因此，简直可以说，任何社会安排，只要保持其强烈的社会性或共享性，就对参与这个社会安排的那些人具有教育的意义。只有当它成了模具中的铸件，以常规方式运作时，它才会丢失其教育的力量。

因此，总而言之，社会生活不仅为其自身的持久存在而需要教学和学习；而且，共同生活的过程恰恰就是进行教育。共同生活的过程扩展且启发了经验，激发且丰富了想象，它为论述和思想的准确性与生动性负责。一个真正离群索居的人（在身体上和精神上都离群索居），很少或者毫无机会去反思他以往的经验，从中提取出纯粹的意义。成熟的人和未成熟的人之间在成就上的不平衡，不只使人们有必要教导年轻人，而且，这种教导的必要性也促使人们最大限度地把经验精简成易于交流、因而最为有用的秩序和形式。

3. 正规教育的地位

所以，每个人只要真正地生活着，而不只是维持生计，那么，他从与别人一起生活中所受到的教育，较之于有意识地教导年轻人的教育，有天壤之别。在前一种情况下，教育是附带发生的，是自然的，也是重要的，但并非是人们联合起来的直接理由。可以毫不夸大地说，任何社会制度，包括经济的、家庭的、政治的、法律的和宗教的，其评判价值的标准就在于它对扩展和提升经验的影响如何。然而，这种影响并非它初始动机的一部分，其初始动机是有限的，也更求立竿见影。比如，宗教联合体就始于这样的愿望，即获得统治力量的恩赐，抵制恶势力；家庭生活始于对人们各种欲望的满足，确保家庭的安定长久；而在大多数情况下，系统化的劳动则出于对他人的奴役等。至于制度的副产品对有意识生活的品质和广度的影响，是逐渐才走入人们视野的；而人们把这种影响视为制度运作中的指导性因素，则经历了更为长期的过程。甚至在如今工业化的生活中，世界性的生产劳动在人们联合起来的各种形式下得以进行。然而,除了勤奋和节俭这类价值以外,这些联合形式在理智和情绪上的反应相比于物质上的产出,几乎没受到什么关注。

可是,在与年轻人打交道时,联合起来这一事实本身,作为触目可见的人类事实,有了重要的意义。在与他们的接触中,很容易忽略我们的各种行为对他们的性情所造成的影响;也很容易认为,教育的影响比起那些外在的、有形的结果来,是次要的;但在与成人打交道时,这种情况就不那么轻易发生了。训练的必要性太显而易见了,以至于我们过于迫切地要求改变年轻人的态度和习惯,根本无暇顾及这方面的后果。既然我们与他们交流的要务是使他们能够分享一种共同生活,那么就得认真地考虑一下:我们究竟是不是在塑造年轻人获得这个能力的各种力量?如果人类越发意识到,每一种制度的终极价值在于其对人的卓越的影响——对自觉的经验的影响,我们就有理由确信,这个教训多半是在与年轻人打交道的过程中获得的。

正是上述考虑,引导我们在至今一直探讨的这个广泛的教育进程中区分出一种更为正规的教育——直接传授或者学校教育。在尚不发达的社会群体中,很少能够发现正规教学和形式训练。原始群体主要依靠使成人们忠于群体的那种联合,把群体所要求的性情倾向慢慢地灌输给年轻人。除了为年轻人举行有关社会成员资格的入会仪式以外,他们在教育储备方面没有任何特殊的方案、材料或者相应的制度。他们大多依靠这样的形式,即让孩子们参与年长者所从事的活动,学习成人的习俗,从而获得情感倾向和种种观念。这种参与,有一部分是直接的,他们参与到成人的各种职业中去,做他们的学徒;另一部分则是间接的,儿童在表演游戏中再现成人们的各种行动,从而了解这些动作究竟是怎么样的。对于原始人来说,确定一个专门让人学习的场所,显然是不可思议的。

然而,随着文明的发展,年轻人的才能和成人的关注焦点之间的鸿沟变大了。除了一些层次不高的职业,通过直接参与成人的事务来学习的活动变得越来越困难了。许多成人所从事的事务,在空间上如此疏远,在意义上如此疏离,以至于嬉戏般的模仿越来越不足以再现其精神。因而,年轻人有效地参与成人的各种活动的能力,有赖于预先以此为目的的训练。这样一来,意图明确的机构——学校和明晰的材料——课业被设计出来,具体的教学任务就被委派给一个特殊的人群。

显然,假如没有这种正规教育,一个复杂社会的所有资源和成就不可能被传递下去。有的经验,在年轻人只通过与他人的非正式联系而受到的训练中是无法获得的;由于掌握了书本和知识的符号,正规教育能够另辟蹊径,让年轻人获得经验。

可是,在间接教育向正规教育转变的过程中,存在着一些显而易见的威胁。无论是直接地参与实际事务,还是在游戏中间接地体验实际事务,至少是个人亲历的且鲜活的。在某种程度上,这些优势弥补了可用机会之稀少。相反,正规性的指导容易变得疏远而僵死——以常用的贬义词来说,就是变得抽象而迂腐。在低等社会里,累积起来的知识至少会付诸实行,并被转变为其特征;它的意义深刻,而这种意义就在于其迫切的日常利益。

然而,在一种先进的文化中,许多必须学习的东西以符号的形式被保存下来了,这完全不同于向熟悉的行为或对象的转化。这种材料是富于技术性的,也是表面的;从通常的"实在"标准来衡量,它是人为的,因为这个衡量标准涉及实际的关注焦点。这种材料独立地存在于一个世界中，没有被同化为日常思想和表达的习惯。正规指导的材料仅仅是纯粹的学校的教材，它脱离生活经验的危险总是存在着。长远的社会利益很可能从人们的视野中消失，那些没有被社会生活结构所容纳进去的教材，大部分还是用符号来表达的技术性信息的材料，在学校中变得惹人注意。人们由此得出了普通的教育观念，而这个观念无视教育的社会必要性，也无视教育与影响有意识的生活的一切人类联合的一致性。这个观念把教育认同为传授与实际生活无关的事物的信息，认同为通过言语记号即文献的习得成果来传播学识。

所以，有待教育哲学加以回应的最有分量的问题之一，是如何在非正规的和正规的、附带的和有意的教育模式之间维持适当的平衡。如果获得信息和专业的理智技能对养成社会倾向没有影响，那么，鲜活的日常经验就无法增加意义，而学校教育至今只是打造出学习方面的"精明的人"——利己主义的专家。有些知识是人们有意识地去了解的，因为他们察觉到，这是通过特定的学习获得的；有些知识是人们无意识地知道的，因为他们在与他人的交往中形成自己的性格，并在这一过程中吸收了这种知识。随着专门化的学校教育不断发展，规避这两种知识之间的分裂已变成一项越来越微妙的任务。

概要

生活的真正本性是为延续自身存在而奋斗。既然这种延续只能通过不断的更新得以实现,生活就是一个自我更新的过程。教育之于社会生活,就像营养和繁殖之于生理学上的生命。教育主要是通过交流得以传递的,交流是一个分享经验、直到经验为人们所共同拥有的过程。它改变了分享经验的双方原有的性情倾向。人们联合起来的每一种模式,其深层意义在于有助于提升经验的品质。当人们在与未成熟者打交道时,这一事实最为一目了然。也就是说,尽管每一种社会安排实际上都有教育意义,但教育的影响首先在有关长幼的联合的目标中发挥了重要的作用。由于社会在结构上、资源上日渐复杂,对正规的或有意的教学和学习的需求也逐渐增长。随着正规教学和训练在范围上越加宽泛,在更为直接的联合中所获得的经验和在学校中所获得的经验之间,存在着不适宜的分裂的危险。由于近几个世纪以来知识和专业性技能快速发展,这种危险变得空前巨大了。

第二章　教育作为一种社会功能

1. 环境的本性和意义

我们已经注意到,一个共同体或社会群体通过持续的自我更新来保持自身,而这种更新是通过群体中未成熟成员们在教育上的成长来实现的。通过各种无意的和设计好的中介,一个社会把没有经验的、看上去差别很大的人们转变成它自己的各种资源和理想的强有力的保管者。因此,教育既是抚育,也是教养或培养。所有这些词都表明,教育暗含着对成长的各种条件的关注。我们也会谈到栽培、培育、抚养等词,这些词体现出教育旨在涵盖的不同层次。从词源学上看,"教育"这个词恰恰是指引导或抚养的过程。当人们心中想到这个过程的结果时,他们是把教育当作塑造、构成和铸造这样的活动,即塑造出社会活动的标准形式。在本章中,我们考察的是一个社会群体如何抚养未成熟的成员们,使他们融入其社会形式所采用的途径的一般特征。

既然人们所需要的是转化经验的品质,直至其分有通行于社会群体的各种兴趣、目标和理念,那么,问题显然不只是体力上的成形了。运用体力可以在空间中搬动、运送事物,但各种信念和抱负却不能以体力上的方式被抽出来或塞进去。那么,它们是如何被传播的呢?假设它们不可能直接地被传播或逐一加以灌输,关键问题就是要找到一种方法,让年轻人能用以吸取年长者的观点,或者使老一辈能以此让年轻人拥有和他们自己类似的心智。

通常说来,这一解答就是通过环境的作用,引起一定的回应。人们所需要的信念不能被硬塞进大脑里,所需要的态度也不能靠外观上的粉饰,但个体生存于其中的特殊的媒介会引导他去体会和感受这一个事物,而非那一个事物;也会引导他做出某个计划,从而顺利地与他人一起行动。作为博得他人认同的一个条件,某些信念会被加强,而另一些信念则被削弱。因此,媒介使得他逐渐发展出一定的行为体系和行动倾向。"环境"(environment)、"媒介"(medium)这些词,不仅意谓环绕着个体的周围事物,更是指周围事物和个体本身各种积极的趋向之间特定的持续关系。当然,一个非生命体与周围事物的关系也是持续的;但除了在比喻中,围绕着它的各种境况并不构成环境,因为无机物并不与施加于它的各种影响力有关。另一方面,虽然有些东西在空间和时间上距离某种生物甚远,但它们甚至可以比有些近在咫尺的东西更真切地构成其环境,尤其是对人这个物种来说。如果一个人会随着某些东西的变化而变化,那么,这些东西便是他真正的环境。因此,天文学家的活动就是随着他所注视或加以推测的星星而变化的。在他直接当下接触的诸多周围事物中,他的望远镜构成他最为息息相关的环境。对于一个博物学家来说,他的环境包含着他所关注的人类生活的久远时代,以及他以此与那个时代联系起来的遗迹、碑铭等等。

简言之,环境是由那些促进或妨碍、刺激或遏制一种生物特有的活动的条件构成的。水是鱼的环境,因为水对鱼的各种活动——对它的生活是必不可少的。北极是一个极地探险者的重要的环境要素,这与他是否成功抵达北极无关,因为北极界定了他的各种活动,规定了这些活动的与众不同之处。恰恰是因为生活所意指的不单纯是被动的存在物(假设有这样一种东西),更是一种行为方式,因此,环境或媒介便意味着作为有帮助的或破坏性的条件而参与这一活动的东西。

2. 社会环境

　　如果一个人的各种活动与他人发生了关联,他便拥有了一个社会环境。他的所作所为及他所能实行的作为,取决于他人的期待、要求、认同和责难。一个与他人相关联的人在开展自己的活动时,不可能不把他人的活动纳入自己考虑的范围内,因为他人的活动是他实现自己的各种趋向所必不可少的条件。当他开展活动时,他激发起他人的活动;反之亦然,他人开展活动时,也会激发他的活动。如果可以设想我们有可能依照个体各种单独的行动来界定他的各种活动,那么,我们不妨试着想象一下:一个生意人做生意,自己买,自己卖。再者,一个制造商,无论是在账房里独自制定计划,还是在购买原材料或者销售成品,他在这些活动中都切实地受着社会的指引。那些与联合他人的行动相关的思维和感受,如同一目了然的合作行为或敌意行为一样,属于行为的社会模式。

　　尤其需要说明的是,社会媒介如何教养其未成熟的成员们。社会媒介是如何塑造各种外在的行动习惯的,这并不难理解。甚至狗和马都会由于与人相关联而改变它们的行动,因为它们所做的事情与人们有关系,于是养成了不同的习惯,人们是通过控制影响它们的自然刺激的方式来实现控制的;也就是说,是通过创造一定的环境来实现的。食料、嚼口和缰绳、呼喊声、马车都被用于引导马的各种自然的或本能的回应方式。通过持续不变的操作唤起一定的行为,由此,习惯也就形成了;这些习惯与最初的刺激一样,始终一贯地发挥作用。如果一只老鼠被放进迷宫里,而它只有按既定的顺序、经过一些既定的转弯才能找到食物，它的活动就会渐渐地被修正，结果是它在饥饿时会习惯性地采取这条路线而非别的路线。

人的各种行动的修正也是类似的情况。被烧伤过的孩子恐惧火。如果家长安排这样的条件：每当孩子触摸某个特定的玩具时，就会被烫到，这个孩子将学会像避免接触火一样，自觉地躲避那个玩具。当然，到目前为止，我们谈论的只是可以称之为训练（training）的东西，它有别于有教育意义的教学。我们所考虑的变化都是外在行为上的，而不是有关行为的精神和情绪倾向方面的。然而，这种区别并不突出。我们可以设想，前面提到的那个孩子可能最后不只是对那个玩具，还会对与它相似的那一类玩具产生极端的厌恶感。在他忘记最初被烧伤那回事之后，可能仍然保留着那种厌恶感，之后甚至会编造某个理由来解释他那看似非理性的厌恶感。在一些情况下，借由改变环境来影响对行动的刺激，从而改变行动的外在习惯，这会改变行动中相关的精神倾向。但事情也并非总是如此。一个人被训练去避开一个有威胁的打击，他学会了自觉的闪躲，但并不因此就有了相应的思维或情绪。因此，我们有必要发现训练和教育之间的某种差异。

下述事实也许可以提供一点提示：一匹马的活动服务于社会功用，但这匹马却并不真正分担它的行动的社会功用。有人通过给马一些利益，比如给它食料等等，使马从事其活动，从而利用马来获得一个有利的结果。但是，这匹马可能产生不了什么新的兴趣；它仍然只对食物有兴趣，而对所提供的服务不感兴趣。它不是一个共享的活动中的伙伴。假设它成为这个共同活动的参与者，它就会与别人一样，对活动的成果有同样的兴趣，也会分享他们的理念和情感。

现在，在很多情况（这样的情况不免太多了）下，一个未成熟的人只是为了获得各种有用的习惯而进行活动。他像动物一样被训练，而非作为人来受教育。他的本能仍然系于人们最初所由之而感到痛苦或愉悦的对象上。但是，为了获得快乐或避免失败的痛苦，他不得不以与他人保持一致的方式行事。在另一些情况下，他真正分担或参与到共同活动中去了。在这种情况下，他的原始冲动被修正了。他不只以与他人行动保持一致的方式行事，而且通过这样的行事方式，同样激励他人的理念和情感在他心中被唤醒了。举例来说，一个部落好战尚武，它所力争的成功和崇尚的成就，都是与战斗以及胜利相关的。有这样的媒介环境存在，就会激励出一个男孩子好斗的表现，首先是在游戏中，之后当他足够强壮时便会在现实中表现出来。如果他战斗，就获得认同和晋升；如果他回避，就会被嫌恶，被嘲笑，被排除在体面的认可之外。他原始的好战的趋向和情绪以牺牲其他趋向和情绪为代价而被加强了，他的观念转向与战争有关的事情，也就不足为奇了。显然，只有通过这种方式，他才能真正成为群体中得到认可的一员。因此，他的各种精神气质也逐渐被群体里的精神气质所同化。

如果我们简洁地总结一下这个例子中所涉及的原则，就会发觉，社会媒介既不直接地灌输某些要求和观念，也不只是培养某种行动在纯粹的肌肉运动方面的习惯，比如"本能地"眨眼或躲避袭击。创造条件，从而激发某些外部可见的行为方式，这是第一步；使个体成为联合活动中的分担者或伙伴，让他意识到联合活动的成功就是自己的成功、联合活动的失败就是自己的失败，这才是最终步骤。他一旦为群体的情感态度所掌控,就会很敏锐地意识到群体所追求的那些特定目标,以及为获得成功所运用的手段。换句话说,他的各种信念和观念都会呈现出与群体中其他人的信念和观念相似的形态。他也会获取相当多同样的知识储备,因为这些知识正是他所从事的惯常事务的构成要素。

人们普遍认为,知识可以由一个人直接地传递给另一个人;而语言在获得知识的过程中的重要作用,显然是导致这种普通观念的主要原因。乍看起来,如果我们要向另一个人的心灵传达一个观念,必须做的几乎就是把声音传到他的耳朵里。因此,传授知识几乎成了一个单纯的物理过程。然而,当我们分析语言的学习过程时,就会发现,这一过程可以证实刚才提出的原则。恐怕大多数人会毫不迟疑地承认,诸如帽子的观念,孩子是通过像别人那样使用帽子来获得的;通过用它罩住脑袋、把它给别人戴、出门时别人帮他把它戴上等方式来获得帽子的观念的。有人也许会问:假如在言说或阅读中涉及希腊头盔的观念,而人们又没有直接使用过该种头盔,这种共享活动的原则如何行得通? 同样地,当人们从书本上了解到美洲大发现时,又存在什么共享活动?

既然语言常常成为学习很多东西的主要手段,那就来看看语言是如何发挥作用的。婴儿的学习,当然是从没有意义即不表达任何观念的纯粹的声音、声响和音调开始的。声音只是一种激发直接回应的刺激,其中一些声音具有安抚之效,另一些声音能把人吓一跳,如此等等。声音 h-a-t(帽子)除非是与很多人参与的某个行动联系在一起而被说出来,否则,就如同巧克陶族的印第安人发出的某个声音,类似于口齿不清的咕哝声,仍然是无意义的。当母亲抱着婴儿出门时,她一边把一样东西戴在婴儿头上,一边说"帽子"。孩子的兴趣是自己被带领出去，母亲和孩子不仅在外在的身体上结伴出行，而且双方都关联在这趟外出中，两人都喜欢这趟外出。结合活动中的其他因素，"帽子"这个声音在孩子那里，就有了和在家长那里相同的意义；它成了它所参与的活动中的一个记号。语言由可被共同理解的声音构成，这个事实本身就足以说明，语言的意义取决于它与一种共享经历的关联。

简言之，实物"帽子"通过它以既定方式被使用而获得其意义，声音 h-a-t（帽子）也完全按相同的方式获得了它的意义。实物"帽子"和声音 h-a-t 在孩子和成人那里具有相同的意义，因为双方在共同经历中使用了它们。首先，实物和声音在一个联结的活动中，作为确立起孩子和成人之间积极联系的手段而被运用，这一事实确保它们以同样的方式被使用。由此萌发了相似的观念或意义，因为两个人作为伙伴参加一个行动，在这个行动中，一方的所作所为既依赖又影响了另一方的所作所为。如果两个原始人参与联合狩猎，其中某个信号，对发出这个信号的人意味着"向右侧移动"，而对听到这个信号的人意味着"向左侧移动"，他们显然无法一起顺利地进行狩猎。理解意味着，对双方来说，各种对象，包括声音，在一项共同事务中价值一致。

在一项合作事业中，声音与一些被运用的其他事物发生联系，从而具有意义。此后，它们可以被用于与其他类似的声音联系起来，从而创造出新的意义，正如它们所象征的那些事物结合起来一样。因此，一个孩子学习一组语词，比如希腊头盔，它起初是在有共同兴趣和目标的行动中被使用才获得意义的（或被理解的）。如今，它通过引发那些听到或读到这个语词的人，在脑海中想象希腊头盔在活动中被使用的场景而引出新的意义。目前，理解"希腊头盔"这个词的人，便和那些使用过这种头盔的人在精神上成了伙伴。凭借想象，他参与了一个共享活动。充分理解语词的完整意义，是不容易的。可能多数人的理解停留在"头盔"意指某个被称为希腊的民族曾戴过的一种古怪的头饰上。相应地，我们可以得出这样一个结论：运用语言传达和获取观念，是对"事物通过被使用于共享经历或联合行动中获得意义"这一原则的扩展和概括；语言的使用绝不会与这个原则相抵触。无论在公开的场合中，还是在想象的场合中，假如语词都没有作为要素进入一个共享的情景中，那么，它们只是作为纯粹的物理刺激发挥作用，而不具有意义或者理智上的价值。它们使活动按既定的惯例进行，然而活动并不伴有自觉的目的或意义。因此，举例来说，数学中的加号可以激发人们在一个数字下写上另一个数字，把它们叠加起来，但如果做演算的人没有意识到他的行为有什么意义，那么，他的行为就是一架自动机的行为。

3. 社会媒介的教育意义

到目前为止，我们得出的结论是：社会环境通过让不同的个体参与到能唤醒并强化某些冲动、具有某些目的并要求承担某些后果的活动中，塑造出他们在行为中的精神倾向和情感倾向。一个在音乐世家成长起来的孩子，在音乐上的任何才能不免受到激发；而且，比起其他冲动在别的环境中可能被唤起的情况，这些音乐才能相对受到更多的激发。除非他对音乐感兴趣，并有一定的才华,否则,他只能是个"局外人",无法分享他所属的那个群体的生活。个体肯定要参与一些和他本身有关系的人们的生活;通过这些人,社会环境以不知不觉的、不带有任何既定目的的方式产生了教育性或构造性的影响。

在原始人和野蛮人的共同体中,这种直接参与(构成我们已经提及的间接的或附带的教育),对栽培年轻一代,让他们融入群体的习惯和信念之中,几乎产生了独一无二的影响。在当今社会中,甚至对持续不断地受到学校教育的年轻人来说,直接参与也给予他们基础性的教养。根据群体的利益和事业,某些东西变成深受推崇的对象,另一些则被嫌弃。联合并不产生好恶的驱动力,但它提供人们好恶所指向的对象。一个群体或阶层的行事方式,常常决定人们对哪些对象的关注是合适的,因而也指示他们观察和记忆的方向与限度。陌生的或外来的东西(也就是外在于群体各种活动的),容易受到道德上的禁止和理智上的质疑。比如,人们似乎难以相信,他们熟知的事物过去并不在他们的认知范围内。关于这一点的解释,人们常常归因于他们的先驱者们天生的智力不发达,而假定他们自己有与生俱来的出众的才智。但符合事实的解释应该是:那些先驱的生活模式并不要求他们注意那些事实,而要他们的心灵密切关注别的事物。诚如各种感官需要有感觉对象来刺激它们一样,人们观察、回忆和想象的能力并不会自发地运作起来,而是由当下社会事务确立起来的各种需求所调动。正是通过这些影响,行为倾向的主要结构得以形成,而这与学校教育并没有关联。自觉的、审慎的教学所能做的,至多是让由此形成的各种才能自由地发挥出来,从而更充分地使用它们,清除它们的粗劣之处,提出丰富活动意义的各种目标。

由于"无意识的环境影响"微妙不定而又遍布各处，因而它深深地影响着性格和心灵的每一个方面。这里论述的是它影响最为突出的若干方面。首先是语言习惯。言说的基本模式和大部分词汇是在平常的生活交往中产生的，而平常的生活交往不是作为教育指导的既定手段，而是作为社会需要而进行的。如我们常说的，小孩习得母语，由此形成的言说习惯可能会被自觉的教学所纠正和取代。但是，当不同的个体亢奋的时候，有目的地学会的言说模式往往隐匿不见了，恢复了真正原汁原味的土语。其次是举止风格。众所周知，范例比规条更有效力。就像人们所说的，好的举止风格来自好的教养。毋宁说，它就是好的教养；而教养是通过回应惯常刺激的惯常行动，而不是靠信息的传递而获得的。虽然自觉的纠正和指导永无休止地上演着，但环境氛围和精神最终仍是塑造举止风格的主要中介环节，而举止风格还只是道德中的次要成分。在主要的道德上，自觉的指导只有在与构成孩子的社会环境的那些人的一般"言谈举止"相一致的范围内，才可能是有效的。再次是好的品味和审美鉴赏。如果映入眼帘的总是一些形式高雅、色彩协调的对象，品味的水准自然会被提高。一个媚俗、杂乱、过分矫饰的环境会导致品味退化，就像贫瘠而荒芜的环境会浇灭对美的热望。在这种逆境下，自觉的教学除了传达关于别人所思所想的二手信息之外，起不了更多的作用。这样的品味决不会变成个人自然而生的、根深蒂固的品味；而只是费力提醒人们，那些为人景仰的人对此持何种想法。价值判断的更深层标准是由个人通常参与的各种情境所构建起来的，这一点还不足以称得上是第四点，因为它不过是把上述几点融合起来而已。人们很少了解，他们对事物有无价值的有意识的评估，在何种程度上取决于他们根本没有意识到的那些标准。但大体上可以说，人们视为理所当然而不加以探询或反思的事物，恰恰决定了他们有意识的思维，决定了他们的结论；而那些处于反思水平以下的习俗，正是在和别人不断的往来交换关系中发展起来的。

4. 学校作为一个特定环境

上面论述的是一种不论人们愿意与否都在持续着的教育过程，其价值在于引导人们发现，成人们若要自觉地控制未成熟者接受何种类型的教育，唯一的方法就是控制未成熟者的环境，即他们在其中行事，从而也在其中进行思索和感受的环境。人们从不直接地进行教育，而是通过环境间接地进行教育。人们允许各种偶然环境担当此任，与为此目的而规划各种环境，这两者是有天壤之别的。就涉及环境的教育影响来说，任何环境都具有偶然性，除非人们已经根据教育效果对它进行审慎的调整。明智的和不明智的家庭的差别，主要在选择家里通常的生活习惯和交往习惯时是不是基于它们对孩童发展的影响这种想法来进行，或者至少带有这种想法的色彩。当然，在这类旨在专门影响其成员的精神和道德倾向而被构建出来的环境中，学校仍然堪称典范。

粗略地说，一旦社会传统变得复杂起来，以至于大量社会积累被记录下来，以书面符号来传播时，学校便应运而生了。与口耳相传相比，书面符号具有更多人为的，或者说约定俗成的性质，在与他人的偶然交往中，它们是无法被习得的。另外，书面形式倾向于挑选和记录相对来说与日常生活无关的东西。一代又一代人所积存下来的成果沉淀于此,尽管其中有些东西已经没有用处。因此,只要一个共同体在很大程度上依赖于它自己领地以外和当前这代人以外的东西,它就必须仰仗既定的学校机构,以确保它所有的资源都能得到充分的传递。一个显著的例证就是:古希腊和古罗马人的生活深刻地影响了我们现在的生活,但他们影响我们的方式并不是由日常经历的表面浮现出来的。同样,现在依然存在着空间上遥远的民族,如英国人、德国人、意大利人,也直接关系到我们的社会事务。当然,在没有得到人们明确的陈述和关注的情况下,这种交互作用的本质是无法被理解的。以此类推,我们不能指望日常的各种联合能使年轻人明确了解遥远的自然能量和无形的组织结构在我们活动中所发挥的作用。由此可见,学校是作为社会交往的一种特定模式而被建立起来以处理这类事情的。

与生活中普通的联合比较起来,这种模式的联合有三个功能非常特殊,值得注意。第一,一个复杂的文明,因为其过于复杂而无法被后人全部(*in toto*)吸收,因而它不得不被分解成各个部分,逐个地、循序渐进地、有层次地被吸收。众所周知,当下社会生活的关系是如此之繁多,如此之错综复杂,以至于一个孩子就算被置于最有优势的位置,也无法轻易地参与到其中很多至关紧要的关系中去。如果不能参与进去,它们的意义就无法传递给他,也就无法成为他自身精神倾向的一部分。真可谓只见森林不见树木。商业、政治、艺术、科学、宗教,一时间都吵嚷着争相要求得到重视,结果将是混乱不堪。我们称为学校的社会机构,其第一要职就是提供一个精简的环境。它确定一些青少年能作出回应的相当基本的特性,然后设定一个递进的次序,即运用先被习得的一些因素,作为循序渐进地洞见更复杂的东西的手段。

第二,学校环境的责任是尽可能清除现有环境中各种不足取的特性,以免影响孩子的精神气质。学校要确立一个纯净的行动环境。选择不仅旨在精简,也是为了清除不合适的东西。每个社会都会被一些微不足道的、过去遗留下来的无用的东西及断然错误的东西所拖累。学校有责任把这些东西从它所提供的环境中清除出去,以便竭尽所能地抵消这些东西对社会环境的影响。学校通过挑选最优的东西留作专用,争取加强这种最优东西的势力。随着社会越来越开化,学校意识到它负责的不是传递和保有社会现有的全部成就,而只是传递和保有促进社会未来更美好的那部分内容。学校便是社会实现这个目标的主要职能机构。

第三,学校环境的职能在于平衡社会环境中的各种要素,负责让每个个体都有机会摆脱他所从属的社会群体的局限,进入具有更广阔环境的生活交际中。诸如"社会"和"共同体"这类词很可能误导人,因为它们容易使人们认为,每个单独的词都有一个单独的东西与之对应。实际上,现代社会就是由许多松散的被联结起来的社群组成的。每个家庭和亲近的朋友们构成一个社群;村庄或街道里的玩伴群体是一个共同体;每个商业群体、每个俱乐部也都是如此。除了这些较为亲近的群体,像我们这样的国家还有各种不同的种族、宗教教会和经济部门。虽然现代城市名义上是一个政治统一体,比起早先时代的整个大陆,却可能存在更多的共同体、更多不同的习俗、传统、理想和统治或控制的形式。

每个这样的群体都对其成员的积极倾向产生了发展性的影响。一个派别、一个俱乐部、一个帮伙、一个教唆盗窃犯的团体、一个监狱里的犯人们，正如一个教会、一个工会、一个商业集团或一个政党，都为参与他们的集体活动或共同联合活动的那些人提供了教育性的环境。它们中的每个都是联合的或共同体生活的模式，好比一个家庭、一个市镇或一个国家。也有一些共同体，它们的成员相互之间鲜有或根本没有直接接触，如艺术家协会、文人团体、遍布世界各地的专业知识分子阶层的成员。因为拥有共同的目标，每位成员都通过知晓其他成员的所作所为而直接修正自己的活动。

古代群体的多样性主要都与地理状况有关。虽然存在着很多社会，但每个社会在自己的范围内是相对同质的。然而，随着商业、运输、通讯和移民事业的发展，拥有不同传统习俗的不同群体便结合起来构成了一些国家，美国就是这样的国家。正是这种情形，可能比任何别的缘由都更紧迫地需要教育机关为青少年提供一个大致同质而平衡的环境。唯有如此，才能抵消同一个政治体内因不同群体并存而产生的离心力。在学校里，种族不同、宗教不一和习俗各异的青少年混杂往来，为所有人创造了更为广大的新环境。与他们作为单独群体的成员所看到的东西比较起来，共同的教材让所有的人都习惯于在更为开阔的视野中达到观念上的一致。美国公立学校的同化力量生动地证明了共同的和平衡的诉求所具有的效力。

学校还具备一种职能，即协调个体所参与的各种不同的社会环境对他的性情倾向所产生的不同影响。在家庭里有一套规则通行；在街道上有另一套；在车间或商店，有第三套规则；在教会，则有第四套规则。一个人从其中一个环境转移到另一个环境，会受制于各种彼此抗衡的力量的牵引，从而陷入一种在不同场合对判断和情感具有不同的标准的危险中。这一危险要求学校具备并发挥稳固和整合力量的职能。

概要

  青少年态度和性情的发展对持续发展的社会生活是必不可少的,但不可能依靠信念、情感和知识的直接传递,而必须以环境为媒介来实现。环境的构成,包括一个生物进行其特有的活动时涉及的所有条件。社会环境的构成包括同类成员的所有活动,而这些活动与社会中任何一个成员活动的开展密切相关。社会环境真正的教育效果,在于个体对某个共同联合活动的共享或参与达到何种程度。通过共享联合活动,个体就把推动这个活动的目标作为自己的目标,对这个活动的方式和题材也了然于心,并获得了所需的技能,从而分享了这个活动的情感精神。

  随着青少年逐渐参与他们所属的各种群体的活动,他们的性情在不知不觉之间受到了更为深层和隐秘的教育层面的塑造。然而,由于社会越来越复杂,提供特定的社会环境来培养未成熟者的各种才能就成为必不可少的了。这个特定环境有三个比较重要的功能:精简和安排人们期许其发展的那种性情的各种要素;把现行的社会习俗净化和理想化;营造一个更为广大、更为平衡的环境。假如将原有环境留给年轻人自己去面对,他们很可能受到原有环境的影响。

第三章　作为指导的教育

1. 环境的指导性

我们现在转入对教育的一般功能所呈现的各种特殊形式中的一种，即指导、控制或引导的探讨。在"指导"、"控制"和"引导"这三个词中，"引导"一词最确切地表达出这样的观念，即如何通过合作来辅助受指引的个体们发展自己与生俱来的能力；"控制"一词，毋宁说是传达了这样的意思，即经受来自外界的某种能量和抵御来自受控者的某种抗争；"指导"是一个更为中性的术语，意指那些受指导者的积极趋向不是漫无方向地散布着的，而是在某个持续的过程中受引领的。"指导"表达的则是一种基本的功能，在一个极端上，它趋向于一种引导性的辅助；在另一个极端上，它又趋向于管理和统治。不管如何，我们必须小心地避免因为对"控制"这个词的过度阐释而产生的曲解。有时候，人们明确地或是不自觉地假设，个体的各种趋向是纯粹个人主义的或自我本位的，从而是反社会的，"控制"由此意谓使个体的各种自然冲动从属于公共或共同的目标的过程。从概念上来分析，既然个体的本性与这一过程格格不入，是有悖于而不是有助于这一过程的，那么，从这种观点来看，控制就有了高压或强制的含义。政府系统和国家理论都是以这个观念为基础的，而这个观念也强烈地影响了教育的理念和实践。不过，它是无凭无据的。尽管个体们感兴趣的是经常可以自行其是，但他们自己的意愿很可能与其他人的意愿发生冲突。当然，他们感兴趣的主要是参与其他人组织的各种活动，参加共同联合的和合作的事务。若非如此，任何像共同体这样的东西就是不可能的，甚至任何人，除非他认为自己可以从中得益,否则,他就没有兴趣为警察提供装备,以维持某种表面上的和谐。实际上,控制只是权力指导的一种富有影响力的形式,它包括个体凭借自身的努力而获得的管理权,而这与凭借其他人的领导所产生的管理结果是一样的。

通常说来,每个刺激都会对活动有所指导。刺激不仅引发活动或激发活动,而且还指导活动,使活动朝向一个目标。反之,一个回应(response)不只是一个反应(re-action),或只是受打扰后的一种反抗,而是如这个词所意指的,是一个应答。它是应对刺激,根据刺激作出反应。刺激和回应彼此适应。光线刺激眼睛,让眼睛看见某物,而眼睛要做的事情就是去看。如果眼睛睁着而又有光线,就可以看见东西;刺激只是器官完成专属功能的一个条件,而不是外在的干扰。在一定程度上,所有的指导或控制都是一种对活动的引导,引导活动朝向自己的目标,辅助某些官能努力去做自己打算做的事情。

然而,这个普遍性陈述的两个方面有待审视。第一,除了本能起作用的个别情况,一个未成熟者接受的刺激,起初并不完全确定地唤起特定的回应,反而会带动许多不必要的精力。这些精力偏离目的,可能被浪费掉,也可能不利于某个行为的顺利实现。这些精力由于起妨碍作用而带来危害。试比较一下初学骑自行车的人与熟练骑手的骑车行为。初学者所投入的精力没有一个明确的方向,它们在很大程度上是分散的、涣散的。方向涉及一个行动的聚焦和确定的问题,只有这样的行动才可能真正成为回应,而它要求去除不必要的、扰乱性的动作。第二,尽管个人若不能在某种程度上合作,就无法开展任何活动,但是一个回应却有可能不符合行动的次序和持续性。一个拳击手可能顺利地躲过了某一次打击,但这一躲却可能导致他在下一个瞬间遭到更猛烈的打击。适度的控制意味着一些连续的行为按照次序被编排起来,其中每一个行为不仅应对当下的刺激,也有助于随后行为的实施。

简言之,指导既是同时发生的,又是接连发生的。在某个给定的时间点上,指导要求从所有被部分地唤起的趋向中,挑选出那些把精力集中于需要之处的趋向。从时间的先后次序上看,指导又要求每个动作和它之前、之后的动作保持平衡,从而使活动有次序。因此,集中和有序是指导的两个方面,一个是空间性的,另一个是时间性的。前者确保击中目标;后者为更长远的行动而维持必要的平衡。很明显,虽然我们可以从观念上对它们进行辨析,但不可能在实践中把它们区别开来。活动必须被集中在某个特定的时间里,并以这样的方式来对接下去的活动有所准备。因为人们不得不密切关注将来可能发生的事情,从而使当下回应的问题变得复杂起来。

从上面的普遍性陈述中可以得出两个结论。一方面,不可能存在纯粹外在的指导。环境顶多只提供刺激,从而引起回应。这些回应来自个体早已具有的各种趋向,甚至当一个人受到恐吓,被威胁去做某事的时候,也只是因为这个人有恐惧的本能,威胁才会发挥效果。如果他没有恐惧的本能,或者虽然有这种本能,但他自己能够控制,那么,威胁对他只不过是类似光线促使一个没有视力的人去看东西的影响。尽管成人的习俗和惯例提供了刺激,从而唤起并指导了青少年的活动,但青少年毕竟认同了他们的行动最终所采纳的那个指导。在严格的意义上,什么东西也不能强加到他们身上,或强制性地塞进他们的头脑里。无视这一事实,意味着曲解和误解人的本性。把被指导者现有的本能和习惯所发挥的作用纳入到考虑的范围内,就是要经济地、睿智地指导他们。确切地说,一切指导都是再指导,把已在进行的活动转到另一条轨道上去。一个人如果没有对已经投入使用的精力有所认识,他在指导方面所做的努力就会迷失方向。

另一方面,由他人的习俗和规定所支持的控制很可能是短视的。这种控制或许有立竿见影的效果,但可能以受控制者随后的行动失去平衡为代价。比如,威胁能让一个人担心,要是他执意做某些事可能会出现可怕的后果,由此而阻止他去做他自然而然地倾向于做的事。但是,他可能因此而被置于这样一个境地,即导致他受到影响,以后做更坏的事。他那诡诈狡猾的本能可能被唤醒,以致他以后遇事只懂得逃避和要诡计,没有了原本可能会出现的另一种情况。那些从事指导别人行动的人总是有这样的危险,即他们容易忽视他们所指导的人的后续发展有多么重要的意义。

2. 社会指导的各种模式

成人在当下旨在指导他人的行为时,自然而然地最容易意识到自己正在从事指导活动。在通常的情况下,当他们发现自己遭到反抗,或者当别人正在做他们不希望他做的事情时,他们会自觉地形成指导别人行动的目标。然而,对我们来说,更为持久而有影响力的控制模式,是那些无时无刻不在运作但又没有如此周密的意图的控制模式。

（1）如果别人不愿从事我们想要他们做的事情，或者他们以不服从来威胁我们，这时我们最清楚地意识到需要控制他们，也需要各种影响力来使他们受到控制。在这样的情况下，我们的控制变得最为直接，因而在这样的关节点上，也最容易发生上面提到的错误。我们甚至可能利用强势力量加以控制，而忽略下面的情形：尽管我们可以把马牵到水边，却无法强迫它饮水；尽管我们可以把一个人关进教养所，却无法让他忏悔。在所有这些对别人施以直接作用的场合中，我们必须辨别肉体上的效果和道德上的效果。一个人可能处在如下境况中，即人们为了让他变好，强迫他进食或强行关他禁闭；一个孩子可能被别人粗暴地从火堆旁拽开，以免他被灼伤。但是，这些做法并不一定伴有被强制者的气质倾向的提升，也不一定伴有富于教育意义的效果。严厉威严的口吻可能会有效地使一个孩子离开火堆，随之而来的身体的效果同样让人满意，如同他被人从火堆旁一把拽开一样。可是，这两种情况中的任何一种，都不存在什么道德意义上的遵从。把一个人关起来，可以防止他闯进别人家里去，却不能改变他入室行窃的倾向。一旦人们把肉体上的效果和教育上的效果混淆起来，就会失去机会来支持一个人在获得自己所渴望的结果的过程中的参与性倾向，也会失去机会以正当方式在他身上发展出一种内在固有的、持久不断的导向。

通常说来，人们更加自觉地加以控制的场合，应该严格地限定在本能性的或冲动性的行为上。因为处于这些行为中的人，不可能预知这些行为的结果。如果一个人既不能预知他行为的各种后果，也不懂那些更有经验的人就这种行为的后果所告诉他的东西,他就不可能明智地引导自己的行为。在这样的状态下,每一个行为,他都一视同仁,每一种激励的因素都可能激励他,而且实际情况就是这样。在某些情况下,最好还是允许他进行试验,以便自己发现后果,从而下次在类似的境况下能以明智的方式行动。可是,某些行动路线会使人们感到为难和反感,以致无法容忍这类做法。现在,指导常常采取直接反对的方式,运用侮辱、嘲弄、冷遇、谴责和惩罚的方法,或者借助与孩子对着干的方式,来转变其惹人厌烦的行为方式。其实,孩子对受到别人的赞许十分敏感,希望通过自己得当的行为来赢得他人的喜爱。通过利用孩子的这些心理特征,我们可以诱导他朝另一方向行动。

(2)如果不是为了在对比中让人注意到另外一种更为重要而持久的控制模式,这些控制方式(因为是被自觉地运用)已经显而易见,简直不值得一提了。另外一种模式是那些常常与青少年有关联的人们使用的方式,也是他们用以实现自己目标的手段。个体在社会媒介中生活、活动、生存,而这种社会媒介的存在正是指导他持久、有效地进行活动的中介力量。

基于这一事实,我们有必要更为细致地考察社会环境究竟意味着什么。人们习惯于把他们的身体条件(physical enviroment)与社会环境分离开来。这种分离,一方面,要为夸大我们前面提到的、更为直接的或亲身的控制模式在道德上的重要意义负责;另一方面,要为当前心理学和哲学中所夸大的、在与纯粹的身体条件打交道中理智所起的作用负责。实际上,除了利用身体条件作为中介,事情并不像一个人对另一个人的直接影响那样。一个微笑,一个蹙眉,一次谴责,一句警告或鼓励,都会涉及身体上的某种变化。否则,一个人的态度无法改变另一个人的态度。比较起来,这种影响模式可以视为个人性的。身体条件沦为个人交际的纯粹手段。与这种直接的相互影响的模式形成对比的,是从事共同事务的各种联合,它们涉及使用一些事物作为实现结果的手段和措施。即使母亲从未要求女儿帮忙,也从未责怪女儿不帮忙,女儿在其活动中还是会服从母亲的指导,因为她与父母一起处在日常家庭生活中。模仿、效法以及一起工作的需要,都会加大控制的力量。

如果母亲递给孩子所需要的东西,孩子必须伸手够到它才能得到。有给予,便有获得。孩子得到这个东西以后如何处理它,将它置于何种用途,必定会受到他所观察到的母亲惯常的做法的影响。如果孩子看见家长正在找什么东西,他自然而然也会去找它;找到以后,就交给家长,就像他在其他场合得到这个东西一样。在日常交往中,这类例子不胜枚举,人们由此而构想出对青少年活动予以指导的最经久不衰的方法。

乍看起来,这么说,只是重复了前面提到的、以参与联合活动作为塑造性情倾向的主要方法而已,但我们也明确地补充并认可了这一点,即利用各种事物在联合活动中发挥相应的作用。学习的哲学已经过度地为错误的心理学所左右。人们常说,一个人只要通过感官的途径就能把事物的性质印入头脑中,由此他便可以进行学习。人们假定,联想或某种精神的综合能力接受了丰富的感觉印象以后,会把它们结合成观念,即某种有意义的东西。人们认为,一个对象,诸如石头、橘子、树、椅子,传达有关颜色、形状、大小、硬度、气味、味道等不同的印象,这些印象被结合起来,构成每一个东西典型的意义。但事实上,正是这个东西因其特殊性质而被特殊地使用,才被赋予使其得以被识别的特有意义。一把椅子被置于一种用途中；一张桌子被用于另一个目的；一个生长在温暖之地的橘子有以下这些价值：可以食用，气味宜人，口味清爽等等。

由身体受刺激而进行的调节活动和精神行为之间的差别在于，后者涉及对事物意义的回应；而前者则没有。一个呼喊声，可能让我惊跳起来，但不涉及我的心智。当我听到呼喊声，跑去取水灭火，我便是明智地作出了回应：这个声音表示着火，而着火表示必须加以扑灭。我碰到一块石头，把它踢到一边，这纯粹是身体的活动。然而，由于担心其他人可能会被石头绊倒，我把它搬到一边，便是明智的活动，因为我对事物的意义作出了回应。无论是否意识到，我通常会受到雷声的惊吓——如果我没有意识到是雷声，可能会受到更大的惊吓。但是，如果我大声说出来，或默默地说那是雷声，我便视这个惊扰为有意义的，并作出了相应的回应。于是，我的行为便获得了精神上的特性。当事物对我们有意义时，我们所做的事就是我们有意（想要、打算）做的；如果没有意义，我们的行为便是盲目的、不自觉的、不明智的。

在这两种回应性的调节中，人们的各种活动都受到指导或控制。然而，在纯粹盲目的回应中，连指导都是盲目的。其中可能包含着训练，却没有教育。对周期性刺激的重复回应，可以使其确立以某种特定方式进行行为的习惯。所有人都有许多习惯，但人们并没有察觉到它们的重要意义，因为它们在人们还不知道自己在做什么的时候就形成了。结果反而是它们掌控了我们，而不是我们掌控了它们。它们激励我们，控制我们。如果我们不能察觉到它们所达到的成效，并对其结果的价值作出判断，那么，我们便不可能控制它们。假如一个孩子每次遇到某个人，都被别人按住脖子低头鞠躬,低头鞠躬对他来说就成了一种自动的、不自觉的行为方式。然而,在他那里,这并不是一个表达认可或尊敬的行为,除非他在行动时预先有一定的目标——比如有一定的意义。只有他知道自己正在做什么,并且知道自己是为这件事的意义而行动的,才可以说他被养育或教育成按一定的方式做出行为。因此,拥有对某物的观念,并不只是从它那里获得各种感觉,而必须考虑到这个事物在周密的行动计划中所处的位置,从而对它作出回应。必须预知事物对我们的作用和我们对事物的作用有哪些不同的走向,以及可能出现的不同的结果。

对事物拥有与他人相同的观念,拥有与他人类似的心智,从而真正成为一个社群中的成员,就与他人一样,赋予事物和行为以他人所赋予它们的同样的意义。否则,就没有共同理解,也没有共同体的生活了。但是,在一个共享活动中,每个人都借鉴另一个人所做的事情,反之亦然。也就是说,每一个人的活动都被置于同一个囊括一切的情境中。一个人用力拉一根人们恰巧使劲在拉的绳子,这不算进行共享的或联合的活动,除非他知道别人也在拉绳子,而且是为了帮助或妨碍他们而去拉绳子的。一根别针在生产过程中,要经过多人之手。可是,每个人只是各司其职、闭门造车,而不了解其他人所做的,或者不考虑其他人所做的;每个人可能只是为了各自单独的结果——他自己的报酬而工作。在这样的情形中,尽管存在着并列的行为,尽管他们各自所做的事情实际上促成了唯一的结果,但并不存在这些行为所指向的共同结果,因而也不存在真正的交往或联合。然而,如果每个人都把自己的行为结果视为是对别人有影响的,从而考虑到别人的行为对自己产生的结果,那么就有了共同的心智,以及共同的行为意向。不同的贡献者之间就会建立起一种理解，而这一共同理解则控制着每个人的行动。

假设人们安排好各种条件，使一个人不假思索地接住一个球，随后抛给另一个人，而后者接住后又不假思索地抛回去。在这里，每个人都做出如此的行为，但并不知道球从哪里来、再传到哪里去。显然，这样的行动既没有重点，也没有意义。它可能在身体上得到控制，但无法在社会意义上得到指导。然而，假设每个人都察觉到别人在做什么，并对别人的行动产生兴趣，从而也由于自己所做的事与别人相关，而对自己所做的事发生兴趣，那么，每个人的行为在社会意义上都是明智的，是以社会为引导的行为。再举个非假设性的例子。一个婴儿因饥饿而哭闹，这时食物已在他面前准备好了。如果他不把自己的状态和他人正在做的事情相联系，也不把他人所做的事情和自己想要获得的满足相联系，那么，他只是按照自己渐增的不适作出了越来越焦躁的反应。他在身体上被自身的机体状况所控制，但当他仔细进行考量时，整个态度就会发生变化。正如我们前面已经指出过的，他注意并观察他人所做的事情，并发生了相应的兴趣。他不再只是为自己的饥饿作出反应，而是依照他人为他以后填饱肚子所做的事情而行动。这样一来，他就不再只是在对饥饿无所知的情况下屈从于饥饿，而是注意到或识别出他自己的状态。这种状态成了他自己的一个对象。在某种程度上，他在这件事情上的态度变得明智了。通过关注他人行动的意义，以及他自身状况的意义，他在社会意义上受到了指导。

如前所述，我们的主要命题有两个方面：其中一个方面，我们已经作了探讨，即身体的活动不对心智产生影响（或形成不同的观念和信念），除非它们与考虑预期结果的行动关联起来；另一个方面，人们只能通过对身体各种状态的特殊运用，以修正彼此各自的倾向。首先涉及的是那些别人感知比较敏感的、富于表达性的动作：脸红，微笑，蹙眉，握拳，各种各样自然的姿态。它们本身并不具有表达性，而是一个人的态度在他的机体上的部分表现。一个人脸红并不是为了向别人表示谦虚或尴尬，而是因为毛细血管的循环在回应刺激时发生了变化。然而，其他人却用与其相关的某个人的脸红，或些许可察觉的肌肉紧张，作为那个人所处状态的一个标志，或作为他采取何种活动步骤的一种暗示。蹙眉表示有人当下必须准备面对谴责，或者表示一种不确定和犹豫，如果可能，必须通过说些什么或做些什么来打消这种不确定和犹豫，从而重树信心。

　　稍远处的一个男人在用力地挥舞着双手。只要我们保持超脱的冷漠的态度，那个人的示意动作和我们恰好注意到的任何疏离的形体变动一样。如果我们不关心或没有兴趣，双手的挥舞便如同风车翼的转动一样，毫无意义。然而，如果我们的兴趣被唤起，便开始参与其中。我们把他的行动和我们自己正在做的事情或应该做的事情关联起来，我们就不得不判断他的行为的意义，以便决定我们应该做什么。他是在呼唤帮助吗？还是在警告我们，要我们当心即将发生的爆炸？在前一种情况下，他的行动意味着别人应该向他跑去；而在后一种情况下，他的行动则表示别人应该尽快离开。无论在哪种情况下，他的身体状态发生的变化都是我们应该如何行动的一个标志。我们的行动受到社会方面的控制，因为我们力图把自己要做的事情与他行动时所处的同样的情形联系起来。

正如我们已注意到的(第19—20页),如果有什么东西把我们的行动和他人的行动牵涉在一个共同的情境中,语言就是其中一例。因此,语言作为社会指导的一种手段,具有至高无上的重要价值。然而,假如语言不是发生在较为粗浅、切实地使用物质手段以实现结果这样的背景中,它就不会是这么行之有效的一种手段。一个孩子看到和他一起生活的人以某种方式使用椅子、帽子、桌子、铁锹、锯子、犁、马匹、钱,如果他参与了他们所做的一些事,就会被引导以相同的方式去使用这些事物,或者以合适的方式去使用另一些事物。如果一把椅子被拉到桌子边,这是一个标志,意味着他要坐这把椅子;如果一个人伸出右手,他也必须伸出右手。凡此种种,不一而足。在对人类艺术成果和自然界原材料的使用中,主导性的使用习惯无疑构成了最深刻、最具有普遍渗透性的社会控制模式。当儿童到了上学的时候,他们早已有了"心智"(minds),即他们有知识,有判断能力,也可以凭借语言求助于这些知识和判断能力。但是,这些"心智"实际上是被组织起来的一些明智回应的习惯,而这些习惯,他们在之前参照他人的方式来使用事物时已经习得。这种控制是不可避免的,它浸透在人们的性情之中。

这一探讨的结论是:控制的基本手段不是个性化的,而是理智上的。在这个意义上,当一个人被他人的直接呼吁所触动时,控制手段谈不上是"道德的",尽管这种方式在关键性的环节上也至关紧要。控制的基本手段存在于理解的习惯中,这些习惯是在以与他人相符的方式使用对象的过程中形成起来的,这种方式可能是通力合作、互帮互助,可能是相互较量、彼此竞争。作为一个实在的东西的心智,正是人们基于对事物的使用来了解事物的这样一种能力;而一个社会化的心智,则是基于事物在各种联系或共享的情形中的用途了解这样一些事物的能力。从这个意义上看,心智便成了社会控制的方式。

3. 模仿和社会心理学

我们已注意到学习心理学诸多的不足之处,因为这种心理学认为,个人心智是以一片空白的状态与物理对象打交道的,并相信知识、观念、信念可以从它们的交互作用中自然产生。直到晚近时期,人们才察觉到,联合及其同类形式在人的精神和道德倾向形成过程中的主导性影响力。甚至时至今日,这种影响力通常还被视为是通过所谓直接接触事物的学习方式的一种附属方式,被视为只是为物理世界的知识补充有关人的知识。我们的讨论首在说明,这样一种观点造成了人和物之间荒诞可笑、难以应付的分裂。与事物的交互作用可以形成外部调节的各种习惯,但只有当事物被用来制造一个结果时,与事物的交互作用才会引起有意义的和自觉的活动。假如一个人能够修正另一个人的心智,那么,他唯有使用各种物理条件,无论是天然的还是人为的,从而从对方那里唤起某种响应的活动。以上是我们得到的两个主要结论。如果与这样一种理论——把假设人与人之间直接关系的心理学作为假设个体与物理对象有直接关系的心理学的一个从属性学说——进行对比,那么,详述和实行上述两个结论是可取的。这种所谓的社会心理学,实质上是以"模仿"观念为基础的。所以,我们必须探讨模仿在塑造精神倾向上的本质和作用。

根据这种理论,对个体的社会控制有赖于个体模仿或效仿他人各种行动的本能趋向。他人充当了范例的作用。青少年模仿的本能是如此的强烈,以至于他们力图遵照别人确立的模式,使之在自己的行为方式中再现出来。然而,根据我们的理论,这里所谓的模仿,就其作为与他人一起参与对一个事物的使用并由此引发共同兴趣这个意义来说,是一个误导性的名称。

当前关于模仿观念的根本谬误,是它被本末颠倒了。它把结果当作了造成结果的原因。毋庸置疑,处于形成同一个社会群体过程中的个体都有着相似的心智;他们能够理解彼此。在类似的情形中,他们倾向于按同样的主导性观念、信念和意图而行事。从外部看,人们可能会认为他们致力于相互"模仿",他们几乎以相同的方式做类似的事情,在这个意义上,说他们相互"模仿"确实也没错。但是,"模仿"这个概念并不阐明他们为什么如此行事;它只是重述了模仿这一事实,以此作为一种解释。它实际上是循环论证,犹如那句名言所昭示的:鸦片之所以能让人安睡,因为它有安眠的效力。

行为在客观上的类似,以及因与他人一致而获得的精神上的满足感,都被冠以"模仿"之名。这一社会事实继而被认作一种心理力量,而这种心理力量可以创造相似性。所谓的模仿,其中相当一部分只是处于相似结构中的人们对相似的刺激作出相似的回应。受到无礼侮辱的人,会生气并转而攻击那个无礼的人,这跟模仿没有什么关系。尽管这一陈述可以得到许多毋庸置疑的事实的佐证,但它仍然可以遭到质疑。事实上,在风俗各异的群体中,对一个无礼的侮辱作出回应的方式是迥然各异的。在一个群体中,人们可能会用互殴乱斗来解决;在另一个群体里,人们可能发起挑战要求决斗;在第三个群体中,人们可能表现出傲慢无视,置之不理。可以说,之所以出现不同的现象,是因为不同的群体为模仿所设立的范例是不同的。其实,解释这类现象根本不必诉诸"模仿"概念。风俗不同,只意味着对行为的实际刺激上的差异。何况,自觉的指导也会发挥作用,因而早期对个体行为的赞同或不赞同影响深重。更有影响力的是如下的事实:如果一个人不能以他所属群体目前通行的方式行动,那么,他实际上就在这个群体之外。只有按别人的行为方式亦步亦趋,他才能以亲近而平等的身份和他们缔结联系。一个人由于以这种方式行事而被允许进入这个群体中,另一个人则由于以那种方式行事而被拒之门外,来自这方面的压力从未减弱过。所谓模仿的结果,主要是指自觉指导的成果,以及与一个人有联系的那些人无意识的认同和承认所产生的有选择的影响的成果。

设想某个人把一个球滚过去给一个孩子,这个孩子接住了球并把它滚回来,这个游戏就这样持续下去。这里的刺激不只是看到球,或者看到另一个人滚动它,而是这个情形——进行游戏的情形。这里的回应也不只是把球滚回去,而是要让另一个人有可能接住球,又能重新把球滚过来——只有这样,游戏才可能进行下去。在这里,"模式"或范例并非另一个人的行动,整个情形要求每一个人都应该考虑到别人已做的和将做的事情,从而调整自己的行动。其中可能涉及模仿,但模仿只起附带性的作用。这个孩子出于自身的考虑而对这一活动产生了兴趣,他试图保持这个兴趣;之后,他可能会注意别人是如何接球、如何控球的,从而改善自己的行为。他模仿的是别人的行为方式,而不是别人所做的事情的结果以及要做的事情。他之所以模仿别人的行为方式,是从自己的利益出发的,并把这种模仿作为他积极行动的一部分,希望切实有效地参与到这个游戏中去。不难想象,早期儿童为了顺利地实现自己的目的,在多大程度上依赖以下这些事实:他们使自己的行为适合其他人的行为,从而了解与别人行为一致有什么好处;同样地,他们为了使自己能与别人行为一致,因而发展出对别人行为的理解。从这个源头所产生的、在行动中有同理心的压力本身就很大,以至于诉诸模仿根本是多此一举的。

事实上,与模仿促进实现结果的手段截然不同,模仿的结果是肤浅而暂时的,对人们的性情倾向产生不了什么影响。这种弱智者特别擅长的模仿影响外部行为,却影响不了他们的行为所表现的意义。如果我们发现儿童热衷于这样的模仿,便有可能斥责他们像猩猩、猴子、鹦鹉或盲目的模仿者,而不是(如同他们在模仿社会控制的一种重要手段时,我们会做的那样)鼓励他们。另一方面,对实现成果的手段进行模仿是明智的行为。它涉及周密的观察和明断的选择,以便把自己正在努力做的事情做得更好。当模仿的本能被用于实现目的时,就像别的本能一样,可能变成促成切实有效的行动的一个因素。

因此,这里的补充说明加强了这样一个结论:真正的社会控制意味着形成某种精神倾向,即一种对目标、事件、行为的理解方式,而这种理解方式使人能有效地参与各种联合活动。只有因回应他人的反对而造成了摩擦,才会导致如下的观点,即社会控制是通过强制的方式进行一系列违背自然倾向的行动而实现的。只有对人们彼此关联(或有兴趣进行相互回应)的各种情形置之不理,才会把模仿看作推进社会控制的主要手段。

4. 在教育中的某些应用

为何一个原始人群体永远处于蒙昧之中,而一个文明人群体则始终处于文明的状态下？毋庸置疑,我们脑海中最快浮现出来的答案是:因为原始人是蒙昧的,他们只有低等的智力,他们的道德意识也可能有问题。但是,细致地斟酌一番,便会质疑:原始人的天生才能是不是明显地低于文明人的天生才能？通过研究,可以确定的是:天生的差别不足以解释文化上的差别。从某种意义上说,原始人的心智是他们制度落后的结果,而非原因。他们的社会活动就是如此,以至于束缚了他们关注和发生兴趣的对象,从而也束缚了对他们精神发展的刺激。即使就进入关注范围的对象来说,原始人的社会风俗也容易把他们的观察和想象聚集到不可能在心智中产生成效的各种性质上。对各种自然力量缺少控制,意味着自然对象甚少进入联合的行为中,只有一小部分自然资源得到了利用,而且还不是物尽其用。文明的进步,意味着大量的自然力量和自然对象被转化成行动的工具、实现目标的手段。我们一开始并没有优越的才能,而只拥有一些引起和指导我们能力的高级的刺激。原始人面对的多半都是天然未加工的刺激,而我们面对的则是被权衡过的刺激。

人类先前经过奋斗而改变了自然条件。各种自然条件一开始就存在着,它们对人类的各种奋斗都漠不关心。每一种被驯养的植物和动物,每一样工具,每一件器皿,每一类用具,每一个制造品,每一款美观的装饰品,每一件艺术作品,都意味着自然条件的转化,从曾经对典型的人类活动有所抵触或漠然置之的条件转化为有利有助的条件。现在的儿童的活动由于被这些经过挑选的、可能引起激烈回应的刺激所控制，所以，人类经过缓慢曲折的岁月才能获得的东西，他们在短短的一生中就飞跃般地获得，他们通过了解先前成就的方式而占了先机。

一些刺激有助于唤起经济有效的回应，比如道路系统和运输工具，人们对热、光和电支配自如，用于每种目的的现成的机器和设备。这些东西无论是单独的，还是被集中起来，都不可能构成一种文明；但对它们的各种使用却是文明，没有这些东西，不可能有对它们的各种使用方式。若非如此，人们就不得不投入大量时间，在艰苦的环境中谋生，从险恶的环境中维持不确定的保障，而现在这些时间都被节约下来了。知识被实体化为某种物质设备，而物质设备又能对应于其他自然事实的结果，这就保证了知识的合法性，从而使这样的知识得到广泛的传播。为此，这些技艺性的用具提供了一种保护，这种保护很可能是我们能够得到的主要保护形式，以避免那些迷信的说教、空幻的神话和徒劳无效的对自然的想象再次发作，过去已有许多优秀的头脑浪费于此了。假如我们再增加一个因素，即这样的用具不只是为人所用，而且是为了一个真正共享的或联合的生活的利益而被使用，那么，这些用具就成了文明的真实的资源。尽管古代希腊拥有的资源不足我们的物质资源的十分之一，却成就了具有高贵理智的、空前绝后的艺术事业，这是因为，它为实现社会目标而动用了自己所拥有的各种资源。

然而，不管情况如何，无论事物处于野蛮之下，还是文明之中；事物是受自然力量局限的控制，还是在一定程度上被尚未从属于共享经验的某种机制所奴役，当它们进入人的行动范围时，就提供了日常生活的教育条件,对精神和道德倾向的形成发挥了指导性的作用。

正如我们已经看到的,有意向的教育意味着一种经过特别挑选的环境。这种选择所依据的材料和方法都明确朝着众望所归的方向来促进成长。既然语言代表了出于社会生活的利益而尽可能经受转化的自然条件——在转化为社会工具的过程中,自然事物失去了它们最初的性质——那么,相对于其他用具而言,语言应该发挥更重要的作用,显得十分合适了。依靠语言,我们间接地感受而分享到以往的人类经验,由此扩展和充实了当下的经验,使我们能够以符号化的方式在想象中预见各种情形。语言以不计其数的方法凝结了那些承载社会结果和预期社会前景的意义。自由地分享生活中有价值的东西,已经变得如此重要,以至于文盲和未受教育简直变成了同义词。

然而,学校对这一特定手段的重视存在着危险——这些危险不是在理论上,而是在实践中体现出来。虽然用灌输的方式进行教学、用被动吸收的方式进行学习,广泛地遭到非议;但在实践中,这些方式仍然是难以撼动的。这是为什么?因为教育不是一项"告诉"与被告诉的简单事务,而是一个主动性、建设性的过程;这个原则在理论上受到多广泛的承认,在实践中就遭到多普遍的违背。难道不正是因为这一学说本身只是口头上说说而已,才造成了这种悲哀的局面?这一学说被鼓吹、被宣讲,并被撰写成文,但如果要在实践中付诸实行,就要求在学校环境里建立相应的落实机构,并为之配备相应的工具和物质材料。在某种程度上,要做到这一点是很困难的,它要求学校修正指导和行政的方式,从而允许和保障学生直接而持续地接触各种事物。这不是说,学校应该减少对作为教育资源的语言的利用;而是这种利用应该通过语言与共享活动的正常联系而变得更富有生机和成效。"你们早就应该去做这些事,但也不能因此而荒废其他事。"对学校来说,"这些事"意味着提供手段以开展合作性的或联合性的活动。

　　学校一旦与校外环境中那些有效的教育条件相分离,必定会以一种书呆子气的、伪知识分子的精神取代社会的精神。毋庸置疑,儿童是要到学校里学习的,但认为只要把学习当作一项单独的、自觉的事务,学习效果就会最充分地得到实现,这个想法尚待证实。一旦把学习视作这样一项事务,往往会消除源自参与共同关注的事务和有共同价值的活动而产生的社会意识。在这样的情况下,为单独的智性学习所付出的心力与学习本身的目的南辕北辙。尽管个体自己也可以单独地达成机体的活动和感官的刺激活动,但我们无法使他由此而获悉各种事物在他所处的生活中所具有的意义。学生们在学习中可以确保获得有关代数、拉丁文或植物学方面的技术性、专业性的能力,但不能保证获得一种智慧,以指导自己的能力在有用的目标上一展所长。只有通过参与联合活动,一个人使用材料和工具时,才会自觉地借鉴他人使用他们的才能和工具的方式,从而得到对自己的性情倾向的社会指导。

概要

　　青少年自然的或天生的冲动并不符合他们所从属的群体的生活风俗,因而他们不得不接受指导或引导。这种控制不同于身体上的强制，它包括一段时间内聚集各种冲动于某一特定的目标，以及使一连串的行为有连续的次序。别人的行动常常取决于引起他们行动的刺激，但是，在诸如命令、禁止、赞同和不赞同这样的情况中，刺激来自于旨在直接影响其行动的人。由于在这些情况下，对控制他人的行动最有意识，所以，人们很容易以牺牲一种更为持之有效的方式为代价而对这种控制的重要作用夸大其词。基本的控制属于青少年所参与的各种情境的本质。在一些社会情境中，青少年不得不使他们的行为方式借鉴和适应他人正在从事的事情，这就使他们的行动导向一个共同的结果，并使参与者达成一种共同的理解。对所有人来说，即使人们的行为方式表现得迥然各异，但其行为都殊途而同归。对行为的手段和目的的共同理解是社会控制的本质。它是间接的，或感性和理智的，而不是直接的或个性化的。此外，对某个人的性情来说，它是内在固有的，不是外在的或强加的。教育的职责就是通过把学生的兴趣和理解统一起来，以实现这种内在的控制。尽管书本和交谈可以起很大的作用，但人们通常太过依靠这些手段而摒弃了其他手段。为了彻底发挥效力，学校要有更多机会开展可以让被教导者参与的共同联合活动，从而使他们对自身的能力以及所使用的材料和用具产生一种社会性的意识。

第四章

教育作为成长

1. 成长的诸条件

在指导青少年活动的过程中，社会通过对青少年未来的决定，也决定了自己的未来。既然某一时期的青少年以后将组成那个时期的社会，那么在很大的程度上，社会的本质依赖于对青少年活动的早期指导。所谓"成长"(growth)，就是这种指向未来结果的行动的积累运转。

成长的根本条件是"不成熟"(immaturity)。乍看起来，这个说法不过是老生常谈，即一个人只有在其尚欠发展的方面才能有所发展。但是，"不成熟"这个词的前缀"不"，非但有"没有"或"缺少"的含义，也有肯定的含义。值得我们留意的是，"能力"(capacity)和"潜能"(potentiality)这些术语具有两层含义：一方面是否定性的含义，另一方面是肯定性的含义。"能力"可能只表示接受力，比如一夸脱的容纳力。我们可能用"潜能"表示一种纯粹是隐匿的或静止的状态，即在外在的作用下才能成为别的东西的能力。但是，我们也用"能力"表示一种才能(ability)、强力(power)；而用"潜能"表示效力、力量。当我们说"不成熟"意味着成长的可能性时，我们不是指那些目前尚不具备、但将来会有的强力，而是以肯定性的方式表达当下的一种力量——发展的才能。

人们趋向于把"不成熟"只视为匮乏，而把"成长"视为弥合不成熟者和成熟者之间鸿沟的东西，这种趋向基于他们以比较的眼光，而非从本质上看待孩童时期。人们单纯地把孩童时期看作一种缺乏，因为他们是以成年时期为确定的标准而去权衡它的，这样他们就专门注意那些孩子所不具备的，直到成为成人时才具备的东西了。这种比较的眼光对某些目的来说是完全正当的,但如果将这种眼光当作最终的、决定性的,那么问题就是我们是不是太自负了。如果儿童能清楚而真诚地表达自己,他们会说另一版本;来自成人方面的理由可以让人确定,出于某些道德的和理智的目的,成人们必须变得像幼儿一样。

对于"不成熟"的各种可能性的否定性质的设想,我们在反思中发现它设立了一个静态的目的作为自己的理想和标准,其严重性是一目了然的。成长过程的实现,被认为是已实现了的成长。也就是说,不生长(ungrowth),即不再继续生长。从下面的事实可以看出,这种设想是徒劳无益的:每一个成人都讨厌自己被指责为没有继续生长的可能性了,只要发现自己失去了这种可能性,他就会感慨,以为这恰恰证明了自己的失败,而不会转而诉诸足以彰显其强力的既得成就。对儿童和成人来说,为什么会有不同的衡量标准呢?

绝对而不是相对地看,"不成熟"指向一种肯定性的力量或能力——成长的强力。我们不必从儿童身上激发或唤起各种积极的活动,不过,有些教育学说却主张这么做。只要有生活的地方,就会有热情洋溢的活动。成长不是对他们做什么,而是他们正在做的事。可能性所具有的肯定性和建设性的方面,为人们理解不成熟性的两大基本特点——依赖性和可塑性,提供了关键的切入点。(1)如果说依赖性是某种肯定性的东西,听上去可要贻笑大方了;如果说它是强力,那就更可笑了。然而,假如依赖性全然是无助无力的状态,那便不可能出现任何发展。一个完全无用的人,不得不永远寄生于他人。伴随依赖性的,通常是能力上的成长,而不是日益深陷的寄生状态。这一事实说明,依赖性已成了某种建设性的东西。完全受人庇护不能推动成长，因为(2)别人的庇护只能在"无能"的周围搭建起一道围墙。就自然世界而言，孩子是无助的。他在出生时以及出生以后很长一段时间内都缺乏身体上自立的能力，缺乏自己谋生的能力。如果他不得不依靠自己而生存下去，可能连一个小时也熬不下来。从这个方面看，他简直完全是无助的，牲畜的幼崽都远胜于他。他的身体柔弱，无法使用自己拥有的力量来应对自然环境。

1. 然而，这种无助无力的特性蕴含着某种补偿性的强力。动物幼崽从早期起就具有使自己相当快地适应自然条件的能力。这启示我们，它们的生活并不是与周围动物的生活息息相关的。可以说，它们之所以被迫地被赋予自然天赋，是因为它们社会天赋的匮乏。另外，尽管人类婴儿身体上无力，但也能生存下去，正是社会才能使然。人们有时候说起或想起婴儿时，好像他们在身体上只是碰巧处于一个社会环境中，好像社会势力只存在于照管婴儿的成人们身上，而婴儿只是被动的接受者。如果说，儿童自己拥有引起他人合作意向的不可思议的强力的话，那也只是间接地说明他人极为留心儿童的需求。然而，观察资料显示，儿童在社会交往上具有一流的天赋，他们往往对周围人的态度和行事方式产生富有同情心的激情，而成人们很少能够把这种灵活而敏锐的能力完整地保留下来。与对自然事物的疏忽（这种疏忽由于没有能力控制自然事物而产生）相伴随的，是对人们行事活动的兴趣和关注的增强。儿童身体的天生结构和各种冲动，都趋于灵敏地作出社会性的回应。有人声称，青春期之前的孩子是自我本位、自我中心的，即使这个说法没错，它与上面的陈述也毫不抵触。这个说法只是表示这些孩子把对社会的回应用到自己的兴趣上来，但并不表示他们缺乏社会回应性。其实，这个说法本身就是不正确的，那些被用来证明儿童的所谓纯粹自我本位主义的种种引证表明，儿童在达成自己的目标时激烈而率直。如果构成这一目标的结果在成人看来是自私狭隘的，那只是因为他们（当年也具有类似独享的行为）已了解这些结果，因此也就失去了对它们的兴趣。余下的大部分天生的自我本位主义，是与成人完全相反的一种自我本位主义。由于成人过度投入于自己的事务，无暇关心儿童的事务，因此在他眼里，儿童似乎是不可理喻地全神贯注于他们自己的事务。

从社会的角度看，依赖性显示出的是强力而非弱点，它意味着相互依赖。显然，增强个体的独立性将会削弱其社会才能，这样一种危险总是存在着的。在使一个人变得自食其力的过程中，他会更多地满足于自给自足，从而导致离群索居、冷淡漠然。这使个体在与别人的关系方面变得极为迟钝，从而产生可以独自地立足和行动的幻觉。这是精神错乱的一种未命名的形式，它应该为世界上大量本来可以补救的苦痛负责。

2. 一个未成熟者为了成长而具备的特有的适应性，构成其可塑性（*plasticity*）。这种可塑性与油灰或蜡的可塑性迥然相异，它不是基于外部压力而在形式上有所变化的才能。它接近于某种柔韧的弹性，通过这种弹性，一些人在带有周围事物色彩的同时，也保持着自己的爱好倾向。可是，它比弹性更为深刻，它在本质上是人们学习经验、保存有用的经验以应对将来可能出现的困境的一种强力。这表明，它是基于之前经历的结果而修正行动的强力，是发展各种倾向的强力。没有它，就不可能养成各种习惯。

众所周知，较为高级的动物的幼崽，尤其是人类的幼儿，不得不学习运用自己的本能反应。与其他动物比较起来,人类天生具有更多的本能趋向。然而,较低级动物在出生后初期,其各种本能会为了得当的行动而自我完善;而人类幼儿的多数本能,已不如以前那么重要了。一种原始的专门化的调节力,保证了立竿见影的效能,但像一张火车票,它只对一条线路有效。一个人为了使用自己的眼睛、耳朵、双手和双腿,不得不尝试组成各种反应之间的结合,以便达到一种灵活多变的控制。比如,小鸡在被孵化出来几小时后,就能精确地啄食。这表明,小鸡眼睛的观看和其身体、头部的精确协调,是在一些尝试中被完善起来的。婴儿大约需要 6 个月的时间,才能大致准确地估量出与视觉活动相对应的伸手取东西的活动。也就是说,他能判断伸出去的手能否取得眼睛看到的那个对象,以及如何伸手去取它。结果是,小鸡原始天赋的相对完善反而约束了它的发展。婴儿的优势在于拥有许多本能的试验性反应和随之而来的种种经验,不过,它们之间的相互干扰会使他暂时处于劣势。假如一个人不把行动作为现成给定的东西,而是学习它,他必定要学习如何按照环境的变化,改变行动的各个因素,以形成各因素之间不同的结合。这一事实打开了人们持续进步的可能性,即在学习一个行动时,他们会开发出适用于其他情况的各种方法。更为关键的是,人类获得了学习的习惯,懂得了学习。

延长幼儿期意义的学说已概括了依赖性和可变的控制这两个事实对人类生活的重要性。① 无论从群体中成人的立场还是青

---

① 在许多作者的作品中,可以找到关于其意义的种种暗示,而约翰·菲斯克(John Fiske)在《一个进化论者的远足》(*Excursions of an Evolutionist*)一书中首次对此进行了系统的论述。

少年的立场来看，这一延长都意味深长。有依赖性的、正在学习中的小生命的出现，激发人们教养和关爱他们。孩子需要受到持续不断的照料，而这可能是把暂时的共处生活转化为永久联盟的主要桥梁。在对孩子形成充满真情而又富于同情的敏锐的注意习惯的过程中，这种需要所具有的重要影响是毋庸置疑的；这种敏锐的注意对他人的福利有建设性的兴趣，而这种兴趣对联合生活来说乃是根本性的。从理智上看，这种道德的发展意味着许多新的关注对象被引入，它激起了人们对未来的深谋远虑和精心筹划，其中也蕴含着交互性的影响。社会生活的日益复杂，要求有一个更长的幼儿期，以便使儿童获得各种所需要的强力；这种依赖的延长，意味着可塑性的延伸，也意味着取得了变异的、新颖的控制模式的力量，因而更为深远地推动了社会的发展。

2. 习惯作为成长的表达

我们已经注意到，可塑性是把更改后续活动的各种前有的经验因素留存和延续下去的能力，是养成各种习惯或发展各种确定的性情倾向的能力。我们现在不得不考虑习惯的显著特征。第一，习惯是一种执行的技能的形式，是行事活动中的效能形式。习惯意味着将各种自然条件作为实现目的的手段来使用的能力，它凭借控制行动的各个官能而对环境实行积极的控制。我们可能倾向于以削弱对环境的控制为代价，而侧重对身体的控制。我们考虑走路、谈话、弹钢琴，以及蚀刻师、外科医生、桥梁建筑师等特有的专业技能,从有机体角度看,他们的技能纯粹具有便捷、精巧和准确的特性。当然,实际情形也是如此;但是,衡量这些性质的价值的标准,在于它们对环境的经济而卓有成效的控制。能够走路,就是有能力运用某些自然的属性,其他所有习惯也是这样。

把教育定义为养成各种习惯,以对个体及其环境进行调节(adjustment),这并不罕见。这个定义展示出成长的一个基本阶段。但是,人们必须从积极的意义上去理解调节,即把它理解为为了实现目的而控制手段。如果人们把习惯的养成视为单纯在有机体内形成的变化,忽略了这一变化蕴含着在环境中引起后续变化的能力,那么将会导致下面这种简单的观念,即把"调节"设想为对环境的一种迎合,就像在蜡上留下印记一样。人们通常把环境理解为某种确定的东西,它使得有机体发生变化的目标和标准具有确定性,而调节只不过是使人们自己去顺应种种外部条件的确定性。① 习惯,作为一种熟习,确实是某种相对被动的东西;人们习惯于周围事物——衣着、鞋子和手套;习惯于大气环境,只要它相当稳定;习惯于日常伙伴,等等。顺从环境,不考虑更改周围事物的能力,而在有机体内形成变化,正是熟习的一个显著特征。人们没有权力使这类调节(可以称之为迁就调和,以便与积极的调节划清界限)的特征,扩展到积极地使用周围事物的习惯中去。除此之外,熟习还有两大值得关注的特点。人们起初利用

---

① 当然,这个概念涉及与不同观念在逻辑上的相互关联,如在最后一章中论及的刺激和回应的外部关系、在本章中注意到的不成熟性和可塑性这样的否定性观念等等。

事物,后来则习惯于这些事物。

　　设想一下人们逐步习惯一座陌生城市的过程。起初,会有过量的刺激,也会有过量的、不合适的回应。渐渐地,某些特定的刺激因为有关联而被挑选出来,其他的刺激则不再受到重视。人们既可以说不再对它们进行回应,也可以更确切地说成是已对它们产生了持久稳定的回应,即一种调节上的均衡态。其次,持久稳定的调节,已向人们提供在出现某种场合之际作出相应调节的背景。人们从来没有兴趣去改变整个环境,对很多东西,他们接受它们原来的样子,并视之为理所当然。在这样的背景下,在力求引入所需要做出的改变的过程中,人们的活动会集中在某些重点上。因此,熟习就是人们调节自己去适应他们眼下尚且无意改变的环境,而这种环境有利于他们养成积极的习惯。

　　总之,所谓适应(adaptation),不仅有人们的活动对环境的适应,也有环境对他们自身活动的适应。一个原始部落殚精竭力地在沙漠平原上谋求生存,他们要靠自己去适应。但是,他们的适应涉及对事物本来面貌最大限度的接纳、忍耐和容许,最大限度的消极服从,以及最小限度的积极控制和征服利用。在这样的背景下,文明的民族诞生了,他们也要靠自己去适应。他们引进了灌溉技术,在世界上到处搜寻能在那样的条件下兴旺繁衍的动物和植物;并通过精挑细选,对那些生长在那里的动物和植物品种进行改善。结果是,荒野变得像玫瑰花丛一般欣欣向荣。原始人只是一味熟习;而文明人却有改变环境的习惯。

　　然而,习惯的重要意义不仅在于习惯的执行和推动方面,而且在于行动更为悠闲、经济和有效,以及理智和情感倾向的形成。任何习惯都标志着一种倾向性,即对关乎其实际运作的条件的主观上的偏爱和精选。习惯并不像米考伯①那样,等待一个刺激出现才开始工作,而是努力寻求时机,投入运转。如果习惯的表达遭遇到障碍,倾向性就会呈现出局促不安、欲罢不能的状态。习惯也标志着一种理智倾向,只要有习惯存在的地方,就有对所用的物资材料和设备的熟悉了解。人们对习惯的运作情形,有明确的理解方式。作为技能形式和欲望形式,思想模式、观察和反映模式成了习惯的一部分,从而能够使一个人成为工程师、建筑师、内科医生或商人。在一些无需技能的劳动形式中,智力因素最少,这恰恰是因为其中涉及的并不是高级的习惯。但是,我们还有判断和推理的习惯,这和摆弄一个工具、画一幅图或者进行一场实验一样真切。

然而,这样的陈述总是有所保留的。在眼、手活动的习惯中,它们所涉及的心智习惯赋予它们以重要性。当然,最重要的是,习惯中的理智要素确定了习惯和各种灵活应用之间的关系,从而也确定了习惯和继续成长之间的关系。我们说固定的习惯,这个词语意味着,牢固确立下来的各种能力,而拥有这些能力的人总是在有需要时把它们用作资源。然而,这个词语也被用来表示缺少生气、缺少开明思想和原创力的惯例,以及常规。习惯的固定性或许意味着有一些事物掌控着我们,而不是我们自由地掌控着这些事物。它显示出人们日常观念中关于习惯的两个要点:一是把习惯视为机械的、外在的各种行动模式,从而忽略了各种精神和道德态度;二是倾向于给习惯以坏的意义,

① 米考伯(Micawber),英国作家狄更斯的小说《大卫·科波菲尔》中的人物,没有远虑,只想碰运气以求发达。——译者

视它们为"坏习惯"。假如一个人把自己职业中的自然倾向称为习惯，许多人会感到惊奇，他们理所当然地认为，抽烟、饮酒或说世俗语言才是典型的习惯的含义。在这样的人看来，习惯是某种掌控他的东西，是即使与他的判断相悖也不易被他摆脱的东西。

习惯把自身归约为常规的行为方式，或退化为一种行为方式，人们的智性与这种行为方式越是分离，他们就越是受制于这种行为方式。常规的习惯是不假思索的习惯："坏的"习惯总是与理性分离，以至完全对立于经过自觉的深思熟虑和决定而得出来的结论。如前所述，习惯的获得奠基于人们本性中原始的可塑性：人们有能力改变自己的回应，直到他们找到适当而有效的行为方式。正是常规的习惯和那些掌控人们而非为他们所掌控的习惯，终结了可塑性。它们标志着变更性力量的终结。勿庸置疑，有机体的可塑性、生理基础显示出逐年减弱的趋向。孩童时期本能是易变的，热切渴望变更行动，热爱新的刺激和发展，但这些很容易被"安定下来"。这表明人们厌恶改变，满足于过往的成就。环境唯有确保人们在形成习惯的过程中能够充分运用智力，才能抵消这一趋向。当然，同样僵化的机体条件也会影响到与思维相关的生理结构，但这只是表明，必须努力使智力的功能最大限度地被调动和运用起来。前面提到的这种目光短浅的方式退而诉诸机械性的程序和重复，由此获得的只是习惯的外在效能，即没有思想伴随的机械技能的外在效能，那标志着有意约束成长的环境。

3. "发展"观念的教育意义

在本章中,至今几乎还没有说到教育。我们致力于探讨成长的各种条件和含义。然而,假如我们得出的结论被证明是正当的,那么,它们就会蕴含确切的教育影响。当人们说教育即发展时,一切都取决于他们是如何设想"发展"这个观念的。我们在探讨中得出的最终结论是:生活就是发展,而发展、成长的过程就是生活。转换到教育上来说,这意味着(1)教育过程本身就是它的目的,在其自身之外没有任何其他目的;以及(2)教育过程是持续不断地重组、重构和转换的过程。

(1)当人们以比较的方式理解"发展",即考虑到孩子和成人各自的生活特点,"发展"意味着把力量导向特定的道路,以形成那些关系到执行技巧、明确的兴趣以及观察和思考的具体对象的习惯,但是,这个比较的观点并不是决定性的观点。儿童有特殊的能力,忽略这一点,就是妨碍或扭曲他成长所依赖的官能的发育。成人用各种力量去转变自己的环境,由此引发新的刺激,这些新刺激又指引他的各种力量并维持它们蓬勃发展。忽略这一事实,意味着发展遭到约束,意味着消极的迁就调和。换句话说,普通儿童和普通成人一样,他们都处于成长的过程中。他们之间不是成长与未成长之间的差别,而是适应不同条件的成长模式之间的差别。就发展那些致力于处理具体科学和经济问题的力量来说,也许可以说,儿童应该按成人的方式成长。就富于共鸣的好奇心、没有偏见的回应和思想的开明来说,也许可以说,成人应该像孩子那样成长。这两个陈述都是真实的。

我们前面已加以批判的三种观点,即认为,发展不过是未成熟性的否定性的本性,发展是对确定的环境的静态调节,以及发展是习惯的僵化,都与关于成长或发展的错误观念相关,也就是都主张成长或发展是指向某个确定目的的运动,成长被视为拥有一个目的,而不是作为一个目的。在教育上,这些错误观念也对应于三个虚妄的观点:第一,未把青少年本能的或天生的力量纳入考虑的范围之内;第二,未把青少年应对各种新奇情形的创造性发挥出来;第三,过度强调反复练习,以个人知觉为代价以求获得自动技能的策略。这三种情况中,成人的环境都被当作儿童成长的标准,必须依照这个标准培养儿童。

自然本能要么被漠视,要么被视为让人厌恶的特点而遭到扼制,或者被导向对各种外在标准的顺应。既然旨在顺应,青少年身上具有明显个体特征的东西就被漠视了,或者被视为是他们淘气恶作剧或不守秩序的根源。人们将顺应视为整齐一致,结果导致青少年对新奇的东西兴趣索然,对进步产生厌恶,对不确定和未知的东西心生恐惧。因为成长的目标外在并超越于成长的过程,人们就不得不诉诸外部媒介来促成成长朝向这个目标进行。不论何时,只要一种教育方法被指责为是机械性的,大概就可以确定:它试图施以外在的强力来实现外在的目标。

(2) 既然成长除了实际上牵涉到更多的成长外,不关涉任何其他东西,那么,教育除了牵涉到更多的教育外,也不关涉任何其他东西。人们常说,一个人从学校毕业了,但受教育的过程并没有结束,这几乎已成了老生常谈。这个老生常谈的要点在于,学校教育的目的是把那些促进成长的力量组织起来，从而确保教育的持续性。学校教育的最佳效果是：让所有的人热衷于从生活本身进行学习，并在生活过程中创造学习的各种条件。

一旦人们放弃通过与成人成就的刻板比较来定义"不成熟"的尝试，也就不得不摒弃这样的观念，即认为不成熟乃是人们所期望的各种特征的缺失。摒弃上述观念，也就不得不抛弃下面的习惯，即把指导视为把知识倾倒进等待填补的精神和道德的空洞，以弥补这种缺失的习惯。由于生活意味着成长，所以生存着的人生活得真实而积极，在其每个发展阶段上，生活都有同样的内在充实性和绝对诉求。由此可见，不论人们处于什么年龄段，教育乃是提供确保其成长或合理生活的各种条件的一项事业。人们起初恼火地看待"不成熟"，认为它是必须尽快被克服的东西。然而，以这种教育方式塑造出来的成人，始终带着对孩童时期和青少年时期无法抹去的缺憾。他们在回顾过去时，会把孩童时期视为失去各种机会和浪费各种力量的阶段。这种具有讽刺意义的情形会一直持续下去，直到人们发现，生活过程有其内在的品质，而教育事业就与这种品质相关。

意识到"生活即成长"，也可以使人们规避下面的倾向，即把孩童时期理想化，实际上，这里除了懒散放任，再无其他东西。决不能把生活与表面上的行为和兴趣等同起来。人们虽然不容易识别那些看上去浅显的东西是不是某种初期的而未经训练的能力的迹象，但必须记住，表象并不等同于它们自身的目的，它们不过是一些可能的成长的迹象罢了。它们可能成为发展的手段和提高能力的手段，却不是为了其自身而被放任或被培养。对表面现象的过度关注（无论是以鼓励或斥责的方式），必定会导致其僵化不变,从而阻碍发展。对家长和教师来说,关键在于孩子的各种冲动向何处演变,而不是它们已成为什么。爱默生(George Barrall Emerson)以最好的方式表达出对"不成熟"这一正确原则的尊重:"尊重孩子,切莫过分地以家长自居,切莫侵犯他的单独状态。然而,回应我上述提议的,却是粗暴的反对意见:你确实要将对公共的和私人的规训的支配拱手相让吗? 你确实要放任年幼的孩子投入其激情以及奇思怪想的疯狂生涯,还把这种混乱无序视为对孩子本性的尊重吗? 对此,我要回答:尊重孩子,始终如一地尊重他,但也尊重你自己……对一个孩子的训练有两个要点:除了保持他的天性,还要促使他改掉其他东西,防止他出现骚乱、自作聪明和作恶作剧,并在其本性所指的方向上努力以知识来装备他的本性。"爱默生还表示,尊重孩童和青少年,并没有给指导者们提供一条轻松而逍遥的路径,而是"涉及对时间、思想和教师生涯的大量要求。它既要求时间、应用和洞察力,也需要上帝提供的所有伟大的教诲和协助,而光就使用来说,已蕴含着对指导者的品格和造诣的要求"。

概要

成长的力量取决于对他人的需求和自身的可塑性,而这两个条件在孩童时期和青少年时期都抵达了巅峰。可塑性或从经验中学习的力量,意味着习惯的养成。习惯对环境加以控制,且提供利用环境的力量以实现人类各个目标。习惯采取熟习的形式,换言之,让有机体活动与周围事物保持普遍而长久的平衡形式,也采取用积极的才能来重新调整活动以适合新环境的形式。前者构成了成长的背景,后者塑造了成长的过程。积极的习惯涉及在实现新目标的过程中被使用的种种才能的思想性、创造性和开创性,它们都对立于标志着有害于发展的常规。既然成长是生活的特性,那么,教育也与成长过程一致,它并不拥有超出自身的目标。衡量学校教育价值的标准,就是它在何种程度上制造了继续成长的欲望,又在何种程度上为在实际生活中满足这种欲望提供了行之有效的手段。

第五章

预备、延展和形式规训

1. 教育作为预备

我们已经说过,教育过程是一个接连不断的成长过程,每个阶段都旨在发展更多的成长的才能。这一观念与其他对实践产生影响的观念,形成强烈的反差。通过对这一反差的澄清,可以更清楚地揭示这个观念的意义。最初的反差是,教育是一个预备(preparation)或做准备的过程。当然,这是要为成人生活中的各项义务和基本权利做预备。儿童通常被视为不具有完整、合格身份的社会成员,或被视为备选人,被置于候补者的名单上。与以下观念——成人生活只是作为"另一种生活"的预备试用,而其自身并没有意义——比较起来,上述观念不过是略微向前扩展了一点。事实上,这一观念不过是被批判过的那个有关成长的消极和否定特征的观念的另一种表现形式而已。所以,我们不再重复这样的批判,而是直接进入对其恶果——人们把教育置于这个基础上产生的恶果——的讨论。

首先,它意味着推动力的缺失。换言之,动力没有得到使用。众人皆知,儿童生活在当下,这一事实非但不应该加以规避,反而是他们的优势之所在。如果未来仅仅作为未来,就缺少了当务之急和有形载体。假如一个人为某事做准备,却既不知道做什么,也不知道为什么做,那就等于丢弃了现成的力量,在含糊不清的偶然性中寻求动力。其次,在这样的情形中,额外催生了迟疑不定和推延拖拉。人们离他们为之做预备的未来还很遥远,未来要成为当下,其间还要经历漫长的时日。为什么要匆匆忙忙地为未来做准备?我们发现,推迟为未来做准备的诱惑越来越大,因为当下提供了很多绝佳机会，吸引人们去冒险。当然，人们也就自然而然专心致志、呕心沥血地投入这些机会中。其结果是教育自然而然地产生了，但只是一个处于弱化地位的教育。如果人们对教育予以足够的重视，尽可能为教育创造条件，教育就会具有更强的力量。再次，人们不愿意看到的结果是：普遍的、约定俗成的对年轻人期待和要求的标准，取代了关注个体在教导中获得特殊力量的标准。人们对年轻人在不久的将来会成为什么样的人总会有所期待，在通常的情况下，他们总是用含糊而摇摆的意见取代按照个人的长处和弱点所作出的严密而确切的判定。当年轻人在年末晋升时，在他们即将进入学院或从事不同于实习阶段的、正经的事务时，尤其如此。注意力不集中在战略重点，却偏移到某些无益的地方，由此导致的损失估计得再高也不为过。人们以为自己在为年轻人的未来做预备这一点上功绩赫赫，殊不知，这恰恰是他们的失败之处。

最后，预备的原则使人们不可避免地在很大程度上诉诸"趋乐避苦"的外来动机。即使未来由于和当下的各种可能性相分隔，失去了刺激和指导的力量，也总会有某些东西系于未来之上，使其运转下去。比如，以奖励允诺别人、以痛苦恐吓别人的做法就经常为人们所运用。出于当下的理由而实施的保健工作，作为生活的一个因素，在很大程度上是不自觉的。刺激存在于一个人所面对的实际情形中，但当它被忽视时，学生们就不得不被告知：如果他们不遵循规定的路线，就会遭受处罚；反之，如果他们遵循了，就可以指望，假以时日，在未来的某个时候得到对他们当下牺牲的回报。众所周知，这种为了给未来做预备而不顾当下各种可能性的教育体制，在很大程度上必须求助于惩罚体制。然而，由于人们对这种方法的粗糙和无力十分反感,钟摆又摆向另一端,即把日后可能需要的信息像药丸裹以糖衣一样加以包装,从而使学生们受蒙骗而接受一些他们并不关心的东西。

当然,这并不是要质疑教育应不应该替未来做预备。如果教育意味着成长,它就必须努力地一步步实现当下的各种可能性,从而使个体更好地去适应以后的各种需求。成长过程是在一个个连贯的片刻中完成的,是一种持续地导向未来的过程。不管在校内还是在校外,假如环境能提供使未成熟者当下的能力得到充分运用的条件,那么,当下之所从出的未来一定会受到关照。这里的错误不在于人们侧重要为未来的需求做预备,而在于他们把它视为当下奋斗的主要动因。由于为持续发展的生活做预备的要求十分强烈,所以势在必行的是:为了让当下的经验尽可能充实而重要,必须为此倾尽全力。正是通过这样的方式,当下不知不觉地融合到未来之中,而未来也得到了观照。

2. 教育作为延展

某种教育观念认为,教育奠基于发展观念。然而,它这只手伸出去了,那只手却缩回来了,因为发展并没有被设想为持续的成长过程,而是各种潜在的力量朝着一个明确目标的延展。这一目标又被设想为完成或完善,仿佛人生中尚未达到这个目标的所有阶段只是朝向这个目标的一种延展。从逻辑上看,这一学说不过是前面论述的预备理论的一个变形,其实,两者是有差异的:预备学说的拥护者们十分注重一个人正为之做准备的那些实践的、专门性的责任，而发展学说谈论的则是延展原则的理想性和精神性。

这个观念，即认为成长和进步只是趋近一个不变的终极目标的观念，是心智从对生活的静态理解转向动态理解的过程中的最后症结。它模仿后者的风格，在赞颂发展、进程、进步上下了很大的功夫。然而，所有这些运作都被设想为只是过渡性的，本身的意义甚为微小，其重要性仅仅在于是朝向某些脱离现在正在进行的东西的运动。既然成长只是朝向完善人的运动，那么，终极的理想便是稳定不变的了。实际上，一切意味着轻视当下力量和机会的东西都受制于一个抽象而不确定的未来。

"完善"的目标、"发展"的标准与人们距离甚远，严格地说，它们是难以达到的。由此，为了对当下的引导行之有效，它们必须被转化为可以代表它们的某种东西，否则，人们不得不把儿童的任何一个表现都视为内在而神圣的延展。除非人们设立明确的标准以表示理想的目标，并通过这个标准来判断给定的态度或行为究竟是接近这个标准还是背道而驰，否则，他们唯一的选择就是消除环境的所有影响力，以防它们干扰合理的发展。既然这样做是不现实的，那么势必要设立一种可以起作用的替代品。当然，这通常是成人愿意让儿童具备的某种观念。因此，通过"暗示性的发问"或教育学的其他一些策略，教师着手从学生身上"诱导出"他所想要得到的回答。如果教师得到了他所想要的答案，那就证明这个儿童合理地延展着。然而，由于学生在这个方向上普遍地缺乏自发性，因此只能任意地摸索想要的答案，从而形成了依靠他人提示的习惯。正因为这些方法仿效真正的原则和主张以求得支持,它们可能比单纯的、直率的"说教"更具危害性,至少,直率"说教"的效果还取决于儿童听从和坚持这些说教的程度。

在哲学思想领域里,一直存在着两种经典性的尝试,即为这个绝对的目标提供起作用的典范。这两种尝试都以"整体"观念——人类生活中内在的绝对——为出发点。这个完美或完全的理想不只是一个理想,它当时当下就在运行之中,但只是以暗含的、"潜在的"或被遮蔽的状态在场。所谓发展,就是逐渐地使被遮蔽着的东西明确公开。福禄培尔和黑格尔是上述两种哲学方案的作者,然而,在如何使"完全原则"逐渐实现和显现出来的途径上,他们各执一词,分道扬镳。根据黑格尔的观点,这种显现是通过一系列历史上的制度来完成的,而这些制度正是"绝对"中不同因素的具体化;而根据福禄培尔的观点,驱动它的力量是各种符号的呈现。在这些符号中,相当一部分是数学的,符合"绝对"的本质特征。当一个儿童接受这些符号时,沉睡于内心的整体或完善便被唤醒了。一个具体的例子可以为这种方法略作解释。了解幼儿园的人都知道,孩子们集合时通常围成一个圆圈。把这个圆圈看作是给孩子们分组的简便方式,这种说法显然是不充分的;它之所以被运用,"因为它通常是人类集体生活的一个标志"。

福禄培尔对儿童天生才能的重要价值的认可和热切关注,以及他引导别人从事这方面研究的影响力,都充分表明:在现代教育理论中,他的理论是最为有效地导致成长观点受到广泛认可的一支势力。然而,他对发展观念的表述和用以促进这一观念的计划的实施,都受到了他下述见解——把发展设想为现成的潜藏的原则的延展——的极大牵制。他未能意识到，成长过程就是成长，发展过程就是发展，因此把重点放在完成了的结果上。由此，他设立的目标意味着阻碍成长，他设立的标准也无法适用于对各种能力进行直接的引导，除非把各种力量转化成抽象的、符号化的表达。

用专业化的哲学语言来说，作为遥远目标的"完全延展"是先验的。也就是说，它是脱离于直接经验和知觉的。就经验而言，它是空洞的，代表的是含糊的感性的热望，而非任何理智所能把握或规定的东西。这种含糊性必定通过一些先天的规则来弥补。福禄培尔把具体的经验事实当作先验的发展理想的象征，由此把两者关联起来。根据某些独断的先天规则——每个先天观念必定是独断的——把已知事物视为象征，就是引发浪漫的想象来把握依附于它的类似的东西，并把这些东西视为法则。符号主义的方案被确立后，必须创造一些确定的技法，让儿童认识到自己所使用的感性象征的内在意义。作为符号主义的设计者，成人自然是这套技法的缔造者和控制者，结果是福禄培尔对抽象的符号主义的热爱常常会击溃他饱含同情心的洞见。在教育史上，早已出现过发展方案被独断的、外在强制的口述笔记的方案所替代的现象。

黑格尔试图运用制度的而非符号的形式，为难以达到的"绝对"找到有作用的具体的对应物。与福禄培尔的哲学一样，黑格尔哲学在某个方向上，对关于生活过程的正当观念作出了不可或缺的贡献。在他看来，抽象的个人主义哲学的缺点是显然易见的。他发现，完全忽略历史上的各种制度，或把它们简单地等同于在诡计和欺骗中产生并生长起来的各种专制制度，是不可能的。一系列德国作家——莱辛、赫尔德、康德、席勒、歌德——都极力赞赏人类集体的制度性产物的伟大教养作用，而这在黑格尔的历史哲学和社会哲学中达到了光辉的顶点。对于从这场运动中得到教训的那些人来说，从此以后不可能再把制度或文化设想为虚假的。正是在观念而非事实的层面上，它完全推翻了这样一种心理学，即通过展现"客观心灵"——语言、政体、艺术、宗教——在个体心灵形成过程中的重要性，主张"心灵"是一个赤裸裸的个体所现成具有的。然而，由于黑格尔被绝对目的的观念所萦绕，他不得不沿着一个不断向上趋近的阶梯来安排各种制度的具体存在。这个阶梯上的每一层，在时间和地点上都是绝对必要的，因为它们是绝对心灵自我实现过程中的相应的阶段。作为这样的梯级或阶段，它们的存在就是其全部合理性的证明，因为它们是构成整体，即理性的整合性的要素。尽管个体具有反制度化的自然倾向，但在精神上却没有这样的权利；个人的发展和教养就在于顺从地认同于现有制度的精神。教育的本质是顺应，而非改造。正如历史所昭示的，制度也会改变，但它们的改变，即国家的盛衰，乃是"世界精神"运作的结果。除了那些被选中的、作为世界精神的官能的伟大"英雄们"，其他个体是无法参与其中的。19世纪晚期，这种观念主义与生物进化论的学说混合起来了。"进化"是使自己向自己的目标发展的一种力量，无论是与这种力量抗衡，还是与它竞争，个人有意识的观点和偏好都是苍白无力的。或者毋宁说，这些有意识的观点和偏好不过是"进化"实现自我的手段。社会进步是一种"有机的成长"，而不是一种试验性的选择。尽管理性权势显赫，但只有绝对理性才拥有至高无上的力量。

重新认识（或重新发现，希腊人很熟悉这个观念）伟大的具有历史意义的制度,是对心灵进行智性教养过程中的积极因素,对教育哲学来说是一个伟大的贡献。它显示出超越卢梭的真正进步,而卢梭学说的瑕疵在于:虽然他认定教育必定是一种自然发展,而非外在强加或移植到个体身上的某种东西,但是按照这种观念,社会条件都是不自然的。当然,尽管黑格尔的理论以其整体性的、包罗万象的发展目的的观念彰显了抽象的个体,却取消了具体的个体性。黑格尔的一些追随者试图通过把社会理解为一个有机整体,或弘扬有机体观念来协调整体的权利要求与个体的权利要求之间的关系。勿庸置疑,只有以社会组织为前提,个体的能力才能得到充分的实现。然而,依照身体各个器官间的关系以及它们与整个身体的关系来阐释社会有机体,表明每个器官都有自己特定的地位和作用,需要其他器官的地位和作用相互补足。正如身体组织的各个部分被明确地作出划分:这是手而不是其他东西,那是眼睛,等等,这些部分只有被放在一起时才组成有机体。由此可见,不同的个体也应该被区分开来:有的适合于社会的机械性的运作,有的适合于成为政治家,也有的适合于做学者,等等。于是,当人们在社会组织中划分阶层时,"有机体"的观念被用来提供哲学上的支持。当然,这个观念在教育上的运用不是指成长,而是指外在的支配。

3. 教育作为对官能的训练

在成长观念产生影响以前,"形式规训"乃是一种流行的教育理论。它有一个适当的理想，即教育的一大成果应该是打造实现成就的各种特定的能力。与没有受过训练的人比较起来，一个受过训练的人能够把他面对的主要事情做得更好：这里所说的"更好"，表示更轻而易举、更行之有效、更经济合算、更得心应手等等。之前关于习惯作为教育发展的产物所进行的讨论已经表明，它是教育发展的一个成果。然而，我们正在讨论的这个理论似乎抄了近路，它把某些能力（立即会被命名）视为指导工作直接而自觉的目标，而不只视为成长的结果。有些能力是必须经受训练的，好比一个人可以枚举出高尔夫球员必须掌握的几种击球类型。因此，教育应该直接承担起训练这些能力的任务，但这意味着，这些能力已以某种未受训练的方式存在了，否则，它们的形成必定是其他活动和中介力量的间接结果。既然它们已以天然的方式存在了，接下来的事情就是坚持不懈、循序渐进地锻炼它们，从而使它们变得精确和完备起来。在"形式规训"这一术语中，"规训"既指受过训练的能力的成果，也指运用重复锻炼来进行训练的方法。

目前讨论的能力的各种形式，是通过对现有的材料进行练习而形成的各种官能，如感知、保持、回忆、联想、注意、意愿、感受、想象、思维等等。洛克的论述是这种理论的古典形式，一方面，外在世界通过被动接受的感官呈现知识的材料或内容；另一方面，心灵具有某些现成的能力，如注意、观察、保留、比较、抽象、复合等。心灵依照事物实际上的结合、分离状况去辨别和联结它们，于是，知识便产生了。然而，教育的要务是使心灵的各种官能得到练习或实践，直到它们彻底地形成既定的习惯。台球手或体操运动员的例子就经常被用来做类比，他们始终如一反复地运用某些特定的肌肉,最终获得了自动化般的技能。甚至对思维这一官能来说,通过关于辨别和联系这类简单差别的反复练习,训练而成的习惯也能被塑造出来。洛克认为,在这方面,数学提供了不可比拟的机会。

洛克的论述非常契合他那个时代的二元论。看起来,这种论述以平等的方式对待心灵和物质、个体和世界,其中一个提供知识的素材和心灵应该施以作用的对象;另一个提供确定的精神力量,可以通过特定的练习来训练这些为数不多的精神力量。乍看上去,这个方案给予知识的题材以应有的重视,但它又坚持教育不仅旨在信息的接受和储存,而且旨在个人各种能力的塑造,包括注意、回忆、观察、抽象,以及概括能力。无论如何,它强调知识的一切材料都接受自外部,在这一点上,它是现实主义的;而就它最终把重点放在各种理智能力的塑造上来说,它又是理想主义的。它主张个体无法仰赖其自身而拥有或产生任何真观念,在这一点上,它是客观的、非个人的;而就它把教育的目标确定为对个体原本就具有的官能的完善来说,它又是个人主义的。这种对价值的分配,细致地反映出洛克以后几代哲学家的观点。即使不明确地参照洛克的观点,它也是教育理论和心理学的老生常谈了。实际上,它似乎为教育者提出了明确而毫不含混的任务,使他们相对地不必为指导的技法而煞费苦心。显然,让每一种能力能够得到充分的练习是必要的,这种练习包括反复注意、观察、记忆等等行为。通过为这些行为划分难度级别,使每一套重复性的动作都稍微难于之前一套,完备的指导计划由此而发展起来了。

对这一观念的批判存在着各种不同的方式,既针对它的可疑的基础,又针对它在教育上的应用,它们拥有同样的说服力。

（1）最为直接的批评模式，也许在于指出观察、回忆、意愿、思维等假设性的原始官能是纯粹虚假的，并不存在这种现成的能力有待锻炼，从而成为受过训练的。确实，在中枢神经系统中，基于神经元的原始关联，存在着许多原始的趋向、行为的本能模式。人具有冲动的趋向，比如，眼睛追随并注视光线，颈部肌肉也转向有光线和声音的地方；伸出手去抓取、转动、扭动和击打某物；嗓子发出声音，嘴里喷出异物、呕吐、撇嘴等等。这些趋向几乎有数不尽的表现形式，但（a）这些趋向的种类不计其数，它们以各种微妙的方式交织在一起，无法划出楚河汉界。（b）这些趋向不是只为完善自身而进行练习的潜藏着的理智能力，它们以一定的方式回应环境的变化，从而促成其他变化。喉咙里有异物会使人咳嗽，其结果是喷吐出讨厌的颗粒，同时修正了接下来的刺激；手接触到热的东西，无需理智的思索，就会冲动地迅速移开，而收回手改变了刺激的作用，使这些刺激与机体的需求更为协调。正是借助于器官活动在回应媒介的特殊变化时产生的各种相应的变化，才可能达到我们前面提及的那种环境控制（见第31页）。我们起初看到、听到、摸到、闻到和尝到的所有的东西，都属于这种类型。假如"精神的"、"智性的"或"认知的"这些词要获得合法的意义，就不能缺乏观察、判断或意向性行动（意志）的智性这些属性，而这些属性，即使反复练习，也是无法自然地形成的。

（2）因此，各种原始冲动活动在训练中的提升和完善不是经过"练习"就能够实现的，就好像一个人通过锻炼能加强某块肌肉那样简单。毋宁说，训练的要点在于：（a）从某个既定时间中被激起的弥散的回应中挑选出那些特别适合于利用刺激的回应。也就是说,通过光刺激眼睛,身体普遍地都会发生各种反应①,而具体地,手也会发生相应的反应。在这些反应中,除了特别适应于伸手抓取或有效操纵对象的,所有其他的反应都应该逐渐被摒除,否则就等于没有进行训练。正如我们已注意到的,除了极少数特例,原初的反应都太分散、太一般,尤其是对儿童的训练实效甚微。因此,选择性回应与训练是一致的(对比第 26 页)。(b)在已发生的回应中,不同因素之间的具体协调也一样重要。不仅要对促使手进行抓取的各种反应作出挑选,而且要对特殊的视觉刺激作出挑选,这些刺激只能唤起这些而不是别的反应,并确立起相应的关联,但协调并没有在这里中止。当对象被抓住时,可能会出现特定的温度上的反应。接着,下述现象也发生了:温度反应可能与视觉刺激直接联系在一起,而手的反应则受到了压制,因为人们不必近距离地去接触明亮的火焰就会远离它。同样地,当一个儿童在接触一个对象时,重击它或压碎它,它会发出声响,耳朵的反应也会被纳入到回应系统中。假如有人发出一个特定的声音(这个名称是约定俗成的),并有相应的活动相伴,那么,耳朵及与听觉刺激相关的嗓子这两个器官的回应就会成为整个复杂回应中的关联因素。②

(3) 随着回应和刺激彼此之间的调节越专门化(由于把活动的顺序纳入考虑范围,刺激与反应之间就相互适应了),获得的训

---

① 实际上,反应的相互连接如此之广,建构路径如此之多,以至于每一个刺激都能引起所有回应器官的变化。但是,我们习惯于把注意力完全放到对那时紧要的刺激最为适合的那个变化上,而不考虑整个机体活动的相应的变化。

② 应该把这一论述与前面关于回应的相继排序的叙述进行比较(第 26 页)。这里只是更明确地论述了连贯性的安排是如何开展的。

练也就越严格，普及对训练的利用就越不可能，换句话说，蕴含在训练中的智性的或教育的属性就越少。用通常的话说，即反应越是专门化，在实践和完善它的过程中习得的技能就越不可能转变为其他的行为模式。依照形式规训的正统理论，在学习拼写课程时，一个学生除了习得拼写个别单词的能力，还提高了观察、注意和回忆能力，而这些能力一旦需要，就能用得上。事实上，他越把自己束缚在对单词形式的关注上，而不管单词与其他东西的联系（比如单词的意义、习惯上使用单词的语境、言语形式的词源和类别等等），就越有可能只是习得了言语的视觉形式方面的能力，而缺乏其他方面的能力。他甚至可能缺乏对各种几何形式作出准确区分的能力，更不要说普遍意义上的观察能力了。他只是在挑选那些由字母形式、口头重述或书面默写的运动反应所提供的刺激。他的协调（用先前的术语来说）范围是相当狭隘的。当学生们只是对字母和单词的形式进行练习时，那些被运用于其他观察和记忆（或再现）中的联系就会故意被剔除。由于这些联系被剔除了，在需要它们时也就无法修复了。学生从中获得的观察和记忆言语形式的能力，并不能用于感知和记忆其他事物。用平常的话来说，它是不可转让的。然而，语境脉络越广阔——也就是说，被协调起来的刺激与回应越是多变——所获得的能力也就越能卓有成效地被运用于其他行为中。严格说来，不是因为"转让"，而是由于被运用于具体行为上的各种因素的范围广阔，相当于活动范围宽泛，也就意味着协调灵活有弹性，既不狭隘局限，也不古板僵化。

（4）归根到底，这个理论的根本谬见在于二元性。也就是说，它使得各种活动、能力脱离于题材。实际上，人们并不具有一般意义上的看、听或者记忆的能力，只有看到某物、听到某物或记住某物的能力。无论是精神上还是身体上的能力，如果脱离练习所涉及的题材，只是一般地谈论能力的训练，那是毫无意义的。练习可能影响体内循环、呼吸和营养，从而增强体力或气力，但它只有与实现具体目标的物质手段一起被运用时，这种体力和气力上的储备对具体目标才是可用的。假如一个人体格强壮，他就能更好地打网球、高尔夫球，或驾驶帆船；假如他身体比较虚弱，就做不到那么好。不管如何，只有以确定的方式运用球和球拍、球和球棍、帆和船杆，他才能在这些活动的任何一项上成为行家；或者他精通其中一项，那就表明他有良好的肌肉协调资质；或者三种活动涉及同类的协调，从而确保了他对其他项目的精通。此外，训练拼写能力，既可从狭小有限的语境中取得文字的视觉形式，也可通过需要领会意义的相关活动，如语境、派生的从属关系等，取得文字的视觉形式。上述两种训练方式的差别，可以拿来与另一组差别作比较，即在健身房里用拉力器来"锻炼"某些特定的肌肉，与通过游戏或运动来锻炼肌肉这两者之间的区别，前者是严格地专门化的，因而是统一而机械性的；后者没有一刻是相同的，也没有两个动作是一样的，因而不得不面对各种新出现的、紧急的状况，其协调形式也必须保持灵活而富有弹性。因此，这样的训练实际上更"一般化"，也就是说，它涵盖了更广的领域，囊括了更多的因素。心灵所受的专业教育与一般教育之间的差别也正是如此。

　　通过实践，一种单调的、整齐划一的练习可能为某种特殊行为提供了极好的技能，但这种技能只能限于这种行为。不论是簿记、对数计算，还是碳氢化合物的实验，都是如此。一个人可能在某个特殊的领域里是权威，然而，如果他在这个领域里得到的训练并没有与其他领域里的题材相关联,那么,在那些与他的专业关系不大的问题上,他的判断可能不是一般的差。

(5) 因此,观察、记忆、判断和审美趣味这样的能力表示一个结果,即与题材相结合的天生的积极的趋向被组织起来后达到的结果。一个人并不是通过启动使观察官能运作起来的开关(或者说,运用"意愿"去观察),从而达到细致而周密的观察的;实际上,只要他通过对眼睛、手的深入而广泛的使用而成功地完成某项工作,他自然就在观察。观察是感觉器官和题材相互作用的结果或后果,因而它会随着被运用的题材而发生相应的变化。

因此,如果人们不是首先确定,他们想让学生善于观察和记忆的是哪种题材以及出于何种目的,那么,为观察、记忆等官能设立进一步的发展完全是徒劳的。这不过是以另一种形式重述已说过的东西,即主张这里的标准必须是社会性的。我们要使一个人注意、记忆和判断的东西,正是使他在与其他人有关联的群体中成为一个有实际能力的成员的那些东西。否则,不如让这个学生仔细观察墙上的裂隙,让他记住他所不知道的语言中一系列无意义的单词。所有这些,正是人们在向形式规训妥协时所做的。如果说,植物学家、化学家或工程师的观察习惯比形式规训中形成的习惯更好,那是因为,他们应对的是生活中更为重要的题材。

在对这部分探讨的总结中,我们留意到,专业教育和一般教育的差别无关乎功能或能力的可转让性。在字面意义上,任何一种转让都是不可想象的,也是不真实的。但是,有些活动比较广泛,涉及很多因素的协调。它们的发展要求接连不断的更替和重新调节。随着条件的改变,一些因素变成次要的,另一些本来不起眼的因素却变得引人注目。正如人们在通过一系列连贯的动作拖动某个确定的重物这个事例中所看到的,行动焦点不断地重新分布。因此,人们会有这种实践活动:迅速地与那些为迎合题材的变化而转变的活动焦点结成新的组合。无论在什么地方,如果一个活动的范围广泛(也就是说,它涉及许多种类的子活动之间的协调),而且不得不在其逐步发展中不断出人意料地改变方向,结果就会出现一般教育。因为这正是"一般的"所意谓的:广泛而灵活。实际上,教育在何种程度上把社会关系纳入考虑的范围,便在何种程度上满足了这些条件,因而也就在何种程度上是一般的。一个人可能擅长专业哲学、语言学、数学、工程学或财政学,但在他的专业以外,他在行动上可能是笨拙的、没有头脑的。不管如何,一旦他对专业题材的关注与有社会广度的人类活动有关联,被调动起来且被灵活整合起来的各种积极回应的范围也就大大拓展了。在保障心灵一般训练的流行的实践中,题材与社会语境的分离是首要的障碍。如果文学、艺术、宗教都这样被分离开来,那么,它们就像技术性的东西一样变得狭隘了,而这些技术性的东西正是一般教育的专业支持者们所极力抗议的。

概要

有的观念主张,教育过程的结果是有能力继续进修深造,这一观念与另外一些对教育实践产生深远影响的观念相左。在与之对立的观念中,我们所探讨的第一个观念认为,教育是为未来的义务或基本权利做预备或准备的。我们已经指出,这一事实具体的、有害的效应是：这个目标转移了教师和学生的注意力，使他们不去关注它所能够被卓有成效地导向的唯一要点——也就是说，使他们不去利用直接当下的各种需求和可能性。因此，它违背了自己公开宣称的目的。第二个观点似乎与前面论述过的成长概念有不少相似之处，它认为教育是学生内部因素的延展，但正如福禄培尔和黑格尔理论中所设想的，它和预备的观念一样，忽略了机体当下的各种趋向与环境之间的交互作用。某个隐含的整体被认为是现成给定的，而成长的意义是短暂的，它根本不是目的，而只是让已经隐含的东西变得明晰起来的一种手段。既然不明晰的东西不能确切地付诸使用，那么，人们就不得不寻找能将它表现出来的东西。根据福禄培尔的观点，某些对象和行为的神秘符号的价值（多数是数学的），象征着延展过程中的绝对整体。黑格尔的观点是，现行的制度在现实中有效地代表了绝对整体。对符号和制度的注重，容易把人们的注意力从对富于意义的经验的直接增长的感知上转移开来。第三个有影响力但并不完善的理论主张，心灵天生有一定的精神官能或能力，比如感知、回忆、意愿、判断、概括和注意等等，而教育正是用重复练习的方式来对它们加以训练。这个理论把题材视为相对外在的、无足轻重的，其价值只在于它使一般能力的锻炼成为可能。这种观念把那些人们所称的能力相互分离开，又把那些人们所称的能力与它们施以作用的材料分离开，因此备受批评。这个理论的实践后果表现为对局限的、专门化的技术训练模式的不适当的强调，而这种训练模式恰是以削弱自发性、创造性和重新适应力为代价的，但自发性、创造性和重新适应力这些品质又完全依赖于特定活动之间广泛而连贯的交互作用。

第六章 教育作为保守力量和进步力量

1. 教育作为塑造

现在我们要考察的是这样一种理论，它不承认各种官能的存在，着重强调在精神和道德倾向的发展中，教材起着独一无二的作用。根据这一理论，教育既非内在素质延展的过程，也非对心灵自身各种官能的训练。毋宁说，教育是对心灵的塑造，这种塑造是通过从外部提供的教材建立起内容上的关联或联系而实现的。教育始于指导，而从严格的字面意义上看，指导乃是由外向内地构造心灵。毫无疑问，教育是对心灵的构造，这个观念早就被提出来了。然而，这里的"塑造"有专门的含义，它求助于这样一种观念，即有某些东西是从外部发挥作用的。

从历史上看，赫尔巴特（Herbart）是这种理论的绝佳代表，他完全否认先天官能的存在。在他那里，心灵在对作用于它的诸多实在的反应过程中，被赋予了产生各种性质的能力。这些性质各异的反应被称为表象［presentation（*Vorstellungen*）］。每个表象一经被唤起，就会被保存下来；由于灵魂在对新的材料作出反应时会产生新的、更强烈的表象，原有的表象便因此而被驱赶到意识的"阈限"以下。然而，在意识的表层之下，它的活动依靠其内在固有的动力仍然开展着。所谓官能——注意、记忆、思维、知觉，甚至各种情感，都是通过这些潜藏着的表象以及它们与新的表象之间的交互作用而形成的各种排列、关联和复合。比如，知觉就是各种表象的复合，而这些表象又源于旧表象接受新表象并与之相结合的过程。记忆是通过一个旧表象与另一个表象相关联，因而被唤醒到意识的阈限以上等。愉悦源自表象各种单独活动的相互加强,而痛苦则源于表象在不同方向上的活动相互阻碍等。

由此可见,心灵的具体特征全部取决于各种表象以它们的不同性质形成的各种布局。心灵的"装备"(furniture)就是心灵,它全然是由"内容"构成的。这一学说的教育内涵包括以下三层意思:(1)这样或那样的心灵正是通过对对象的使用而被塑造起来的,而对象又唤起了这样或那样的反应,从而促使心灵在这些反应中做出这样或那样的布局。在这个意义上,对心灵的塑造就是向人们呈现合适的教材。(2)既然由早先的表象构成的"统觉的器官"控制着对新表象的吸收,那么,早先表象的特征便可谓是举足轻重的。新的表象的作用在于增强先前构成的表象组合。有鉴于此,教育者的职责是:首先,挑选适当的材料,从而使原始反应的本性稳定下来;其次,基于早前的处理而做好观念上的储备,安排好后面的表象的次序。这种控制来自后面,来自过去,而不是如延展观念所主张的,在于终极目标。(3)一切教学方法都可以制定出一些形式化的步骤,向人们呈现新教材显然是核心。但是,既然"认识"在于新教材与已潜藏于意识之下的内容之间的交互作用,那么首要的就是"预备"这个步骤——也就是在特定的活动中调动旧表象,使旧表象吸收新表象,从而返回到意识的层面上。在呈现新教材以后,随之而来的是新旧表象交互作用的过程,接着是把新形成的内容应用到某项任务的实施中。一切都必须经过这一过程,所以,对于所有年龄段的学生来说,不同科目的指导方式是如出一辙的。

赫尔巴特的重要功绩在于使教学工作从常规事务和偶然事件的领域中摆脱出来,进入自觉方法的领域中。教学工作不再是偶发灵感加上遵从传统而产生的混合物,而成为一项具有明确目标和程序的自觉性的事务。此外,在教学和规训中,一切都可以被明文规定,而不必只满足于终极理想和纯理论的精神符号的含混的、有点神秘主义的概述。他摒弃了那种以为可以通过作用于各种材料的练习来训练现成的官能的观念,把重点转移到具体的教材和内容上。赫尔巴特把与学习材料有关的问题揭示出来,使之变得重要。毋庸置疑,在这一点上,他的影响力超越了其他任何的教育哲学家。他对方法问题的论述是以方法与教材的关系为立足点的:方法不得不关涉新教材的呈现方式和呈现次序,以便确保新旧教材之间存在适当的交互作用。

这一观点有一个根本的理论弱点,它忽视了生物体中存在的各种积极的、特殊的功能;而这些功能是在应对环境的过程中,通过重新定向和结合而发展起来的。这一理论说明,学校管理者必须依靠自己。而这一事实既显示出它的优点,也显示出它的缺点。这一观念——心灵是由被教的东西构成的,而被教的东西的意义在于它有益于深入教学——体现出教育工作者的人生观。在教师对学生有指导责任这一点上,这种哲学让人信服,但就教师的学习权利来说,却几乎保持缄默。它强调理智环境对心灵的影响,却忽略了环境还涉及个体对共同经验的共享;它超乎理性地对自觉地被制定和使用的方法的可能性夸大其词,却轻视鲜活的、不自觉的态度的作用;它坚持守旧复古,忽视对真正新奇的、不可预见的运作的关注。简言之,它把教育上有意义的一切东西都纳入考虑之中,却忽略了教育的本质——生机勃勃的精力寻求有效践行的机会。所有的教育都塑造精神上、道德上的性格,但这种塑造在于通过对各种与生俱来的活动的选择和协调,从而使它们能够对社会环境提供的题材加以利用。此外，这种塑造不只是对与生俱来的活动的塑造，更是通过这样的活动来实现塑造工作。塑造是一个重建和重组的过程。

2. 教育作为再现和回顾

发展和来自外在的塑造这两种观念的奇特结合，造就了教育上的再现理论，包括生物学意义上的再现论和文化意义上的再现论。个体的合理的发展，在于依次重复过去动物生命和人类历史演化的各个阶段，前者的再现是生理学性质的，而后者的再现则应该通过教育的手段来完成。按照所谓生物学的理论，在从胚胎期到成熟期的成长过程中，个体重复了动物生命从最简单到最复杂的形式的演化过程（或者用专业的术语来说，即个体发育平行于种系发育）。除了应该为过去文化的再现提供科学依据以外，这个理论与我们关系不大。从文化再现的观点来看：首先，某个年龄段的儿童在精神和道德上都处于原始时期的状态中。他们有流浪和掠夺的本能，因为他们的祖先曾经这样生活过。因此（人们这样推论），在这个时期适宜教育儿童的教材，就是人类在相应阶段创造出来的题材——尤其是关于神话、民间传说和诗歌的言语材料。以后，儿童又进展到某个对应的阶段，比如，到了田园生活的阶段等等，直到他做好准备参与到当代生活之中，他便进入了文化上的现时代。

尽管这个理论既详尽又富于融贯性，但除了德国的一个小学派(大多是赫尔巴特的拥护者),它并不怎么流行。然而,这个理论赖以为基础的观念是:教育在本质上是回顾性的,它主要关注过去,尤其是过去的文学作品;以及心灵能够在何种程度上效仿过去的精神财富,就能够在多大程度上受到充分的塑造。尤其是在比较高级的指导活动中,这个观念的影响广大,因而对它极端的构想值得一探究竟。

首先,这个观念的生物学基础是有谬误的。毋庸置疑,人类婴儿胚胎的生长保留了较低级的生命形式的一些特征,但无论从哪个方面看,它都不可能严格地经历过去的各个阶段。如果真的存在着严格的重复的"法则",那么,演化式的发展就不可能出现,而新生的每一代也只能简单地重复其先辈的生存方式。简言之,在依靠先前的成长方案而走捷径或变更自己之前,发展就已经出现了。这就提示我们,教育旨在使成长变得更简易。从教育上看,不成熟的巨大优势便是使我们让青少年不必局限在过分成熟的过去,而是从中解放出来。教育的职责与其说是引导青少年再现过去,毋宁说是把他们从对过去的复兴和重演中解放出来。文明人在思维上、感受上存在的习惯和相应的行动,形成了青少年的社会环境。忽略当下环境对青少年的指导性影响,也就完全抛弃了教育的功能。一个生物学家曾经说过:"不同动物的发展史……向我们提供了……一系列独创的、确定的、多样的但多少有点不成功的尝试,即逃离再现的必然性,以更直接的方法取代先辈的方法。"当然,除非教育在有意识的经验中努力推进类似的尝试,从而使这些尝试变得愈加成功,否则,就是可笑的。

人们轻而易举地就能使这个观念中的两点真知灼见从它们与滥用它们的错误语境的关联中摆脱出来。一方面,在生物学上，众所周知，任何婴儿都从冲动性的活动开始，而这些冲动性的活动是盲目的，它们之中很多是彼此抵触的、偶发的、零散的，并不适应直接当下的环境。另一方面，只要过去历史的产物对未来有帮助，如何利用它们就需要有智慧了。既然它们代表了先前经验的结果，它们对未来经验当然具有无可比拟的重大价值。只要人们目前还拥有并利用过去创作出来的作品，它们就是个体们当下环境的一部分。然而，究竟把它们作为当下的资源加以利用，还是当作以回顾性资源为标准和模型加以利用，两者是有天壤之别的。

（1）对第一点的误解，往往源于对遗传观念的误用。人们确信，遗传意谓过去的生活以某种方式预先决定了个体的主要特征，这些特征是如此之确定，以至于任何微小的变化都不可能发生。由于人们坚持这样的观念，把遗传的影响对立于环境的影响，因而贬低了后者的作用。然而，就教育的目的来说，遗传不多不少恰好意谓个体的原始天赋，教育必须按其本来面目来看待这个存在者。具体某个个体恰好具备如此这般与生俱来的活动能力，乃是一个基本的事实。这些能力究竟是通过如此这般的方式产生出来的，还是源自一个世系，这个问题相较于它们当下存在着的事实，尽管对生物学家来说是有意义的，但对教育者来说却无足轻重。假设一个人不得不对某人的遗产继承问题提出建议和指导，如果因为它是一笔遗产便预先决定它未来的用途，这种假设显然是荒谬可笑的。建议者要关心的，是对已有的东西物尽其用——使之在最合宜的条件下发挥效用。显然，他不能利用没有的东西，教育者也一样。就这个意义而言，遗传是教育的一个界限。认识到这个事实，人们就能避免虚掷精力，也能避免因下面这种习惯而产生的烦恼。这种普遍流行的习惯是,人们试图通过指导使个体成为他的本性不适合成为的人。但是,这个学说并没有确定应该如何利用既有的那些才能。此外,除了低能者,即使在比较笨拙的人那里,这些天然的能力与人们目前知道如何适当地加以利用的才能比较起来,其种类也更丰富,潜力也更广大。因此,对个体天生资质和缺陷的细致研究在一开始就是必要的,以后的重要步骤则是提供一种环境,而无论当下进行什么活动,这种环境都能充分地发挥其作用。

遗传和环境的关系在语言中得到了淋漓尽致的表达。如果一个人没有发声器官能够发出清晰的声音,如果他没有听觉或其他感官接收器,而且这两套器官之间没有关联,那么,试图教他谈话就完全是徒劳无功的。他在那个方面先天不足,教育必须接受相应的局限。然而,即使一个人天生地拥有这种才能,也不能担保他会用任何语言谈话,或指定他用哪种语言谈话。他的活动是在环境中发生和开展的,而环境则决定了他的这些事情。如果他生活在一个不说话、无社交的环境中,人们拒绝相互间的谈话,只是用最少的手势来维持最低限度的交往,那么,他就像没有发声器官一样,无法使用有声语言。如果他在一群以说中文为媒介的人中发出声音,他发出声音的活动就必须经过选择和协调,以便发出相似的声音。这个例证能够用于任何个体的可教育性的全部范围,它把来自过去的传统与当下的要求和机遇正确地结合起来了。

(2)这个理论主张,在以往年代的文化成果(无论从大体而言的文献作品,还是具体说来,与受教育者发展阶段相对应的文化时代所创作的特殊的文献作品)中,可以发现适用于指导的适当的教材。我们已批判过把成长的过程和结果割裂开来的做法,而这个理论又为这种割裂提供了另一个例证。教育性教材的功能是使成长过程生生不息,通过使这一过程能在未来较不费力地就得以保持活力,从而使它生生不息。然而,个体只能活在当下,而当下既不只是来自过去的某种东西,更不只是过去创造的产物,而是把过去抛在其后所呈现的生活面貌。对过去产物的研究,并不有助于我们理解当下;因为当下并不源于这些产物,而是源于造就它们的生活。过去的知识及其传统唯有融入当下,才会变得非常重要。把过去的记载和遗迹作为教育的主要材料,其错误在于割裂了当下与过去的活生生的关联,把过去作为当下的一个竞争者,并或多或少地把当下视为对过去的没有出息、徒劳无功的模仿。在这样的情况下,文化成为一种装饰、一种安慰、一个庇护所、一个收容所。人们从当下的不成熟状态中逃离出来,目的是过想象中的精致的生活,而不是把过去的贡献当作中介力量,以便使不成熟状态变得成熟起来。

简言之,当下产生的问题导致人们向过去寻求提示,并为他们所找到的迹象提供意义。过去之所以是过去,恰恰是因为它并不含有当下的特征;而运动着的当下,当它使用过去来指导自身时,则含有过去。过去是想象的丰富资源,它为生活增添了新的维度,但这是在它被视为当下的过去的情况下,而不是作为与当下相脱离的另一个世界。唯一存在的总是当下,那个忽视当下生存行为和成长运行的重要价值的原则自然会依赖过去,因为它设立的未来目标疏远而空乏。然而,既然这一原则已经遗弃了当下,也就无法在装满过去的战利品之后再回到当下。能充分敏锐地洞察当下现实的需求和机遇的心灵,它必定出于充满生气的动机去关注当下的背景，而且完全不需要寻找回归当下之路，因为它从未失去与当下的关联。

3. 教育作为重构

有一种观念认为，教育是由内在对潜藏能力的延展；另一种观念则认为，教育是由外部所实行的塑造。与这两种观念相比较，就会发现，无论是通过身体的本性，还是通过过去的文化产物，成长的理想会导致这样一个观念，即教育是一个对经验不断重组或重构的过程。教育总是拥有一个直接的目标，只要活动富于教育性，它就实现了那个目标——对经验品质的直接改造。一则，在任何一个阶段的经验中，真正之所学就是该经验的价值；二则，在每个关节点上，生活的主要职责是让生存促进充实自身可感知的意义。在上述意义上，婴儿、青少年、成人的生活都处于同一个教育层面上。

我们由此而得出教育的专门的定义：教育是对经验的重构或重组，这种重构或重组增进了经验的意义，改进了指导后续经验过程的能力。(1)人们对自己所从事的活动的关联性和连续性的洞察增强了，意义也就相应地丰富了。活动是以冲动的形式开始的，换言之，是盲目的。它并不知道自己要做什么，也就是说，它并不知道它与其他活动之间的交互关系。具有教育或指导性质的活动，能使一个人察觉到一些以前未感知到的联系。回顾前面提到过的那个简单例子：一个儿童伸手触摸明亮的发光物而被灼痛。此后,他明白某个触摸行为结合视觉行为(反之亦然),意味着灼热和疼痛;或者说,火光意味着热源。在实验室里,一个科学工作者通过其实验活动,能够对火焰有更多的了解,但这些活动与上面提到的例子并无原则上的差别。通过从事某些事情,他使以前所不注意的热与其他事物之间的关联进入了他的视线。因此,在与这些事物的关联中,他的行为获得了丰富的意义。当他不得面对它们时,他更充分地了解了自己正在做什么,或者自己做的"究竟是什么东西"。他能够谋划(intend)某些结果,而不是听任它们随意产生——这些都是以类似的方式谈论同一件事。这样一来,火焰增进了意义,关于燃烧和氧化、亮光和温度的认识也成了其知识内容的本质部分。

(2) 从另一个侧面看,教育经验提高了后继的指导与控制的力量。假如一个人知道自己要做的事情,也能谋划自己做的事情的某些后果,也就是说,能更准确地预期将会出现的情况;这样一来,他就可以事先做好准备,取其利,避其害。所以,在真正富有教育意义的经验中,指导工作得到了传递,能力得到了提高。这类经验,一方面区别于常规活动;另一方面,不同于任意的活动。(a)在任意的活动中,一个人"不关心发生什么",只是让自己任意妄为,且避免把自己行为的结果和他的行为相关联(而它正好证明了这个行为与其他事物有关联)。人们往往反感于这种漫无目的、胡作非为的活动,或视作恶作剧,或视作粗心大意、不守纪律。然而,却有这样一种倾向,即撇开其他一切因素,只在青少年本身的性情倾向中寻找这种盲目活动的起因。实际上,这种活动是爆发性的,由于与周围事物的适应失衡所致。不管什么时候,如果人们的行动是由外部命令引起的,或由别人所说的东西引起的,既不带有自己的目的，也没有意识到自己的行为与其他行为之间有什么关联，那么，他们的行为就是任意的。一个人可以做他自己并不理解的事情，并以此方式进行学习，甚至在最明智的行动中，人们也会做出大量并非有意做的事情，因为他们有意识地实施的行为的联系在很大程度上并没有被感知或被预期。然而，人们之所以有学习，正是因为在行为被实施之后，他们才注意到以前从未注意到的结果。学校的很多工作是订立规则，学生按照这些规则去行动；即使在行动以后，他们也不会被引导去发现结果——比如说答案——与所采取的方法之间的关联。对学生来说，整件事只是一套窍门花招、一件奇事。这种行为实质上是任意的，而且必定导致任意的习惯。(b) 常规行动是自动的，可以增强人们做特殊事情的技能。在这个意义上，它是富有教育成效的，但它并不引导人们去领会各种关系和关联，它局限而不是拓宽了意义的疆域。既然环境变化了，人们的行为方式也不得不随之而发生变化，从而顺利地与各种事物维持一种平衡的联系。因此，单独的、统一的行为方式在某些关键时刻便成为灾难性的；自我吹嘘的"技能"，其结果更是拙劣不堪。

把教育理解为不断重构的观念，与这一章和上一章批判的其他偏颇的观念之间的根本差别在于：前者把目的（结果）与过程等同起来了。从字面上看，这是自相矛盾的，但仅仅是字面上而已。它表明，经验作为一个积极的过程，有一定的时间跨度，经验后期使前一时期的部分变得完整，从而揭示出相关的但迄今未被感知到的关联。于是，后来的结果显露出先前结果的意义，而作为整体的经验，就确立起对拥有这个意义的事物的偏好或倾向。每一个这样连续的经验或活动都是富有教育意义的，而所有的教育都在于拥有这样的经验。

必须指出（后面还会更多地关注这个问题），对经验的重构既可以是个人的，也可以是社会的。在前面各章中，我们已经论及，对未成熟者的教育就是用他们所属的社群的精神去填满他们，而出于方便，我们说的好像是这种教育让儿童去理解成人群体的资质和资源。在停止不前的、因循守旧的各种社会中，这个观念大体上适用，但它并不适合于那些进步的共同体。进步的共同体努力塑造年轻人的经验，使他们形成更良好的习惯，而不是复制当前盛行的习惯。由此，未来的成人社会将成为一个凭借自身而得到改善的社会。长久以来，人们已经接受了这样的暗示，即在何种程度上，可以通过使青少年在起步时就避开歧途的方式，从而让教育有意识地去清除各种明显的、社会性的罪恶；又是在何种程度上，教育可以成为实现人类更美好愿望的手段。无疑，我们距离教育作为改革社会的建构性中介这一潜在效能还很遥远，也仍未实现这样的目标，即教育不光代表儿童和青少年的发展，也代表了将由他们构成的未来社会的发展。

概要

教育既能从回顾的角度，也能从展望的角度去设想。也就是说，教育既可以被视为是调节未来以适应过去的过程，也可以被视为是为未来发展而对过去资源的一种利用。前者在已逝去的以前的事物上寻求标准和典范，心灵可能被当作一组内容，而这些内容源自向人们呈现出来的某些事物。在这种情况下,早前的表象构成了吸收后继的表象的材料。对未成熟者来说,注重早期经验的价值是至关重要的,尤其因为还存在着忽视它们的倾向。然而,这些经验不是由从外部呈现出来的材料所组成的,而是由天然的活动与环境的交互作用形成的;正是这种交互作用,不断地改变着活动和环境本身。赫尔巴特派理论主张通过表象进行塑造,其不足之处就是忽略了持续不断的交互作用和变化。

同样的批判原则也适用于下面这些理论,它们主张从人类历史的文化产物——尤其是文学著作——之中去发现主要的教材。如果隔断了人类历史的文化产物与个体得以实施其行为的当下环境的关联,那么,这些文化产物也就变成一种抗衡性的、干扰性的环境。它们的价值在于,有助于提升人们目前不得不主动应对的那些事物的意义。前面几章论述的教育观念,在教育是不断对经验进行重构这一观念中得到了正式的总结。这个观念既不同于把教育视为对遥远未来做预备的观念,也不同于把教育作为延展、作为外在塑造或作为对过去的再现这些观点。

第七章　教育中的民主概念

除了偶然的情况,我们迄今为止所涉及的教育的大多数内容都可能存在于任何一个社会群体中。现在,我们必须阐明,当教育在不同类型的共同体的生活中运作时,在精神上、材料上和方法上究竟存在什么差别。当人们说,教育是一种社会功能,是通过确保未成熟者参与他们所从属的群体的生活而获得指导和发展的过程,实际上相当于说,只要群体中流行的生活样式不同,教育就会随之而不同。必须指出,下面的情况是实际存在的:有的社会不只是变化着,而且有着改变以完善其自身的理想,这样的社会与纯粹旨在固守已有风俗的社会比较起来,在教育的标准和方法上确实存在着很大的差异。因此,为了让已经提出的这些一般的教育观念适用于我们自己的教育实践,有必要深入地探究当下社会生活的本性。

1. 人类联合体的诸含义

　　"社会"只是一个词,却包含许多意思。出于各种不同的目的,人们以各种不同的方式联合起来。一个人可以与许多不同的群体缔结关系,而他在这些群体中的伙伴也可能相当不同。通常看来,除了这些群体属于联合生活的模式这一点,它们之间没有任何共同点。在每一个比较大的社会组织里,都存在着许多较小的群体:不仅有政治上的派系,也有行业上的、学术上的、宗教上的各种联合体;存在着目标各异的政党、社会集团、派别、团伙、股份公司、合伙组织,以及通过血缘紧密结合的群体等。在很多现代国家和一些古代国家里,存在着巨大的人口差异,也存在着不同的语言、宗教、道德规则和传统。由此看来,许多较小的政治单位,比如,我们生活于其中的某个大城市,与其说是无所不包的、渗透各处的行动和思想上的共同体,毋宁说是以很松散的方式联合起来的社会。①

因此,社会、共同体这些术语是模棱两可的。这些术语既有称赞或规范上的意义,也有描述的意义;既有法律上(*de jure*)的意义,也有事实上(*de facto*)的意义。在社会哲学中,前一种含义总是占主导地位,社会被设想为本性上一致的统一体。人们特别重视这个统一体所拥有的各种品质,包括足以称道的对目标和福利的共有、对公共目的的效忠以及相互的同情。然而,当人们不是狭隘地一味注意这个术语的内涵,而是考察它所指称的事实时,就会发现,它并非统一体,而是有好有坏的多元社会。人们聚集起来从事犯罪活动,比如在服务公众的同时行盘剥之实的商业集团,组织起来旨在侵夺的政治机器等,都属于此类。据称,这类组织不是社会,因为它们不能满足社会这一观念的理想要求。我们的回答是:这一观点之所以产生,一部分原因是人们把社会概念弄得太"理想"了,以至于它与事实无涉,实际上的效果微乎其微;还有一部分的原因是人们认定,这类组织中的每一个,无论与其他群体的利益如何冲突,总是包含着那些使它们团结一致的、值得称道的"社会"品质。盗贼也讲忠诚,一伙强盗也有共同的兴趣,如尊重其成员。团伙以其兄弟般的感情而著称,狭隘的派别则极度忠诚于其内部的规则。在家庭生活中,成员之间关系亲

① 见第 26 页。

善、相互帮助，但这种生活模式却具有排外、怀疑、猜忌外来者的显著特征。一个群体提供的任何教育都倾向于将其成员社会化，但社会化的性质和价值却取决于这个群体的习惯和目标。

因此，人们需要有一个可以衡量任何给定的社会生活模式的价值的尺度。在寻求这个尺度的过程中，必须避免两个极端。我们不能在头脑中凭空构造出我们视为理想社会的某种东西。我们的社会观念必须以实际存在的各个社会为基础，从而确保我们的理想是切实可行的。然而，如前所述，这个理想不能纯粹停留于对那些我们已经发现的特征的简单重复，关键是要从现实存在的共同体生活的各种形式中提取出那些合乎我们意愿的特征，利用它们来批判另一些不合我们意愿的特征，并提出改善的方案。无论如何，在任何社会群体中，甚至在盗贼团伙中，我们都能发现某种共同的利益，以及与其他群体之间的互动和合作关系。我们的标准源于以下两个特征：在一个群体内部，有哪些种类和数量的利益是自觉地被共享的？这个群体与其他联合体形式之间的相互作用又有多全面、多自由？假如我们用这些来考虑一个犯罪团伙，就会发现，自觉地使成员们团结在一起的纽带极少，简直可以缩小到纯粹掠夺方面的共同利益；就各种生活价值的相互交流看来，这些纽带从本性上把这个群体与其他群体区分开来了。因此，这样一个社会提供的教育必定是片面而扭曲的。另一方面，如果我们采纳了可以为这种标准作例证的家庭生活形式，就会发现，在所有人一起分享的物质的、理性的、审美的各种兴趣的过程中，一个成员的进步对其他成员的经验是有价值的——这种交流是轻而易举的——而家庭并不是一个隔绝的整体，它与商业团体、学校、文化机构以及诸如此类的团体都紧密相连；我们还会发现,家庭在政治组织中作出了应有的贡献,反过来,又获得了政治组织的援助。简言之,存在着许多有意识地用于交流和共享的利益,也存在着与其他模式的联合体相关联的各种不同的、自由的接触点。

（1）我们可以把这个标准的第一个要素置于一个专制统治的国家中加以应用。假如说,在这样的组织中,统治者和被统治者没有任何共同利益,这种说法并不是真实的。统治者必定会诉诸受统治者与生俱来的活动,调动其中某些力量发挥作用。塔列朗（Talleyrand）曾经说过,政府可以用刺刀为所欲为,就是不能安坐其上。这一嘲讽至少承认了联盟的缔结不只是凭借一股强迫性的势力。然而,人们或许会说,诉诸这些活动本身是微不足道的,也是不体面的——这样的政府所从事的有效活动,只是培养人们的畏惧能力而已。在某种意义上,这个说法是正确的,但它并没有注意到,畏惧未必是经验中一个不利的因素。谨小慎微,期望预见未来的事件以回避有害的东西,所有这些可取的特征与懦弱而可怜的屈服一样,也源自畏惧的本能。真正的问题,在于孤立地诉诸畏惧。在引起畏惧和期待特定的实质性的奖励——比如舒适安逸——的过程中,其他许多才能被弃之不顾了。或者说,它们受到的影响只是让它们变得反常。它们不但没有为自己发挥作用,反而沦为服务于趋乐避苦的行为的奴仆。

这相当于说,对社会群体的大多数成员来说,并不存在共同的利益,成员之间也不存在自由的交往和互动,刺激和回应都是极度偏颇的。为了分享更多的共同价值,群体中的所有成员都必须有平等的机会接受或从别人那里取走同样的东西,也必须有各种共享的事务和经历。否则,把一些人教育成主人的影响力量同时会把另一部分人教育成奴隶。当不同的生活-经验之间的自由沟通受到限制时,双方之中任何一方的经验都会丧失其意义。特权阶级和被统治阶级的区分,阻碍了社会内部的相互渗透。尽管影响上层阶级的各种罪恶较少是物质性的或可感知的,但它们同样是真实的。他们的文化往往是贫乏的、自拾牙慧的,他们的艺术成了浮夸的炫耀和矫饰;他们在财富的消耗上,是极尽奢华的;他们的知识因过度专业化而变得狭隘;他们的举止风格,则吹毛求疵而不通人情。

源于各种共享利益的自由公平的交往的匮乏,导致了理智刺激的不平衡。刺激的多样性意味着新颖奇特的情况,而新颖奇特的情况则意味着对思想的挑战。活动越是被约束在一些确定的界线内——比如,阻碍充分的经验交流的严格的阶级分野,对弱势的阶级来说,行动就越容易变成常规的;而对物质上拥有优势地位的阶级来说,其行动就越容易变成任性的、盲目的和爆发性的。柏拉图把奴隶定义为这样一种人,即这种人从他人那里接纳了使他自己的行为受到控制的目的。甚至在法律意义上不存在奴隶制的地方,这种状况也会存在。无论在哪里,只要人们所从事的活动服务于社会,而他们对这些活动既不理解也没有个人的兴趣,就存在这种状况。关于科学管理工作,人们已经说了很多。显然,认为科学能保障运作的效率但只限于肌肉运动的范围内,乃是一个偏颇的想法。科学主要的契机就是发现一个人与他的工作之间的关系——包括他与其他参加者之间的关系——这一发现将会增进他对自己所做之事的智力上的兴趣。生产效率通常要求劳动分工,但除非工人们在他们所从事的工作中发现其中涉及技术的、智性的和社会的关系,并且出于由这种理解所产生的动机而开展工作,否则,劳动分工就会被降格为一种机械性、常规性的事务。把活动的效率、科学的管理这类事情贬低为徒有纯粹技术性外表的这种趋向,正好证明了对掌控工业的人来说,他们被施以偏颇的思想刺激,而他们也正是为工业的发展提供了目标的人。由于他们缺少综合而均衡的社会兴趣,因而难以充分地刺激他们去关注工业中人的因素和各种关系。智力被狭隘化为与工艺生产及商品营销有关的因素。毋庸置疑,在这些狭隘的界限里,也可以发展出一种非常犀利而深刻的智力;但是,如果无法把重要的社会因素纳入考虑之中,那就意味着心灵仍然缺席,而且相应的情感生活受到扭曲。

(2) 这一例证(其要点将被扩展到所有缺乏利益互惠的联合体上)把我们带到第二个要点上。一个团伙或派别的隔离性和排外性,把它的非社会性的精神烘托了出来。但是,这同一种精神无论在哪个有"它自己的"利益的群体中都随处可见,而这些利益阻碍了这个群体与其他群体之间充分的互动关系,以至于这种群体的主导性目的就是维护其已得的东西,而不是通过更广泛的关系得到重组和进步。它标志着国家处于各自孤立的状态中,家庭事务对外隔绝,好像它们与更大范围的生活毫无关系;学校与家庭、共同体的利益被划分开来;贫富分化;知识阶层与非知识阶层被分离开来等。根本的重点在于,这种割裂导致生活变得刻板,生活在形式上被制度化,而所有这一切只是为了追求群体内部那些静止的、利己的理想。原始部落把外族人视为敌人,决非偶然。它源于这样一个事实,即他们把自己的经验认同为严格恪守过去的习俗。在这样的基础上,惧怕与其他人进行交往全然是符合逻辑的,因为这种交往可能会摧毁他们的习俗,从而导致习俗的重构。众所周知,敏锐而开放的精神生活依赖于与自然环境打交道的范围的扩大,然而,这一原则可以更为合适地应用到我们易于忽略的社会交往领域之中。

人类历史上每一个扩张时代恰好都有某些因素发挥作用,以消除先前使民族、阶级彼此隔开的距离。甚至可以说,所谓战争的益处其实比已经认可的更多,因为民族间的冲突至少在事实上迫使民族相互间进行交往,由此,能够意外地相互学习,从而开阔各自的眼界。如今,旅游以及经济和商业上的发展趋向已经成功地破除了外部的阻碍,使各民族、各阶级之间有了更紧密、更可感知的联系。在相当大的程度上,人们仍然要保证消除这种物理距离在理智和情感上所具有的重要性。

2. 民主的理想

我们标准中的两个要素都指向民主。第一个要素不仅表示分享的共同利益在数量和种类上更多,而且表示更加信赖对互利互惠的认可是一种社会控制因素。第二个要素不仅意指社会群体(就它们有意地彼此维持距离来说,它们一度是隔绝的)之间的互动更加自由,而且意指社会习惯发生了变化——通过应对由于交往而出现的各种新的情形,它不断进行再调整。以上两个特征正是以民主的方式构成的社会的特点。

在教育上,我们起先注意到的是,民主共同体实现了这样一种社会生活形式,其中各种利益相互渗透,进步或重新调整成为重要的考虑事项。这种社会生活形式使民主共同体比其他各种共同体更有理由发展出对自觉而系统化的教育的兴趣。人们对以下这个事实并不陌生，即民主热衷于教育。对这种现象所作的表面上的解释是：对一个依靠民众投票选举的政府来说，如果选举人和服从治理者的人没有受过教育，它是无法成功的。因为民主社会否定外在权威的原则，它就必须在人们自发的倾向和兴趣中找到替代品，而这些东西只能由教育创造出来。然而，还有一种更深层面的解释：民主不只是一种治理形式，它首先是一种联合生存的模式、一种共同沟通经验的模式。个体在参与某种利益时，他的行动不得不参考其他人的行动，不得不考虑其他人的行动而使自己的行动有重点、有方向。大量个体在空间上不断扩展，破除了阶级、种族和国家领土这些阻碍他们去感知自己活动的所有意义的樊篱。这些接触点的数量和种类越来越多，意味着个体也必须回应越来越多变的刺激，从而推动个体行动的变化。这些接触点也确保个体力量的解放，而只要对行动的刺激是局部性的，那些力量就仍然备受压抑；因为它们必定处在一个排斥许多利益的排外群体中。

共同关注的领域扩大，以及个人各种能力在更大程度上的解放，是民主的标志，但不是深思熟虑和自觉努力的结果。相反，它们源自科学对自然能源的支配而形成的那些制造业、商业、旅游、移民和通信等模式的发展。然而，一方面是更大程度的个体化，另一方面是利益范围更宽泛的共同体的出现，因此，通过自觉的努力来保持和扩展它们就成了一个问题。显然，一个被划分成相互隔离的各个阶级的社会是毁灭性的，必须努力让所有的社会成员都能稳定(equable)而容易地获得有知的机会。在一个等级有别的社会中，尤其需要注意的是教育的各种主导性要素。一个易于变动的社会充满了各种途径，以分流传递随处都会出现的变化，因而必须教育其成员具备个人的原创性和适应力。否则，他们将在这些变化面前不知所措。他们被这些变化困住，无法感知其重要性及相互之间的关系。其结果将是一片混乱，少数人为自己而占用了其他人盲目的、在外来因素指导下达成的活动结果。

3. 柏拉图的教育哲学

随后几章致力于解释民主观念在教育中的含义。在本章余下的部分中，我们将探讨一些教育理论，这些教育理论是在教育的社会重要性变得尤为明显的三个时代中逐步发展而成的。第一个要探讨的是柏拉图的教育理论。柏拉图比任何人都更好地说明了这样一个事实，即只有当每个人通过对其他人有用的方式（或对他所从属的整体作出贡献的方式），做自己有天赋（apitude）做好的事情时，这个社会的组织才是稳固的。教育的职责正是发现这些天赋，并出于社会功用的目的而循序渐进地训练它们。我们上面所说的许多东西，都取自柏拉图率先有意识地教导世人的言论。然而，他无法在理智上加以控制的诸多境况，导致他在这些观念的应用上受到了制约。他从未设想到可能标志着个体和社群特征的活动有无限多样性，因而把自己的观点囿于类型有限的能力和社会安排。

柏拉图的出发点在于，社会的组织归根到底依赖于有关生存目的的知识。如果人们不知道生存的目的,他们只能听凭偶然性和任意性的摆布。如果人们不知道这个目的、这个善,他们就没有任何标准,以理性地确定应该推进哪些可能性,或者应该部署什么样的社会安排。人们将对恰当的界定和分配一无所知——即对柏拉图所称的正义(它是个体和社会组织的特征)一无所知。然而,人们究竟如何去获得这个作为最后的、永恒的善的知识呢?在解答这个问题时,人们似乎遭遇到无法跨越的阻碍。除非社会秩序是公正的、和谐的,不然,就不可能有这样的知识。在其他任何地方,心灵都被虚假的价值判断和错误的视角所干扰和误导。一个杂乱无章、派系林立的社会,会设立各种不同的典范和标准,在这样的状况下,个体不可能达到心灵上的统一。只有一个完整的整体,才是全然自洽的。假如一个社会依赖某些因素相对另一些因素所具有的优势,而完全忽略另一些因素合理的和适当的要求,那将必然导致思想误入歧途。它高度重视某些事物,但又轻视另一些事物。它创造了心灵,乍看起来,心灵是统一的,但这种统一却是被迫的、扭曲的。归根到底,教育源于由体制、习俗和法律所提供的典范。只有在公正的国家中,这些体制、习俗和法律才能提供合适的教育;也只有心灵受过正当训练的那些人,才能认可这个目的和万物有序的原则。人们似乎陷入了无望的循环之中,然而,柏拉图指出了一条走出困境的道路。一些人,哲学家或爱智慧的人,或爱真理的人——通过研究,至少大致地认识到了真实存在的恰当典型。如果一个强大的统治者依照这些典型来构建一个国家,那么,它的规则就可以被保留下来。这个国家可以提供这样一种教育,即它对个体进行过滤,发现他们适宜做什么;并且提供相应的方法,安排每个人去做适合他天性的工作。

只要每个人各司其职,决不越界,这个整体的秩序和统一就可以被保持下去。

在哲学思想中不可能找到任何其他方案,比柏拉图哲学更加认可社会安排在教育上的重要性、也更加认可这些安排依赖于教育年轻人所使用的更合适的手段。同样地,教育能发现和发展个人能力,并且训练这些能力,使它们与其他人的活动联系起来。从这方面来说,也不可能找到其他方案比柏拉图的哲学对教育功能有更深层的理解了。可是,柏拉图是在一个非民主的社会里提出其教育理论的,所以,尽管他清楚地看到了这个问题涉及的种种关系,却无法解决这个问题。

他重申,个体在社会中的位置不应该由出身、财富或任何传统的身份所决定,而应该由他在教育过程中被发现的本性所决定;但是,他没领悟到个体的独一无二性,对他来说,个体按其自然本性被分类,由此而被归入若干不同的阶层中。因此,教育的测试和过滤功能只是表明个体归于三个阶层中的哪一个阶层。假如没有认可每个个体构成他自己的阶层,那么,个体所能有的各种积极倾向及其结合的无限多样性也就无法得到认可。按照柏拉图的看法,在个体的构造中,官能或能力只有三种类型。所以,教育不久就会在每一个阶层中达到让它止步不前的界限,因为只有多样性才能创造出变化和进步。

欲望占主导地位的某些个体被安排到从事劳动和交易的阶层,这一个阶层体现和提供人类的欲求。另一些人通过教育,表现出自己在欲望之上具有慷慨、直率和勇敢的性格,他们成为服从国家的公民:在战争时期,他们是国家的守护者;在和平时期,他们是国家内部的护卫者。但是,他们的局限性是缺乏理性,缺乏把握普遍性的才能。只有拥有理性的人，才能接受最高等的教育，并在适当的时候成为国家的立法者——因为法律是统摄经验中的个别性的普遍性。由此可见，从主观意图上看，柏拉图确实没有使个体隶属于社会整体。可是，由于他对个体的独特性、个体与他人之间的不可通约性确实知之甚少，因而认识不到一个社会可能稳中求变。他关于有限制的能力和阶层的学说，最终导致个性处于从属地位的观念。

柏拉图坚信，如果每个个体都从事与其自然才能相适合的活动，个体就是幸福的，社会就会被很好地组织起来；他也坚信，教育的主要职责是在拥有这种才能的人身上发现这种才能，并为有效地运用这种才能而训练他。在这些方面，我们无法超越柏拉图。然而，知识的进步使我们意识到，柏拉图把个体及其原始能力归并为几个界限分明的类别是肤浅的。知识的进步启示我们：原始能力在数量上是无限的，在变化上是无穷的。然而，这一事实的另一面表明，在社会已实现民主的情况下，社会组织意味着对个体特殊的、可变的品质加以利用，而不是按类别分层。尽管柏拉图的教育哲学是革命性的，但它只是局限在静止的理想上而已。他认为，改变或变更所证明的东西是不合法的涌动，真正的实在是不变的。因此，当他试图以彻底的方式改变社会现状时，他的目标却是构建一个以后不会再有任何变化的国家。生活的终极目的是确定不变的；一个以这样预期的目的构建起来的国家，甚至连微小之处都不会发生变化。尽管它们并不是重要的，但一旦允许改变，人们的心灵就会习惯于改变的观念，因而导致解体和无政府主义。他的哲学的局限性是十分明显的，即他无法信赖逐渐改良的教育能创造一个更美好的社会，而这个社会又会进一步改革教育,如此往复,无休无止。只有理想的国家出现了,正确的教育才可能出现。从那时起,教育将仅仅致力于维持这种国家。为了实现这样的国家,柏拉图不得不诉诸信赖哲学智慧与拥有统治权力的结合这一令人欣喜的偶然性。

4. 18世纪的"个人主义"理想

在考察18世纪哲学时,我们发现,自己身处不同的观念派系之中。自然仍然意味着某种对立于现有社会组织的东西。在这一点上,柏拉图深深地影响了卢梭。然而,现在自然的呼声是为支持个体天赋的多样性及其各方面的自由发展辩护的。与自然一致的教育,为指导和规训提供了相应的目标和方法。此外,在极端的情况下,天然的或原始的天资被设想为非社会的,甚至是反社会的。社会安排被认为不过是外在的权宜之计,非社会的个体可以通过它们使自己拥有更多个人的幸福。

尽管如此,这些论述只是传达了关于这场运动真正意义的一个不充分的观念。事实上,这场运动的主要兴趣集中在进步,尤其是社会进步上。这种貌似反社会的哲学戴着近乎透明的面具,追求更广泛、更自由的社会——世界大同主义,其积极的理想就是人性。作为人类中的一个成员,与作为国家中的一个成员不同,人的各种才能都可能被释放出来;而在现有的政治组织中,为了满足这个国家统治者的要求和私利,人的能力却受到了束缚和扭曲。显然,极端个人主义的学说只是人的无限可完善性的理想以及范围像人性一样宽泛的社会组织的理想的对立物而已。获得解放的个体,将成为一个综合性的、进步的社会的器官和推动力。

　　这一福音的传道者们已经清醒地意识到自己所拥有的社会遗产的罪恶,他们把这些罪恶归咎于强加在人的自由力量上的枷锁,这种枷锁既有扭曲的作用,也有腐化的作用。他们狂热地投身于把生活从外在约束中解放出来的活动,而这些外在约束是被用来有效地服务于由过去的封建制度赋予其权力的那个阶级的,他们这种投入在对自然的崇拜中找到了理智上的表达。听凭"自然"的充分展开,就是以全新的、更美好的人性王国来取代人为的、腐朽的、不公正的社会秩序。这种对自然的不受约束的信仰——既把自然当作一个典范,又把它当作某种起作用的力量,因为自然科学的发展而得到了加强。摆脱了教会和国家的偏见与人为约束的探究,表明世界乃是一派由法则支配的场景。作为每一种力量都与其他力量平衡的奇妙的场景,牛顿的太阳系体现出自然法则的统治。只要消除各种人为的、强迫性的约束,自然法则在人类关系中将达到同样的效果。

　　人们认为,符合自然的教育是保证更富有交往性的社会的第一步。显然,经济和政治的局限,归根到底取决于思想和情感上的局限。把人们从外在的枷锁中解放出来,首先就要让他们从各种错误的信念和理想的内在枷锁中摆脱出来。所谓社会生活,所谓现有制度,都太虚假和腐朽,以致难以担当此任。如果担当此任意味着摧毁自己,人们又怎能期待它胜任? 因此,"自然"必定是担当此任的力量。甚至流行一时的极端感觉主义的知识论,也源于这个观念。对心灵原初是被动的、空白的观念的坚持,乃是美化教育各种可能性的一种方式。如果心灵是用一些对象在它上面进行刻写的蜡版，那么，以自然环境为手段，就不存在教育的可能性有界限的问题了。既然由对象组成的自然世界是一派融洽的"真理"的场景，那么，教育会绝对无误地创造容纳真理的心灵。

5. 国家教育和社会教育

只要人们对自由的最初热情消退了，这一理论在建设性方面的弱点就暴露出来了。首先，让一切任其自然，实际上就等于取消教育这一理念，意味着去信任环境中的各种偶然事件。为把教育的进程贯彻下去，不仅要求有某种方法，也要求有某种积极的机关、某种行政方面的力量。"所有能力全面而协调的发展"这个理想的社会对应物是受过启蒙的、进步的人性，而这种发展的实现需要确定的组织。这里或那里的个人可以私下里宣告福音，但他们无法把福音贯彻下去。佩斯特拉齐（Pestalozzi）一个人可以尝试做实验，并规劝那些既有财富和权力，又有仁慈倾向的人以他为榜样；但是，甚至连他也心知肚明，对新教育理想的任何切实有效的追求，都需要有国家的扶持。要创造出一个新社会的新教育，首先取决于现行国家的各种活动。这一以民主理念为目的的运动，必然成为由公众指挥和执行的、针对学校的运动。

在欧洲范围内，基于当时历史状况，为教育争取国家扶持的运动与政治生活中的民族主义运动结合起来了——这一事实对随后的运动具有无法估量的重要性。尤其是在德国思想的影响下，教育有训练公民的功能，而这种功能又与民族国家理想的实现相统一。人性被"国家"所取代，而世界大同主义则为民族主义让步。塑造公民而非塑造"人"，成为教育的目的。[①] 上面提到的这一历史状况乃是拿破仑征服欧洲，尤其是征服德国的结果。德意志各邦意识到，系统化地关注教育是恢复和维持政治上的完整性及其权力的最佳手段（随后结果也证明这一信念是正确的）。从外观上看，这些邦国是疲弱的、各自分离的，但在普鲁士政治家的领导下，这一状况成了发展范围广泛而根基扎实的公共教育系统的促进因素。

实践上的变化必然导致理论上的变化，个人主义的理论隐退了。国家提供的不只是公共教育的手段，还有它的目标。当实践使学校体制从小学各年级到大学各院系，塑造的都是爱国的公民、战士和未来的国家官员和行政人员，提供的都是军事、工业和政治防卫与扩张方面的手段，那么，理论上就不可能不重视社会效用的目标。随着民族主义国家被赋予巨大的重要性，而它又被其他竞争的、或多或少带着敌意的国家所围绕，按照模糊的世界主义者的人道主义观点来解释社会效用，同样变得不可能了。既然维持特殊的国家的主权需要个体在军事防卫和国际贸易主权竞争两个方面都遵从更高的国家利益，那么，人们只能把社会效

---

① 在这一方向上，卢梭理智倾向中的张力完全被人们忽视了。以既不塑造公民、也不塑造人这一点为理由，他反对现有事态。在现有的条件下，他更偏向于尝试后者而非前者。但是，他的许多言论表明，从理想上看，塑造公民是更重要的，并表明了他自己的努力。这一点充分体现在《爱弥尔》（*Emile*）一书中，该书是那个腐朽的时代容许他勾勒出来的最好的图景。

用理解为对个体隶属于国家的暗示。人们通常把教育的过程认作纪律上的训练，而非个人的发展。然而，既然文化被理解为人格的全面发展，并且这种理想持续着，所以教育哲学企图调解这两种观念。这一调解采取的形式是关于国家"有机体"特征的观念。隔离状态中的个体什么也不是，只有在组织化的制度中，通过对其目标和意义的吸收，才能拥有真正的人格。表面上看，他服从政治当局，并被要求牺牲自己，听从上级的命令，实际上，他只是把在国家中显现出来的客观理性纳为己有——这也是他能够成为真正的理性存在物的唯一方式。我们已经看到，具有制度理想主义（正如黑格尔哲学中的情形一样）特征的发展观念尤其致力于把人格的完全实现和对现行制度"有纪律的"绝对服从这两个观念结合起来。

在德国，在为民族独立而与拿破仑的占领作斗争的那一代人中，教育哲学的转变程度在出色地表达出早期个体-世界主义理想的康德身上得到了集中的体现。在18世纪最后几年的演讲所汇编而成的论教育学的专著中，康德把教育定义为人成为人的过程。人类历史的开端湮没在自然中——当时的人并不是理性的创造物，自然提供的只是本能和欲望。本性只提供有待教育加以发展和完善的胚芽。真正人类的生活特征在于，人不得不通过自发的努力来创造自己，不得不使自己成为真正道德的、理性的、自由的存在者。这一创造性的努力，通过一代代人的教育活动缓慢地得以实施。这一努力的提速依赖于人们自觉地为了让将来更好的人性得以可能，而非出于现状去教育他们的后继者。然而，这里存在着巨大的困难。每个世代都倾向于教育年轻人适应当下世界的生活，而不是着眼于教育的真正目标，即最大可能地促成人之为人的实现。家长教育孩子,是使他们出人头地。君主教育臣民,是使他们成为实现自己目的的工具。

那么,谁应该引导教育,改善人性? 我们必须依靠受过启蒙的人的个人才能的努力。"所有文化都肇始于私人,并通过他们向外散播。只有通过那些爱好得到扩充、能够把握未来更美好境况的理想的人的努力,才可能使人性逐渐接近它可能达到的目标。……统治者感兴趣的只是这样一种训练,它能使臣民成为满足他们自己意图的更好的工具。"甚至对统治者给私人运作的学校的补助金,也必须小心警惕;因为统治者拨款给学校,只是出于对国家福利的兴趣,而不是因为这样做对人性有利,所以才愿意制定这样的计划。上述观点明确地表达了代表 18 世纪个人主义的世界主义特征的要点,即个人人格的充分发展与作为整体的人性的目标、与进步的理念相一致。此外,我们也十分担忧,由国家操控和管理的教育对实现这些理念会有阻碍作用。然而,这个时期过去还不到 20 年,康德哲学的追随者费希特和黑格尔已经详尽地阐述了关于国家的主要功能是教育的理念。尤其是德国的复兴,要凭借贯彻国家利益的教育来实现,而私人必定是自我中心的、非理性的存在者,如果他不能自愿顺从国家制度和法律的教育性的规训,就只能沦为其欲望和环境的奴隶。本着这种精神,德国是第一个从小学到大学都实行公众的、普遍的、义务的教育体制的国家,所有私立的教育机构都必须听从充满戒备心理的国家的规定和监督。

从这一简要的历史考察中,以下两个结论应该引起我们的高度重视。第一,个体的教育观念和社会的教育观念这类术语,如果把它们普遍化,或者脱离它们的语境,都是没有意义的。柏拉图的教育理想是对个体的实现和社会的统一、稳定一视同仁。那时的状况迫使他把自己的理想变成按等级阶层方式组织起来的社会的观念，而遗忘了阶层中的个体。从形式上看，18世纪教育哲学是高度个体主义的，但这一形式也受到高尚的、慷慨的社会理想的启发；按照这一理想，社会应该以人性的方式被组织起来，应该为人类无限的可完善性提供发展余地。19世纪初的德国唯心主义哲学，试图再度把有教养的人的自由而全面发展的理想与社会规训和政治顺从的理想等同起来。一方面，它把民族国家作为私人人格得以实现的媒介；另一方面，又把它当作实现人性的媒介。因此，无论是用"人格中所有力量的协调发展"这样经典的术语，还是用"社会效能"这样更时新的术语来表达其启发性的原则，都同样是可能的。所有这一切都强化了本章开头所作的陈述：只有人们界定了他们头脑中构想的社会类型，教育作为社会进程和功能的观念才能获得确切的意义。

这些考虑为我们的第二个结论做好了铺垫。在民主社会之中且为民主社会而存在的教育中，一个基本问题源于民族主义的目标和更宽泛的社会目标之间的冲突。早期世界主义和"人道主义"观念的共同缺点是：意义含糊，缺少确定的执行组织和行政机构。在欧洲，尤其是大陆国家，教育对人类福利和进步具有重要作用的新观念引起了国家利益的注意，从而使教育被用于其社会目的十分狭隘而排外的工作。教育的社会目的与其国家的目的被看作是完全一致的，其结果是社会目的的意义变得含糊了。

十分显然，这一混淆与人类交往的现状是相吻合的。一方面，科学、贸易和艺术跨越了国界，无论在性质上还是方法上都在相当的程度上被国际化了，因为它们涉及居住在不同国家的人民之间的相互依存与合作。与此同时，国家主权的观念也在当代政治上受到前所未有的重视。每一个国家与它的邻国都处于压制着的敌意和随时备战的状态中。不言而喻，每个国家都期望自己是本国利益的最高裁定者，每个国家都有自己排外的特殊利益。怀疑这一点，就是在质疑被视作政治实践和政治学基础的国家主权观念。联合而互帮互助的社会生活的更宽泛的领域，与排外的从而是潜在地充满敌意的事务和目标的更狭隘的领域之间的抵触（实际情形正是如此），要求在教育理论上，相比以往，对作为教育的功能和检验标准中所用的"社会的"这个词的意义的认识，具有更清晰的观念。

对于受民族国家指引的教育体制来说，其教育过程的全部社会目的是否可以不受国家的制约、束缚和腐蚀？从内部看，由于当前的经济状况，这个问题不得不面对以下的趋向，即社会被分裂为各阶级而其中一些阶级被当作另一些阶级实现更高等文化的手段。从外部看，这个问题涉及对忠于国家、爱国主义与完全不顾国家间的政治界限而让人们统一在共同目的中的事业之间关系的调和。这个问题的任何一个方面，都不可能只通过消极的手段就能解决。仅仅注意到教育并不是让一个阶级更为便利地剥削另一个阶级的积极工具这一点，是远远不够的。必须保障学校的设施充足、有效，从而在事实上而不只在名义上减少经济不平等所造成的影响，让国家所有的人的未来生涯得到平等的对待。实现这一目标，不仅需要提供充分的学校行政设施，并辅之以家庭辅导而让青少年利用这些资源，还需要修正传统的文化理想、学习科目、教学和规训的方法，从而保障所有的青少年都持续受到教育的影响，直到他们能够把握自己经济的和社会的命运。

这一理想距离其实现似乎很远很远，然而，除非民主的教育理想越来越多地主宰公众的教育体制，否则，它只能是一个既滑稽而又具有悲剧色彩的幻觉。

在考虑一个国家对另一个国家的关系时，这个原则同样适用。教育青少年认识到战争是可怕的，希望他们避免激起国际猜忌和仇恨的一切事端是不够的；更重要的是，人们应该撇开地理上的限制，在合作性的人类追求和成果中联合起来。对全人类彼此之间更完整、更自由、更富有成效的联合和交往来说，国家主权只具有次要的、暂时的特征，而这一点必须逐渐灌输给青少年，成为行之有效的心灵倾向。假如这些应用看起来与教育哲学应考虑的东西相去甚远，那会造成这样一种印象，恰恰说明以前提出的教育观念的意义并没有得到充分的领会。这一结果必定关系到这样一种教育观念，即教育是在被导向各种社会目标的渐进成长过程中，对个体能力的解放。否则，教育的民主标准就无法得到系统的贯彻。

概要

既然教育是社会过程，而社会又有不同的类型，那么，教育评定和建构的标准就蕴含着特殊的社会理想。我们选取两个要点来衡量一种社会生活形式的价值：其一，一个群体的所有成员在何种程度上共享这个群体的利益；其二，这个群体与其他群体互动时的充分性和自由度。换言之，一个不良的社会是这样一个社会,它内在地和外在地设置了阻止经验自由交往和交流的种种障碍。如果一个社会为其全体成员以平等地位分享社会利益而做好了准备,并在与不同形式的联合生活的互动中灵活地调整自己的各种制度,那么,这个社会一定是民主的。这样的社会必定拥有下面这类教育,即在社会关系和社会控制中,赋予个体以私人的兴趣,并使个体养成既保障社会变化又不陷入失序状态的心灵习惯。

从这个观点出发,本章考察了历史上三种典型的教育哲学理论。从形式上看,柏拉图理论的理想与我们阐述的很相像,但它那实际解决的方案把阶级而非个体作为社会的单位,在这个层面上又妥协了。所谓18世纪启蒙时代的个人主义涉及这样的观念,即把社会视为像人性一样宽泛,而个体应该成为社会进步的器官。然而,这种理论缺乏保障其理想发展的相应的机构,它退而诉诸自然就证明了这一点。19世纪的制度唯心主义哲学,通过把民族国家当作这种机构来填补这个缺陷,但这样做,就局限于同一个政治体的成员,社会目的的观念又被窄化了,而且再次引入了个体隶属于制度的观念。

第八章

教育的各种目标

1. 目标的性质

我们前几章对教育所作的阐述，实质上已经预计到讨论一个民主共同体的教育要旨所能得出的结论。因为它设想教育的目标是让个体有能力继续接受教育——或者说，学习的对象和回报是持续成长的能力。现在，这样的观念要能够应用于一个社会的所有成员，那么，这个社会只能是这样的：人与人之间有相互的交往，因平等的利益分配而出现广泛的刺激，从而为重构社会习惯和社会制度做好了充分的准备。这就是民主社会。因此，在我们寻找教育的各种目标的过程中，我们并不是要致力于寻找一个外在于教育过程的、为教育所从属的目的。我们整个教育观念都不容许我们这么做。我们更关注的是，当各种目标从属于教育运作的过程时，或者当这些目标是从教育过程之外设立时，这两种情况有什么差别。在不公正平衡的社会关系中，必然会发生后面那种情形。因为在那种情形下，整个社会群体中的一部分成员会发现他们的目标取决于外部的命令；他们的目标并不是从他们自身的经验中自由地生发出来的，他们名义上的各种目标只是实现另外的更为隐秘的目的的手段，而不是他们自己真正的目标。

我们的当务之急是界定目标的性质，但这是就其内在于而非其外在于这个活动而言的。我们通过对比纯粹的结果和目的来考察这一界定。任何能量的展现都会产生结果。风吹过沙漠中的沙子，沙子的位置就会改变。这里有某种结果、某种效果，但却没有目的。因为完成或实现于结果中的东西，没有什么是先于这个结果的。结果只是在空间中重新分布，沙子在改变位置前后的情况没有好坏之分。所以，把前面的事态作为起点，把后面的作为终点，并把介于两者之间的事态视为某种转变和实现的过程，是没有根据的。

我们不妨以蜜蜂的活动与风吹沙动的比较作为例子。我们可以称蜜蜂行动的结果为目的，这不是因为这些行动的结果是有意或自觉为之的，而是因为这些行动是对于之前行动的真正终结或完成。当蜜蜂们采集花粉、制蜡以及筑巢时，每一个步骤都在为下一个步骤做铺垫。筑好蜂巢后，蜂后就在其中产卵；蜂后产卵之后，卵便被封存起来；工蜂会负责孵化，并且让它们保持在孵卵所需的温度范围内。当卵被孵化出来后，在幼蜂有能力照顾自己以前，工蜂会一直喂养幼蜂。现在，我们对这样的事实如此熟悉，以致总是无视它们，即相信无论如何，生命和本能都是一种神奇的事情。如此一来，我们就无法注意到这种事情的本质特征，即每一个要素临时性的位置和次序都是重要的。先前事件引发其后继事件，而后继事件则接纳前者提供给它的东西，并用于另一个阶段，直到我们抵达终点，就好像这个终点总结和完结了整个过程。

既然目标总是与结果相关，那么，当涉及目标问题时，首先要留意的就是所布置的工作是不是拥有内在固有的连续性。或者，这一工作仅仅是一系列行为的集合，做了一件事，接着做另一件，如此而已。如果学生的每一个行为几乎都听命于教师，他的一系列行为遵循的次序只是出于课业的布置和别人给予的指导，那么，在这个意义上所谈论的教育目标都是胡言乱语；而那种假借自然而然的自我表现为借口，允许任性的或不连续的行动，对于目标来说同样是毁灭性的。所谓目标，意味着某种井然有序的、有条不紊的活动,而这种活动的秩序就体现为逐步地完结一个过程。假设一个活动发生在连续的一段时间内,在此期间,它会累积性地生长发展,那么,目标就意味着在终点或可能的终结之前的预见。如果蜜蜂能预料到它们的活动结果,如果它们能在其想象的预见中感知到自己的目的,那么,它们就具备了目标中主要的要素。因此,如果没有对于结果的预见,不能激发个人事先预见既定活动的结果,那么,谈论教育的目标或其他事业的目标,就都是毫无意义的。

其次,目标是作为某种被预知的结果来为活动提供导向的;它不是某种单纯的旁观者的无目的的观点,而是影响着为抵达终点而采取的各个步骤。这种预见的功能体现在三个方面。第一,它涉及仔细地观察各种既定状况,从而获知可以用来到达终点的手段有哪些,并且发现拦路的阻碍是什么。第二,它表明在使用手段时要有适当的顺序或序列,以有助于有效益地进行选择和安排。第三,它使二选一的替代性选择成为可能。如果我们能预料这样或那样的行为的后果,就能够对比这两种行动过程的价值,对其中哪一种行动过程比较合意作出判断。如果我们知道死水孳生蚊子,蚊子很可能携带疾病,而我们厌恶所预期到的这种结果,那么就能采取预防措施。因为我们不是作为纯粹的理智旁观者来预期结果的,而是作为与结果有利害关系的人作出预期的,所以是这个造成结果的过程的参与者。我们介入其中,以促成这样或那样的结果。

当然,这三个方面之间密切相关。只有当我们对当下状况进行认真的审视,才能够确切地预知到结果,而结果本身的重要性又提供了观察的动机。我们观察得越彻底,所显露的各种条件和障碍就越多变,而可供选择的选项也就越丰富。反过来说,对于情形的诸多可能性或行为的各种替代选择辨识得越充分,被选中的活动就越富有意义,而这种活动也就越便于灵活地被控制。如果人们只考虑到单一的结果,那么,心灵也就不会思考别的东西,而行为附着的意义也就是有限的。人们也就只是向着某种标记奋力前进。这种狭隘的过程有时可能会有效,但当意想不到的困难出现时,如果比较宽泛地考察过这个领域的诸多可能性,那么,就有更多资源可供支配;而如果只考虑到单一的结果,那么,虽然选择了同一套行动方案,却没有这么多资源可供支配,从而无法立即作出必需的调整。

最终结论是:有目标的行为,也就是明智的行为。要预知一个行为的终点,就要具有观察、挑选以及调整对象和我们自己才能的根据。处理这些事情,意味着要有心智——因为心智恰恰就是受到对诸事实及其相互关系的知觉所约束的有意图的、有目的的活动。有心去做一件事情,就是预知某种未来的可能性,就是为实现它而制定计划,就会关注用以执行计划的手段,以及克服它的障碍。换言之,如果真是有心去做某件事而不只是隐约地渴望,就会有一个计划,把资源和困难都考虑进去。心智就是一种能够将当下的状况关联于未来的结果、将未来的结果关联于当下状况的才能。这些特征正是人们所说的,具有某种目标或目的。一个人的愚笨、盲目或是无知——缺少心智——正是与他在任何活动中不知道自己意欲何为到什么程度,也就是对自己行为的可能的结果无知到什么程度有关。当一个人满足于自己缺少必要假设却对结果随意猜测,就只是在碰运气,或是不考察实际的状况——包括他自身才能——就做出计划,那么就不能说他是明智的。这种心不在焉,以人们的感受作为所发生的事情的衡量尺度。要变得明智,就必须在为一个活动做计划的过程中做到"停一停,看一看,听一听"。

把有目标的行为和明智的活动视为同一,足以展现其价值——其在经验中的作用。人们只习惯于从"意识"这个抽象名词中生造出一个实体,却忘记了这个名词源于"有意识的"这个形容词。人们要变成"有意识的",就得察觉到自己要做什么;"有意识的",表示的是经过思虑的、善于观察的和有所计划的这样一些活动的特征。意识不是指人们拥有什么,不是随意盯着他们周围的场景而得到什么,也不是因物理事物所造成的印象而得到的东西。它是一个名称,用以表示一个活动具有目的性的性质,因为事实上,它受到目标的引导。换言之,有一个目标就是指让行为带有意义,而不是像一台自动机器;它要有意去做某事,按照那个意向去认知事情的意义。

2. 好目标的标准

我们讨论的结果可以被用来探讨正确建立目标的标准。(1)设定的目标必须是各种现有条件的自然发展结果,必须基于对已在处理的事情及所在情形中的资源和困难都有所考虑。关于人们活动的适当目的的各种理论——教育理论和道德理论——常常违反这一原则。它们认为,目的外在于人们的活动;目的对于当前情形的各个具体组成部分来说,是外在的;目的有着某种外在的源头。这样,问题就成了如何让人们的活动对这些来自外部的目的的实现产生影响。这些目的正是人们应当为之而采取行动的东西。不管怎样,这样的"目标"都会限制人们的智力。它们并不是心智在进行预知、观察以及在诸多可能性中择优而行的过程中的表达。它们限制了智力,因为如果目标是现成给定的,它们就必须通过某种外在于智力的权威强加于人,从而使智力沦为只能对手段进行机械性的选择。

（2）如前所述,目标似乎能够在实现它们的尝试前便完全形成。现在,必须对这样一种印象加以限制。目标最早出现时,只是一个暂时性的草案;只有力图实现目标的行为,才可以检验出该目标的价值。如果这个目标足以成功地指导活动,那就别无所需了,因为它的全部功能就在于预先设定一个标志;有时候,一个简单的提示就够了。可是,至少在一些复杂的情形中,在依据这个目标行事时,会发现以前所忽略的情形,这就要求对最初目标进行修改——补充或删减。因此,目标必须很灵活,必须能够变更以满足各种境况。外在于行动过程而被确立起来的目标,总是僵化的。它是从外部被硬塞进来或强加于人的,因而与当前的具体状况缺乏有效可行的关系。在行动过程中发生的事情,既不能证实或证伪它,也不能更改它。这样的目标,只能在被坚持的意义上加以理解。于是,因为适应性太弱而导致的失败被简单地归结为外部状况违背常情,而不是被归咎于这个目标本身的不合理。与此相反,一个合理的目标之所以有价值,就在于我们能用它来改变现状。它是一种应对环境的方式,为的是让环境发生所希望的变更。如果一个农民只是被动地接受自己看到的那些东西,完全不管土壤、气候等条件的许可就制定计划,会犯同样严重的错误。教育中那种抽象或遥远的外在目标,其坏处之一,就是它在实践中非常不适用,并且很可能引发人们对当下情形作出随意的处理。一个好的目标应该考察学生当下的经验状态,形成一套试验性的应对计划,随时审视这个计划,并随着实际情形的发展而修正它。简言之,目标是试验性的,因而会随着它在行动中受到的检测不断地发展。

(3)目标必须始终表现为活动的开展。预期目的这一术语是提示性的,因为它在人们心中设定了某个过程的终点或结果。人们界定一个活动的唯一途径,是把终止这个活动的对象放在自己面前,好比一个人在射击中的目标是靶子。人们必须记住,这种对象只是一个标志或记号,心灵是以此来具体指明一个人想要实现的活动的。严格来说,靶子不是预期的目的,击中靶子才是;射击者依靠靶子来瞄准,但也通过枪的准星来瞄准。射击时所顾及的不同对象,都是指导活动的手段。因此,当一个人瞄准——比如说——一只兔子时,他想做的就是直接射击:一种特定的活动。或者说,如果他想要的就是那只兔子,那么,这只兔子就不能脱离他的活动,而应该作为这个活动的一个要素;他想要吃兔肉,或者把它作为展现枪法的证据——总之,他想拿它来做某些事情,他的目的是借事物以行事,而非单独的事物本身。对象只是使活动得以顺利地持续下去的积极目的的一个方面。这就是上面所说的"开展活动"的意思。

与为了让活动能持续进行而完成某个过程不同,活动之外强加的目的带有静态的特征。它总是被设想为某种确定不变的、被获得和被占有的东西。当人们有这样的观点时,活动就只是达到他物的不得已的手段,而活动本身却没有什么意义,也变得无关紧要。与目的相比，活动只是某种不可避免的麻烦，只是在达到唯一有价值的目标前必须经历的东西。换言之，外在目的的观念导致了手段与目的的分离，而在活动中逐渐形成起来的目的，作为指导活动的计划，既是目的又是手段，区分目的与手段不过是便利之计。每一种手段在人们掌握之前，都是一个暂时的目的。每一个目的，一旦被实现，就成为进一步推进活动的手段。当它指示人们所参与的活动的未来方向时，我们称之为目的。当它指示当下的方向时，则被称为手段。每一次目的脱离手段，都会使活动的意义随之减少，并把活动降低为人们避之犹恐不及的苦役。农民必须使用庄稼和牲口来从事农活，他是喜欢庄稼和牲口，还是仅仅把它们看成用以得到感兴趣的东西的手段，这对他的生活必然有很大的差别。在前一种情况下，他的全部活动过程都是富有意义的，活动的每个阶段都有其自身的价值。他在每一个阶段中都有达成其目的的经历。延期的目标，也即预期的目的，只是使他的活动充分而自由地开展下去的某种前瞻性的东西。因为如果他不展望未来，就更可能发现自己身陷阻滞之中。显然，与活动中的其他任何部分一样，目标也是活动中的一个手段。

3. 教育中的应用

教育的各种目标并不存在什么特异之处，它们与任何受指导的事业中的各种目标是一样的。教育者就像上面所提及的农民，有一定的事要做，有一定的资源可以利用，有一定的障碍需要克服。农民所要应对的各种状况，不管是障碍还是资源，都独立于他的任何目的，都有着它们本身的结构和效用。比如，种子发芽，降雨，日晒，虫噬，枯萎病侵袭，季节变化。他的目标只是利用这些不同的状况，使他的活动和上述力量合作而不是相互牵制。如果农民设定了农务的目的，却不考虑土壤、气候、庄稼的生长特征等等，显然是荒谬的。他的目的只是预测把他的力量与他周围事物关联起来会产生什么样的结果，以此日复一日地指导他的活动。预测可能的结果，导致他更加仔细、广泛地观察他必须应对的那些事物的本质和性能，并制定相应的计划，即实施行为的某种顺序。

教育者，无论是家长，还是教师，也同样如此。教师设立他"自己的"目标，当作儿童成长的适当目标，就同农民设定一个无视农耕状况的农务理想一样，是荒谬的。目标，无论是在农务中，还是教育中，都意味着承担发挥一种功能所必要的诸如观察、预估，以及安排的职责。只要能够时刻协助人们从事观察、选择和计划，从而使活动得以继续开展下去，任何目标都是有价值的；如果目标妨碍了个人具有的常识（如果目标是外部强加的或源自权威的，必定会妨碍个人的常识），它就是有害的。

人们应该提醒自己：教育就其本身来说，没有目标可言。只有人，即家长、教师等等，而非教育这一抽象的观念，才有目标。因此，他们的目的是无限多变的，因不同的儿童而异，随儿童的成长而变。就教授的一方而言，目的也是随教育经验的增加而改变的。即使是那些能够被诉诸笔端的、最为正当有效的目标，如果人们只认为它们是目标，没有把它们理解为对教育者们在解放和指导他们自己所处的各种具体情形中的不同力量时，他们如何观察、如何预见和选择的建议，那么，这种目标写成文字，是弊大于利的。近代的一位作家曾说："去引导这个男孩阅读司各特（Scott）的小说，而不是斯路什（Sleuth）的老故事；去教那个女孩针线活；彻底根除约翰性情中恃强凌弱的习性；为这个班级学习医学做好准备——这些都是在具体的教育工作中，现实地摆在我们面前的数以万计的目标中的一些例子。"

谨记这些条件，我们接下来将提出所有好的教育目标中共有的一些特征。（1）一个教育目标必须建立在既定的受教育个体的内在固有活动和需求之上（包括先天的原始本能和后天习得的习惯）。正如我们所注意到的，以预备作为目标的倾向会忽视现有的能力，而把目标放在某种遥远的成就或责任上。从总体上看，存在着这样的倾向，即考虑成人认为可贵的东西并把它们设定为目标，而不管那些受教育者的才能。同样也存在着这样的倾向，即提出整齐划一的目标，而忽视个体的特殊的才能和要求，忘记所有的学习都是在既定时间、既定地点发生在特定个体的身上的。成人的认识范围比较宽，这在观察儿童的能力和弱点、断定它们有多大分量时很有价值。因此，成人的艺术才能展现出儿童能力的某种发展趋向；如果没有成人的成就，就无法确认童年时期绘画、复制、塑模、上色这类活动的价值。同样，如果没有成人的语言，婴儿牙牙学语的冲动的重要性便无法得到理解。但是，用成人的成就作为一个背景，把儿童和青少年的行为活动置于这个背景中加以考察，是一回事；不考虑受教育者的具体活动，而把成人的成就设定为一个确定的目标，则是另一回事。

（2）一个目标必须能够被转换为可以配合受指导者活动的方法。这个目标必须指出释放和组织他们的各种才能所需的是何种环境。除非它能促进自身具体程序的建设,除非这些程序又能检验、修正并加强这个目标,否则,这个目标就是无价值的。因为它非但无法协助具体的教学任务,反而会有碍于运用常规判断以观察和评估当时的情形。它的作用在于,只承认与确定的预期目的相一致的东西,此外对其他东西一概不予承认。由于每个僵化的目标都是硬性地被给定的,所以就不可能细心地去关注各种具体状况。既然它无论如何必定要被实行,注意那些不重要的旁枝末节又有何用?

从外部强加目的的陋习根深蒂固。教师从上级权威那里把这些目标接受过来,而这些权威则是从社会上流行的东西中把它们接受下来的。教师把它们强加于儿童,这样做的第一个后果是使教师的才智无法自由地得到施展。教师受制于由上级制定的目标,很难不受官方督学、论述教学方法的教科书、指定的学习课程之类的指示的约束,这样一来,他的心智和学生的心智以及所教授的内容无法密切地关联起来。这种对教师经验的不信任,还体现在对学生的回应缺乏信心上。学生在双重或者三重的压力下接受他们的目标,而且时常因为那些适合他们自己的经验的目标与被教导认可的目标之间的冲突而备感困惑。除非每一个成长中的经历都具有其内在固有的重要性这一民主的标准得到认可,否则,人们便会因为适应外部目标的要求而在理智上产生困惑。

(3)教育者必须提防那些被宣布为一般的和终极的目的的东西。每一个活动,不管多么特殊,就其与其他事物的错综复杂的关联而言,仍然具有一般性,因为它通过无数途径与其他事物相联系。就一般的理念能让我们更关注这些关联而言,它越一般越好;但是,"一般的"也意味着"抽象的",或者脱离一切具体的情境,而这种抽象则意味着遥远,这就回到先前的那场讨论——把教与学纯粹作为手段,用来为与手段无关的目的做准备——中去了。我们说教育实际上一直有它自身的回报,这意味着,除非所谓的学习或规训有其自身的直接价值,否则,它们就不具备教育意义。一个真正一般的目标,能够开阔人们的视界,激发他们考虑更多的后果(关联);这也就意味着,对手段要持一种更广泛、更灵活的看法。比如,农民对交互作用的力量考虑得越多,他能够直接加以利用的资源也就越多。他将找到更多可能性的出发点,找到可以完成他想要做的事情的更多的方式。一个人对未来可能成就认识得越充分,他当下的活动就越少受制于少量选择的余地。如果一个人知道的足够多,他简直可以从任何地方开始,并连续不断且卓有成效地继续他的活动。

所谓一般的或综合的目标这类术语,只是从对当下活动领域的宽泛考察这个意义上去把握的。接下去,我们将着手研究一些时下在教育理论中通行的、更宏大的目的,并讨论它们是如何阐明教育者真正关心的、直接当下的、具体而多样的目标的。我们假设(其实,按照上面所说立即可以推论出来)没有必要在这些目的之间作出选择,或把它们视为相互冲突的竞争对手。当人们采取实际行动时,他们不得不在一个特定的时间中挑选或选择一个特定的行为,但是无论多少综合的目的都可能共存不悖,因为它们只意谓看待同一场景的不同方式。一个人不可能同时攀登多座不同的山,但当他登上不同的山以后,他所看到的风景却可以相互补充:这些风景并不构成一个相互矛盾的、竞争的世界。或者,换一种说法,一种陈述可能为一个目的提示某些问题和所观察到的东西,而另一种陈述则提示另一套问题,要求进行另一些观察。由此可见,我们拥有的一般目的越多越好,一种陈述将会补充另一种陈述所忽视的东西。拥有的假说越多,越有助于科学研究者。同样,拥有许多被阐明的目标,也有助于教师的工作。

概要

目标指示的是任何自然过程的结果,它引起人们的意识,并变成决定当下观察和选择行为方式过程中的一个要素。目标意味着一个活动变得明智。它特别意味着预知在既定情形中随着以不同方式展开的行为而出现的各种可供选择的后果,以及用所作出的预期来指导观察与实验。因此,一个真正的目标,在每一点上都与从外部强加于行动过程中的目标相对立。后者是不变的且僵化的,它不是在一个既定的情形中去激发才智,而是一个从外部发出的、指示做这做那的指令。这样的目标与当下活动没有直接关联,它很遥远,脱离借以实现它的手段。这样的目标无法显示出一个更自由、更均衡的活动,它是对活动设定的限制。在教育中,正是这些从外部强加的目标的盛行,造成了人们强调为遥远未来做预备的看法,并使教师和学生的劳动变得机械化和奴化。

第九章

以自然发展和社会效能为目标

1. 提供目标的自然

我们已经指出,试图设立这样一个教育目标——某种将其他一切都囊括其下的终极目标——是徒劳无益的。我们也已经指出,因为一般的目标只是各种审视现存状况和评估它们可能性的预期观点,所以,我们可以有任意多的目标,这些目标相互之间可以共存。实际上,在不同时期,人们提出过很多这样的目标,它们在当时都有重要的区域性价值,因为对目标的表述关涉到在一个既定时间内应该重视什么。人们不会去重视没有必要被重视的事物,即那些已经受到充分关注的事物。人们更倾向于根据当时情形的缺陷和需求来形成他们对目标的论述;对于任何正确的或大致正确的东西,人们都视为理所当然的,不会详尽地去表述它们,因为没有必要做这样的表述。人们按照将被引起的某种变更来构建他们明确的目标,因而在每一个既定的时代或世代中,在有意识的构想中,常常只注重那些实际上最缺乏的东西,这并不是什么有待解释的悖论。一个权威统治的时代,唤起人们对于充分的个人自由的渴望;一个无序的个体活动的时代,则唤起人们把社会控制作为教育目标的要求。

由此,现实的及潜在的实践与有意识的或被阐明的目标之间达成了平衡。在不同时代,这样一些目标都曾为人所用,诸如完整的生活、学习语言更好的方式、以实效取代纸上谈兵、社会效能、个人修养、社会服务、人格的完备发展、渊博的知识、纪律、审美的沉思、效用,等等。接下来的讨论要探究最近很有影响的三种说法,有些观点在前面的章节中已经顺带地讨论过了,另一些观点将在后面对知识和研究价值的讨论中涉及。按照卢梭的说法，教育是一种符合自然的发展过程，即以"自然的"来对抗"社会的"（见第 112 页）。我们先讨论这一观念，然后再探讨与之对立的、常以社会反对自然的社会效能的概念。

（1）教育的改革者们反对他们身边的学院因循守旧、人为造作的方式，更倾向于诉诸自然，并以自然为标准。他们认为，自然能够提供发展的法则和目的，而人们所能做的就是追随和遵从自然之道。这一观念的积极价值在于，它以强有力的方式召唤人们去关注那些无视受教育者自然天赋的目标所存在的错误。这一观念的弱点是安于在常规意义上使用"自然的"一词，从而与"身体的"一词混为一谈。由此，智力在预见和策划中的建设性作用就会被低估；人们退让在一边，只听凭自然发挥其作用。既然卢梭对这个学说的真理面和谬误面的论述无人能出其右，那么，我们就先来考察一下他的观点。

卢梭说："我们的教育来自三个源头——自然的、人的以及事物的。我们的器官和才能的自然发育，构成了自然的教育。我们被教导如何去利用这种发育，这是人类给予我们的教育。从周围对象中获得个人经验，则构成事物的教育。只有当这三种教育协调统一、趋向同一个目的时，一个人才能趋向他真正的目标……如果问我们这个目的是什么，答案就是：自然的目的。因为这三种教育既然必须协调配合，才能保证其完满性，那么，完全独立于我们控制之外的那一种教育必然会掌控我们，并协调和决定另外两种教育。"接着，他把自然定义为天生的能力和性情，"因为它们先于因制约性的习惯和他人的观点的影响所产生的修正而存在"。

仔细研究卢梭的言论会大有裨益,这些言论包含以往论及教育的基本真理,同时连带着某种奇怪的歪曲。他开头的几句话说得再好不过了。教育性的发展有三个因素,分别是(a)我们身体器官的天然构造和它们的机能活动;(b)受他人影响,这些器官的天然活动的用途;(c)身体器官与环境直接的交互作用。他的这一陈述当然涵盖了所有主题。他另外两个命题同样是合理的,即:(a)仅当教育的三个因素协调一致、通力合作时,才能实现个体的充分发展,以及(b)因为身体器官的天然活动是天生的,所以对构成三个因素的协调一致而言,是基本的。

　　但是,只要体会这些言论的言外之意,再辅以卢梭的其他论述,就不难发现,卢梭把这三个东西看作三种因素,却并不主张这三种因素必须在一定程度上通力合作,从而使其中的任何一个因素都具有教育性;他把它们看作是分离的,各自独立地发挥作用的。尤其是他相信,天然的器官和官能存在着独立自主的——用他的话说——“自发”发展。卢梭认为,器官和官能的这种发展自身就能够进行下去,与对它们的使用无关;而来自社会交际中的教育,实际上是附属于这种独立发展的。在这里,在与活动本身一致的意义上开展天然的活动,而不强制它们,误用它们;或是假设它们可以脱离任何使用而正常发展,而这种发展又提供了所有在使用中获得的学习的标准和基准,这两者之间存在着极大的区别。我们再提一下前面的例证,习得语言的过程几乎是一个适当的教育性成长的完美的范例。学习语言,开始于发声器官和听觉器官等的天然活动。可是,如果有人认为,这些活动有某种自身的独立成长,任其自然发展就能演化出一种完美的言语能力,这是荒唐的。从字面上看,卢梭的原则意味着成人应该承认并且重复儿童的牙牙学语声和喧闹声,这不只作为发展出吐字清晰的言说能力的起点——它们确实也是——而且,还为语言本身提供了所有语言教学的标准。

这一点可以总结为:卢梭把一场亟待进行的改革引入了教育,并认为器官的构造和活动为所有有关如何使用器官的教学提供了条件,在这一点上,他说得对;但是,他还暗示说,器官的构造和活动所提供的不只是那些条件,更是它们发展的目的,在这一点上,他犯了很大的错误。事实上,与随意任性的活动相反,天然的活动通过对它们的使用而得到发展。正如我们所知,社会媒介环境的职能就是尽可能地使用各种力量,以此来指导生长。本能的活动,在隐喻的意义上,可以被称为自发的,也就是说,在发挥一种特定的作用时,器官有某种强烈的偏向性——这种偏向性如此之强烈,以至于人们无法违背它,尽管他们试图违背它,但结果却只是误用、阻碍以及损害它们。然而,认为这些活动是自发地、常态地发展的观点,却完全是神话。在一切教育中,自然的或天然的能力会提供启动性的力量和限制性的力量,却并不提供教育的目的或目标。如果不从不学而知的能力开始,就不会有学习,但学习也不是这种不学而知的能力的自发充溢。卢梭之所以持反对的观点,无疑是因为事实上,他将上帝与自然视为同一。对他而言,原始能力直接来自一个智慧的和善良的造物主,因此是全善的。卢梭重新解释了关于国家与城镇的古老说法,主张上帝创造了人类的原始器官和官能,而人类则利用了它们已被指定好的用途,因此,它们的发展提供了人类在利用它们时必须遵从的标准。一旦人们试图决定这些原始活动被用于何种用途,他们就是在干涉一个神圣的方案。社会安排干涉了自然,干涉了上帝的工作,这是个人堕落的首要根源。卢梭认为,所有自然趋向都拥有内在固有的善,这一充满激情的主张是对当时认为先天人性完全罪恶这一流行观点的反动,也在修正人们对待儿童的兴趣的态度上产生了巨大的影响。毋庸赘言,原初冲动就其本身而言无善无恶,只是根据它们所被运用于的对象,它们才成为这样的或那样的。以别的本能为代价,而忽视、压抑或者过早强迫一些本能,这无疑是导致许多本可以避免的恶的原因。要说有什么教训,那便是不能不管它们,任由它们遵从自己"自发的发展",而是要提供一个可以组织它们的环境。

回到包含在卢梭的论述中的真理要素上,可以看出,因为他以自然发展为目标,所以能提出对当前实践中的恶进行纠正的手段,能指出若干具有吸引力的具体目标。(1)以自然发展作为目标,使人们关注身体器官,关注对健康与强健的需求。自然发展的这个目标对家长和教师来说,要让健康成为一个目标;不考虑身体强健,就无法拥有正常发展,这是一个显而易见的事实。而这个正当的认识在实践中,几乎会不自觉地使许多教育实践发生彻底的变革。"自然"的确是一个隐晦的隐喻性术语,但我们就"自然"所能说的一点就是:教育的效能要满足各种条件,在人们知道这些条件是什么、了解如何根据它们来进行实践之前,他们最高尚、最理想的目标注定会遭受挫败——因为它们只不过是口头上的、情感化的,而不是务实的、有效的。

(2)自然发展的目标转变为尊重身体可动性的目标。卢梭是这么说的:"儿童总是在运动;一种久坐不动的生活是有害处的。"当他说"自然的意向是在磨砺心灵之前先强健身体"时,并没有很好地说清事实。但如果他这么说,即自然的"意向"(用他诗意的言说方式来说)是提升心灵,尤其是通过锻炼身体肌肉的方式,那么,他就表述了一个肯定性的事实。换言之,遵从自然的目标,实际上意味着,要关注对身体器官的使用在探索发现过程中、应对各种材料过程中以及玩耍游戏过程中所发挥的实际作用。

(3)一般目标转换为关注儿童个体差异的目标。如果不是困惑于这些天然能力在不同的个体身上各有不同这一事实,便不会有人将研究天然能力的原则纳入考虑。这种天然能力在不同个体上的差异不只是强度上的不同,在性质和安排上有更多的不同。诚如卢梭所言:"每一个体天生便具有与众不同的性情……我们不分青红皂白地让拥有不同倾向的儿童进行同样的练习,对他们的教育破坏了他们的特殊倾向,只留下呆板的整齐一致。因此,在我们浪费精力却妨碍了自然的真正天赋之后,我们发觉,笼罩在自然天赋的替代品上的短暂而迷幻的光辉消退了,而被我们毁掉的各种自然能力却没能重生。"

最后,遵从自然的目标,意味着注意偏好和兴趣的产生与消长。才能的萌芽和繁盛是不规则的,甚至没有并驾齐驱的发展过程。人们必须趁热打铁。能力的第一次萌发,尤其珍贵。儿童早期的倾向受到怎样的对待,会决定他们根本的倾向,决定他们之后展现出来的各种能力的转向,其影响超乎我们的想象。几乎可以说,从佩斯特拉齐和福禄培尔的时代起,教育上便追随了卢梭的自然成长原则,特别关注人生的早期,这不同于灌输有用的技艺。下面关于一个学生神经系统成长的一段文字,提示出成长的不规则性及其重要性。"在不断成长的过程中,身体上和精神上的发展是不平衡的,因为成长从来不是一般性的,而是这一刻会在这一点上凸显出来,那一刻又会在那一点上凸显出来。……教育方法应该承认在天赋展现出来的巨大差别中成长的自然不均衡的动态价值，并加以利用。宁可不规则，也不要经过修整而整齐划一。这样，才能顺应身体的变化，从而证明其有效性。"①

在受约束的条件下，很难观察到自然倾向。自然倾向最容易展现在一个儿童自发的言语和行事中——也就是在他参与的、但不对他设置任务的活动中，在他没有察觉到自己正受到观察时。但由此并不能说，因为倾向是自然的，就都是值得拥有的。却可以说，因为它们存在着，就必定会发挥作用，必定要被纳入考虑。人们必须注意让那些值得拥有的倾向具有一个能保持它们活力的环境，它们的活动应该掌控其他倾向的方向，由此引导其他倾向停止活动，因为它们产生不了好的结果。儿童具有许多让家长头疼的倾向，它们的出现可能是暂时的；但有时候，家长对这些倾向的直接关注过多，反而使儿童把注意力集中在它们上面。无论如何，成人太容易把自己的习惯和心愿设为标准，把儿童违背他们的冲动视为应该被消除的恶习。与遵从自然的观点相对，在很大程度上，人为雕琢的观点都是试图强迫儿童直接进入成人标准模式的产物。

总而言之，我们发现，遵从自然的观念在其早期历史中结合了两个相互之间没有内在关联的因素。在卢梭以前的时代，教育改革者们偏向于把几乎无限的力量归并给教育，从而力陈教育的重要意义。民族的差异，同一民族中阶层与阶层以及人与人的差异，都被说成是由于受到不同的训练、练习和实践而造成的。起初，从总体上看，心灵、理性、理解力在实践上是一致的。心灵在

① 唐纳森，《大脑的成长》(*The Growth of the Brain*)，第 357 页。

本质上的一致性，意味着所有人在本质上平等，并有可能通过教育达到同样的水平。遵从自然的教育学说对这个观点提出了异议，这种学说对于心灵及其能力的理解不那么形式化和抽象化。这种学说用具有个体差异的（卢梭指出，正如人各不同，甚至是同一群狗亦如是）、具体的本能和冲动，以及生理能力，取代洞察、记忆和概括的抽象官能。在这方面，遵从自然的教育学说因为近代生物学、生理学和心理学的发展而得到支持。实际上意味着，虽然教养很重要，通过直接的教育上的努力来修正和改造自然很重要，但正是自然，或者说不学而知的能力，为这种教养提供了基础和最终的资源。

另一方面，遵从自然的学说是一个政治教条。它意味着对现行社会制度、习俗和理想的反动（参见第 113 页）。卢梭提出，一切得自于造物主之手的东西都是好的。这个论述只有在对比同一句话的末尾部分才显现其含义，即"万物经人类之手而败坏"。他又说："自然的人具有绝对的价值；他是一个数值单位，是一个完整的整数，除了与自身有关、与他的同胞有关之外，与其他都无关。文明的人则是一个相对的单位，是一个分数的分子，其价值取决于它的分母，取决于它与社会整体的关系。好的政治制度是那些让一个人成为非自然的人的制度。"当前存在着的[①]有组织的社会生活具有人为而有害的特征。在这个观念的基础上，卢梭主张，自然不只是提供发动成长的最初力量，还提供成长的方案和

---

① 我们不能忘记，卢梭主张一种完全不同的社会、一个友爱的社会，这个社会的目的应该和其所有成员的利益相统一。他主张这样的社会大大优于现有状态，好比现有状态比自然状态糟得多。

目标。坏的制度和习俗几乎会不自觉地提供一种错误的教育,连再谨慎的教学都无法抵消这种错误,这是不争的事实。但是,这里的结论,并非要脱离环境进行教育,而是要提供一种能更好地使用天然能力的环境。

2. 社会效能作为目的

自然提供的是正当教育的目的,而社会提供的则是有害的教育目的,这样的观点很难不招致反驳。相反的观点主要采用了这样一种学说:教育的职责在于提供自然所无力保障的东西,即个体对社会控制的熟习,天然能力对社会规则的遵从。可以看到,社会效能观念的价值,很大程度上在于它对自然发展学说误入歧途之处提出了异议,这倒并不让人惊讶,但它却忽略了那个观念中的真理,因而受到了滥用。我们必须依靠社会生活的活动和成就,才能发觉能力的发展——也就是效能——意味着什么。事实也确实如此。但是,这个学说的错误在于认定人们必须采用让天然能力屈从的手段,而不是利用天然能力来保障效能。只有当人们意识到,获得社会效能不是依靠消极的约束,而是有赖于在具有社会性意义的事业中积极地使用个体的天然才能时,这个学说才算被充分地阐述出来了。

(1)把社会效能转换为具体的目标,说明产业能力的重要性。人们无法离开物质手段而存活,而这些手段如何被利用和消耗,对于人们彼此间的所有关系都有深远的影响。如果个体无法维持他自身的生活和养育孩子,那么,他就是他人活动的负累或寄生虫,他就错失了某种生活所需的最重要的教育经历。如果他没有受过正确使用工业产品的训练,那么就存在着很大的危险,即他有可能因他的财富而放纵自己或伤害别人。没有任何一种教育方案承担得起忽视这些基础性考虑的后果。然而,高等教育的安排往往以更高尚、更崇高的理想为名义,不仅忽视了上述考虑,并且藐视它们,认为它们低于教育所关注的水准。随着社会从寡头统治转向民主制度,教育应该让人有能力在经济上谋生,并有效地经营经济资源,而不只是露富炫耀和奢侈享受。很自然地,教育的这种重要性应该得到强调。

然而,坚持这一目的存在着重大的风险,即现存的各种经济条件和标准将被人们认定为最终的标准。民主的基准要求人们发展才能,从而有能力选择职业和决定自己职业生涯的发展。如果我们试图事先让个体去适应某个确定的行业,但对行业的挑选不是依据训练有素的能力,而是依据父母的财富或社会地位,那么就违背了上述原则。实际上,由于新发明的层出不穷,当前工业正经历着翻天覆地的变化。新兴产业如雨后春笋般不断涌现,旧有产业受到完全的改造,因此,过度专注于某个具体的效能模式而进行训练,反而实现不了自身追求的目的。当职业方式改变时,这样的人就会因自我重新调整能力较弱而落后于较少受到特定训练的人。但最重要的是,当前社会的产业结构如同以往的每个社会一样,充斥着不平等。进步教育的目标正是要参与改正不公平的特权和剥削,而不是使这些现象长久地持续下去。只要社会控制意味着让个体的各种活动服从阶层的权威,那么,行业教育就有受制于接受现状的危险。这样一来,经济机会的差别就决定了个人未来会进入什么行业。人们无意识地又在重复柏拉图方案的不足，却还不如他的方案那样有开明的筛选方式（见第110页）。

（2）公民的效能或好公民。当然，把具备行业技能与良好的公民能力分离开来，是武断的。但是，具备良好的公民能力，可以被用于指涉某些比职业能力更含糊的资格。这些才能特性的范围很广，可以指任何将个体变成更适合的伙伴的东西，乃至政治意义上的公民身份；它表示明智地判断人及其行为方式的能力，以及在订立和遵从法律过程中发挥决定性作用的能力。以公民效能作为目标，至少有这样一个好处，即它在很大程度上让人们免受关于心理能力的训练这一观念的影响。它引起了人们对以下事实的关注，即能力必须与做某事相关，而亟待去做的是那些涉及与他人关系的事情。

这里，我们又必须警惕太过狭隘地理解这个目标。事实上，尽管社会的进步归根到底要依赖于科学发现，但在某些时期内，一个过于固定的解释会排斥科学发现。因为科学工作者们一直被认为只是理论上的空想家，对社会效能完全无益。但我们必须谨记，社会效能根本上就是共享相互交换经验的能力。它包括一切让个人自身的经验对他人更有价值的东西，一切让个人能更充分地分享到他人的有价值的经验的能力。在社会效能中，创造和欣赏艺术的能力，休闲的才能，对闲暇有意义地加以利用，比起传统上常与公民身份关联起来的那些要素来，是更为重要的要素。

在最宽泛的意义上，社会效能完全是心灵的社会化，它与增强经验的可交流性，以及破除阻碍个人渗透到他人利益中的社会层级屏障有着积极的关联。如果社会效能被限制于由公开行为所提供的服务,那么,它的主要要素(因为它只有这个保障)——明智的同情,或者善良意志——就被忽略了。因为同情作为一个可取的品质,不只是指情感,也是指有教养的想象力,即想到人类共同的事情,反对任何对人们的无端分裂。有时候,所谓对他人乐善好施的兴趣,可能是一种不知不觉的伪装,只是在试图决定什么对别人而言是善好的,而不是力图使他们自由,让他们可以追寻并发现出于他们自己选择的善好。社会效能,甚至是社会服务,如果不是积极认可生活可以提供给不同的人以各种不同的善好,如果不相信社会效能支持每一个人作出自己理智的选择,那么,它就是冷冰冰的东西。

3. 文化作为目标

社会效能是不是一个与文化相符的目标,依据下面的考虑而定。文化至少意味着某种有教养的、成熟的东西;文化对立于原始和粗野。如果"自然的"被视为与这样一种原始状态一致,那么,文化就是对立于所谓的自然发展的。文化也是某种个人的东西,它关涉到对欣赏观念、艺术,以及人类广泛的兴趣的培养。如果效能被等同于极为有限的行为,而不是与活动的精神和意义相一致,那么,文化就对立于效能。当人们关注个体的独特之处时,不管是所谓文化还是人格的全面发展,其结果都与社会效能的真正意义相符合,但如果他身上没有什么不可度量或不可比较的东西,他也就不是个体了。这些东西的反面就是平庸、平均。无论何时,只要独特的品质得到发展,就会产生独特的人格,并且将会极大地有助于社会服务,这种服务绝不只限于提供大量的物质商品。因为除非组成社会的个体的个人品质本身是重要的,否则,又怎么值得为之服务呢?

人格的崇高价值和社会效能相对立,这源于以封建方式组织起来的、等级森严的社会。位尊者有时间和机会,作为人来发展自我;而位卑者,则被限于提供外在的产品。一个自称民主的社会,如果仍持有以产品或产出来衡量社会效能的观念,也就意味着它认可并且延续着贵族共同体轻视大众的特征。但是,如果民主拥有道德的和理想的意义,那么就要求所有人都对社会有所贡献,而同时也支持所有人有机会发展其与众不同的才能。对民主而言,教育中的这两个目标的分离是毁灭性的;在比较狭隘的意义上来使用"效能"一词,就使其失去了本质上的正当性。

效能的目标(如同任何教育的目标)必定包含在经验的过程之中。当它由有形的外在产物来衡量,而不是由获得特别有价值的经验来衡量时,就变为实利主义的了。有效能的人格,可能会有助于产出商品,但严格说来,那只是教育的副产品:这种副产品无法避免,也很重要,但仍然只是副产品。设立一个外在的目标,反过来会强化关于文化的错误观念,即把文化认同为某种完全"内在的"东西。完善"内在的"人格的观点,无疑是社会分化的表现形式。所谓"内在的",只是指与他人没有关联——没有能力进行自由而充分的沟通。所谓的精神文化往往都是无效的,而且其中不乏陈腐之处,因为它一直被认为是个人可以内在地——因而是排他性地拥有的某种东西。一个人是什么样的人,在于他在和别人自由交往授受中是什么人。这样一来,既优越于把效能理解为只是给他人提供产品，也优越于把文化理解为只是排他性的完善和文饰。

任何个体，无论农民、医生、教师、学生，如果不懂得实现对他人有价值的结果只是一个有内在价值的经验过程的附属品，就没有理解自己的职业。那么，为什么人们又会认为，个人必须在以下情况中作出非此即彼的选择，即要么牺牲自己去做对他人有用的事情，要么牺牲他人去追求自己特有的目的——不论是拯救自己的灵魂，还是打造一种内在的精神生活和人格？实际情况是：既然这两件事情中的任何一件都不可能持久存在，我们只能作出调和，使它们轮流进行，一件事接一件事轮转尝试。许多公开宣称的关于世界的精神的或宗教的思想，都注重自我牺牲和精神的自我完善这两大理想，而不是竭力反抗这种生活的二元论，没有比这个二元论更沉重的悲剧了，因为它的根基稳固，不容易被根除。为此，当下教育的特定任务正是为了达到这个目标，即让社会效能和个人教养统一起来而不是相互对立。

概要

一般的或综合的目标，就是考察教育具体问题的各种视角。因此，对任何宏大目的的陈述方式的价值的检验，主要在于它是否容易融贯地转换为其他目的所主张的程序。我们已经将这一检验应用在三个一般的目标中：符合自然的发展、社会效能，以及文化或个人精神富足。在每一种情况下，我们都发现，如果对于目标的阐述是片面的,它们就会彼此产生抵触。如果对自然发展的阐述是片面的,就会将一个所谓自然而然的发展中的原始力量当作终极目的。从这个观点看,训练原始力量使之对他人有用,就是不正常的约束;训练通过自觉的教养而更改其原始力量,是一种败坏。但是,当我们意识到,自然活动意味着天然活动,它们只有在使用过程中被教养,从而得以发展,那么上述的抵触就消解了。同样,社会效能被定义为为他人提供外在服务,那么,它就必然对立于增添经验的意义这个目标,正如文化被认作是一种对于心灵的内在修炼,它就与社会化的倾向相对立。但是,社会效能作为一个教育目标,应该指培养某种自由而全面地参加共享的或公共的活动的能力。这一方面不可能离开文化,另一方面又有益于文化,因为个人如果不学习——没有较为开阔的眼界,不能体察那些可能被忽略的事物——就不能参与与他人的交往。对文化最好的定义也许就是:它是使一个人对事物意义的认知范围不断扩展、准确性不断提高的能力。

第十章

兴趣与规训

1. 这两个术语的意义

我们已经注意到,旁观者的态度与中介人或参与者的态度是有差别的。旁观者对正在发生的事情的态度是漠然而中立的,这个结果和那个结果的好坏都一样,因为每个结果都只是他观看的对象。中介人或参与者则抱有与正在发生的事情息息相关的态度,事情的结果会对他产生影响,他的命运多少要视事件的结果而定。因此,他竭尽全力去影响当下事件的发展方向。旁观者就像身陷囹圄的人看着窗外的雨,无论窗外是什么情形,对他来说都是一样的;而中介人或参与者就像计划次日出游的人,连续下雨会破坏他的出游。当然,他无法以当下的反应来影响次日的天气,但他可以采取一些影响未来事件的措施,哪怕只是推迟拟定中的远足野餐。如果一个人看到一辆马车朝他驶来,可能会撞倒他,而他又无法使它停下来,只要他及时预知了这个结果,至少可以避开它。在许多情况下,他甚至能更为直接地进行干涉。因此,在事情的进程中,参与者的态度涉及两个方面:一是对未来结果的思虑和忧心,二是趋向于采取行动,以便确保相对好的结果,避免相对坏的结果。

有些语词意指这样一种态度:关心,兴趣。这些词表明,一个人与对象本质上蕴含的各种可能性息息相关,因此,他会留意这些可能性究竟会对他产生什么作用;他还会基于自己的期望或预见,渴望通过自己的行为把事情引向一个方向,而非另一个方向。兴趣和目标、关心和企图都必定联系在一起。诸如目标、意向、目的这些词,强调的是人们想要的并为之奋斗的结果,它们预设了思虑而热心留意的个人态度。诸如兴趣、钟爱、关心、动力这样一些词，强调的是所预知的东西对个体命运的影响，以及他为确保一个可能的结果而采取相应的行为的积极欲望。它们预设了客观上的变化。但是，这两组词的差别只在于它们侧重哪一点；在这组词中被遮蔽的意义，在那组词中得到彰显。所预期的东西是客观的、非个性的：明天将下雨；可能被撞倒。然而，对一个积极的存在者，即参与到这些结果中而不是与结果相脱离的存在者来说，同时还存在着个人的回应。人们在想象中所预知到的不同，在当下就会产生影响，并以担心和努力的方式表现出来。虽然诸如钟爱、关心和动机这些词指示了一种个人喜好的态度，但它们总是对于对象的态度——对于所预知的东西的态度。我们虽然可以称客观上所预知的一面是智性的方面，个人所关涉的一面是感情和意志的方面，但在现实情形中，这两个方面是无法分离的。

只有当个人的态度能够在世界上独立发展的情况下，才会产生这两个方面的分离。但是，个人的态度作为这一情形的一部分，总会对其所属情形中正在发生的事情作出回应，而且这些态度能否顺利地表达出来，取决于它们与其他变化之间的相互作用。只有与环境的变化相关，生命活动才有兴衰。事实上，它们的确与这些变化休戚相关；人们的欲望、感情、钟爱，不过是他们的行动与周围的人、周围的事物的行动关联起来的各种方式。它们表明，并不存在一个纯粹个人的或主观的领域，即无关乎客观的、非个性领域这样一个孤立的世界。它们提供有力的证据，证明事物中的变化与自我的活动并不是不相容的；而且，自我的事业生涯和福利也与他人、其他事物的运动休戚相关。所谓兴趣和关心，意味着自我和世界在一个发展着的情形中是彼此关联在一起的。

"兴趣"一词在其一般的用法上表示：(1)积极发展的整体状态，(2)人们所预知、期盼的客观结果，以及(3)个人的情感倾向性。(1)职业、职位、事务、业务常被称作一种兴趣。因此，人们说，一个人的兴趣在政治上，或者在新闻业上，或者在慈善事业上，或者在考古学上，或者在收集日本版画上，或者在银行业上。(2)人们也用兴趣意指一个对象触动或吸引人之处；这个对象的某些方面，对他产生了影响。在法律业务上，一个人想在法庭上有某种身份，就必须表现出他的"兴趣"，展现出他所提议的措施是与他的事务相关的。一个不出面的合伙人，尽管在生意的管理上不起积极的作用，但是因为生意的兴衰影响到他的盈亏，所以他对生意仍然有兴趣。(3)当人们谈到一个人对这个或那个东西有兴趣时，他们侧重的是他个人的态度。有兴趣，就是专注、致力、陶醉于某个对象。有兴趣就是去注意、在意、留意。人们说一个人对某件事有兴趣，既可以说他在这件事中忘记了自我，又可以说他在这件事中发现了自我。这两种说法都表明了自我对对象的专心致志。

如果人们只是以一种轻蔑的口吻谈及兴趣在教育中的地位，那么前面提到的兴趣的第二层意义就先会被夸大，接着被隔离起来。这种兴趣只是被用来意指一个对象对个人的利弊成败的影响。兴趣由于脱离于任何事务的客观发展而被简化为纯粹个人的愉悦或痛苦的状态。在教育上，由此可以推断，重视兴趣就是在原本无关紧要的材料中引入有吸引力的特征，也就是通过让人愉悦来收买人心，吸引学生对此注意并作出努力。这种方法不无道理地被人指责为"软性"教学法，即教育中的"施舍"理论。

但是,对这种方法的异议是基于这一事实或者假定,即学生要习得的各种技能,以及教师要使用的教材,就它们本身来看,没有任何兴趣可言。换言之,它们与学生的常规活动是不相干的。矫正措施既不在于对兴趣学说挑剔埋怨,也不在于去寻找可能系于外来材料上的讨巧的诱饵,而在于要发现与学生当下的各种能力相关联的不同对象和行为模式。这种材料吸引学生热衷于参与活动,并将活动持续贯彻下去,材料的这一功能就是其兴趣。如果教材能以这种方式运作,那么,既没有必要去寻求让材料变得有趣的策略,也没有必要去求助于专制的、半强迫的努力了。

“兴趣”(interest)一词在词源上表示“在……之间”,意即把原本疏远的两个东西关联起来。在教育上,弥合的这个距离被看作是时间性的。实际上,变得成熟的过程需要时间,这是显而易见的,以至于人们很少把它明确地表达出来。事实上,在成长中,从初始阶段到完成阶段之间有一定距离;两个阶段之间还介入了一些东西。但是,人们却忽视了这个环节。就学习上而言,学生当下的各种能力处于初始阶段,教师的目标则代表了远处的界限。存在于两者之间的是手段——是处于中间的各种状况,比如有待实施的行为、有待攻克的困难、有待使用的工具。按照时间的字面意义,也只有通过它们,初始活动才能达到圆满成功。

这些中间状况之所以使人们发生兴趣,正因为现行活动如果要向预知和期望的方向发展,完全取决于中间状况。人们说这种中间状况是实现当下倾向的手段,或者说处于行为者及其目的“之间”,或者说让人发生兴趣,实际上都是对同一件事情的不同表述而已。假如一部教材必须编得有趣,这就表明,就像它实际表现出来的那样,它缺乏与教育目的及学生当下能力的关联;或者说,即使关联是存在的,也没有为人所感知。通过引导学生去认识存在着的关联,从而使教材变得有趣,这只是某种不错的想法;而试图通过外来的、人为的诱导,使材料变得有趣,这种想法则理应承担教育上关于兴趣学说的所有骂名。

上面论述"兴趣"的意义,现在要讨论"规训"的意义。只要一个活动需要时间,只要在活动的开端和终结之间既存在许多手段,也存在不少阻碍,那就必须深思熟虑和持之以恒。显然,人们常说的意志,在很大程度上意谓不管遇到什么样的困难和相悖的诉求,都沿着原来计划好的行动路线坚持不懈地持续下去,这是一种审慎的和自觉的倾向。按照流行的说法,肯定一个人意志坚强,就是说,他在实现既定目标的过程中,既不浮躁不安,也不三心二意。他有执行能力,也就是说,他能够持之以恒地努力执行或实施他的各个目标。一个意志薄弱的人,如同水一般没有定性。

很清楚,意志包含两个因素:一个与对结果的预见有关,另一个与这个预知的结果对人把握的程度有关。(1)固执是坚持,却不是意志的力量。固执或许纯粹是动物般的惯性和钝性。一个人反复做某件事情,只是因为他已开始着手做了,而不是因为他抱有任何仔细斟酌后的目标。实际上,固执的人一般并不愿意(虽然他可能并未察觉到自己的这种不愿意)让自己弄清楚他所拟定的目标是什么;他有这样一种感觉,即一旦自己清楚而充分地了解了这个目标,可能会发现这个目标是没有价值的。固执甚至更多地表现为不愿意对所提出的目标持批判态度,而不是表现为坚持不懈地投入精力和使用各种手段去实现这个目标。真正有执行能力的人会衡量自己的各个目标,尽可能对自己行动的各种后果了如指掌。人们称之为"意志薄弱"或"自我放任"的人,总是就其行为的后果进行自我欺骗。这些人总是挑出合人心意的特征而忽略一切附带状况。当他们的行为展开时,他们所忽视的负面后果开始暴露出来。于是,他们灰心丧气,或抱怨命运不公,阻碍了他们美好的目标,因此转向其他的行动策略。坚强的意志力和软弱的意志力之间的主要差别是理智上的,体现为在何种程度上坚定而充分地考虑行动的结果。对此,不管人们如何强调,都不为过。

(2)当然,也存在着这样一种现象,即对诸多结果作思辨性的描绘。由此,目标就会被预知,但它们未必能在很大程度上把握住人。它们是人们乐于观察的东西,是出于好奇加以消遣的东西,而不是努力加以实现的东西。不存在过度的理智这种现象,但存在着片面的理智。当一个人考虑他所拟定的一连串行动的后果时,正如人们常说的,他是"不带智性的"。性格软弱阻碍了预期目标对他的吸引,以及让他付诸行动。大多数人会自然地因为异常的、出乎意料的阻碍,或因为出现一个明显更适宜的行动诱因,而将注意力从已经拟定的行动路线上转移开去。

如果一个人被训练成能够斟酌自己的行动,并且审慎地开展这些行动,那么他已经达到了受过规训的程度。除了这种能力,在执行经明智选择所定下的行动路线的过程中,面对让人分心、迷惑、困扰的事情时,他有能力坚持忍耐,也就达到了规训的本质。规训意味着掌控能力,即掌握有利于贯彻所实施行动的各种资源。一个人要知道自己应该做什么,并立即付诸行动和使用必要的手段,这就意味着他要接受规训。不管人们想到的是军队规训,还是心灵规训。规训是积极的。进行精神性恐吓,压抑倾向性,强制人顺从,压抑肉欲,让下属执行不感兴趣的任务——这些现象是否属于规训,取决于它们是否能有助于培养人认识到自己要做什么,并坚持去实现它的那种能力。

几乎没有必要再去强调兴趣和规训是相关联的而非相对立的了。(1)要是不感兴趣,甚至是训练有素的能力中更为纯粹的理智的方面——即对一个人正在做什么的理解力,且这种理解力会在结果中体现出来——也是不可能的。如果不感兴趣,所谓深思熟虑,就是敷衍而表面的。家长和教师常常抱怨——这种抱怨是对的——孩子们"不想听,或者不想理解"。他们不把心思放在科目上,正是因为这种科目不能触动他们,没有进入他们关注的范围内。这种状况必须加以纠正,但是纠正不能采取徒增淡漠和反感的方法。甚至由于孩子的粗心而惩罚他,也是为了要使他意识到,这个问题并不是与他毫不相干的。这是一种引起"兴趣"的方法,即激发孩子意识到事情与他有关。从长远看,衡量这种方法的价值,必须看它仅仅是提供身体上的刺激使儿童以成人所要求的方式行动,还是引导儿童"去思考"——也就是说,让他带着目标去反思和构想自己的行为。(2)显而易见,要让行动持之以恒,兴趣是必要的。雇主不招聘那些对所从事的工作兴趣寥寥的雇员。有人要雇用一名律师或医生,他不会认为一个志不在此的受雇者会纯粹基于责任感就切实坚持工作。兴趣衡量——或者毋宁说本身实际上是——所预知的目标在促进一个人为达成它而行动的过程中,所能把握的深度。

2. 兴趣观念在教育中的重要价值

　　在任何一种有目的的经验中,兴趣代表了各种目标的推动力——不管这些目标可以被感知到,还是只出现在想象中。实际上,认识到兴趣在教育发展中的推动作用的意义是:使人们按照儿童特定的才能、需求和喜好而照顾他们。假如一个人认识到兴趣的重要价值,就不会设想,因为恰好有相同的教师和课本,因而所有的儿童都会有同样的心灵运作方式。相同的教材对儿童的特定吸引力不同,他们随之处理和回应材料的态度和方式也会不同。这种吸引力,也因儿童不同的自然资质、过往经验和人生规划而异。然而,兴趣能为教育哲学提供某种关于普遍价值的思考。在以往的哲学思考中,某些关于心灵和素材的概念一度大行其道,对教学和规训的实行造成了严重阻碍;而如果人们恰当地理解这些有关兴趣的事实,就会提防这样一些概念。屡见不鲜的是:心灵被置于必定要被认识的万事万物的世界上,并被视为某种独立存在的东西,有着独立存在的精神状态和运作规律。由此,知识被视为某种外在运用的东西,即纯粹精神性的存在物运用于被认识的事物,或是来自外部的素材对心灵造成印象,或是两者的综合。因而,素材被视为自身完整地存在着的东西。它只是有待学习或认识的东西:要么心灵主动地迁就它,要么它对心灵造成印象。

　　各种有关兴趣的事实表明,上面这些观点都是杜撰出来的。在经验中,心灵是通过对未来各种可能的结果的预期而回应当下刺激的能力,以便掌控将要产生的各种结果。事物,也就是人们所知的素材，构成了对预知的事件发展过程产生影响的东西，不管这种影响是促进还是阻滞这一过程。显然，这类过于形式化的表述难以理解，下面援引一例来说明其重要的意义。

你从事某项工作，比如使用打字机进行写作。如果你是一个熟手，你已经养成的习惯可以管好自己身体的动作，从而使你的思维能自由地思考你的主题。可是，试想你对此并不娴熟，或者尽管娴熟，但打字机的运作不畅，那么，你就不得不多花费心思了。因为你并不想随意敲打键盘，对结果听之任之；你想要的是以既定的顺序记录下特定的语词，从而使语词获得相应的意义。你会注意一个个键，注意你所写的东西，注意你的动作，注意打字机上的色带或控件。你的注意力不是泛泛且混乱地分散在任意的一个个细节上，而是集中在所有对你有效开展工作有影响的东西上。你既要向前看，又要集中精力关注当下的事实，因为它们都是达成你所意欲的结果的因素。你必须了解你的资源是什么，你能支配的条件是什么，所面临的困难和阻碍又是什么。这样的预见以及根据预知的东西所作出的审视，就构成了心灵。如果一个行动没有涉及这种对结果的预测，没有涉及对手段和阻碍的考虑，那么，它要么是一种习惯，要么是盲目的。在这两种情况中，没有一种是明智的。假如一个人对自己意欲之事茫然不决，对达成此事的条件的测评粗心大意，他显然是愚蠢的，或者说，他的理智能力是片面的。

我们继续援引这个例子。如果这时他的心思没有集中在肢体对打字机的操纵上，而是集中在打算写的东西上，情况是一样的。假定有一个活动正在进行，这个人正通过写作而展示某个主题。除非他像电唱机发声那样写作，否则，他的活动就需要用智力。也就是说，他要机敏地预知当下的资料和思考所指向的各种结论，并不断地加强观察和记忆，以便把握对结论有影响的那些素材。他的整个态度只是关注将要如何，关注他朝目标努力时将会发生什么事情，以及什么东西要加入实现目标的活动中。当下的行为，如果缺乏基于对未来可能结果预见的导向，这种行为就没有理智可言。如果只是放任想象性的预测，而不注意达成预测所依赖的条件，就是自我欺骗或是痴人说梦——理智上的不健全。

如果这个例证是典型的，那么，心灵这个概念就不是对一个完全独立自足的对象的命名，而是对一个受理智指导的行动过程的称谓。也就是说，心灵应该在行动中设定目标、目的，而且为进一步实现目标选择相应的手段。智力并不是一个人所专有的，但只要一个人参与的活动具有上面提及的性质，他就是理智的。不管一个人是否理智地开展其活动，这些活动都不是他专有的所有物，而只是他从事和分享的东西。其他的事物、其他的人和事物特有的变化，对这些活动可能会产生配合或阻碍的作用。个人的行为可能成为事件的起点，但其结果则取决于其他中介者发挥的能量与他本人的回应之间的交互作用。如果没有把心灵设想为一个与其他因素共同分担以实现结果的因素，心灵就变得毫无意义。

因此，教学的问题就在于找到教学材料，从而可以让一个人进行特定的活动；而这些活动又包含着他以之为契机或兴趣的目标或目的，并且把事物作为实现目标的条件来对待，而不只是把它们当成训练的用具。对于前面提到的形式规训学说的错误，其纠正措施不是代之以各种专门的规训学说，而是改进关于心灵及其训练的概念。纠正措施就在于发现各种典型的活动模式。这些活动，无论是游戏，还是有益的日常活动，都是个体所关心的，个体意识到活动的结果与他们本身休戚相关。假如没有反思，不使用判断力去选择观察和记忆的材料，就无法贯彻它们。简言之，关于心灵训练概念方面由来已久的失误，其根源在于忽略个体所参与的、朝向未来结果的各种活动，以及他的观察、想象和记忆所支持的导向。也就是说，把心灵视为完全独立的、随时可以直接运用于当下材料的东西。

在历史实践中，这个错误有双重影响：一方面，它包庇并维护了传统的课业和教学方法，不接受理智的批评和必要的修正。称这些传统的课业和教学方式为"规训性的"，已经是在维护它们，让它们免受任何质询。仅仅指出这种课业和教学方法在生活中毫无用处，或者不能真正有助于自我培养，这已是不够的。因为它们是"规训性的"，就扼杀了所有的疑问，压制了所有的质疑，并把问题从理性探讨的领域中剔除了出去。然而，这一主张本质上是无法加以检验的。即使规训实际上没有产生什么结果，即使学生处于疏于实际应用的状态之中，甚至丧失了理智的自我指导能力，上述主张的支持者仍会认为，责任应该由学生自己承担，而不应怪罪于课业或教学方式。学生不合格只能证明他需要更多的规训，这就为保持旧的教学方法提供了依据。教育者身上的责任被转嫁到学生的身上，因为教学材料不必接受特定的检测，也无须证明是否能满足任何个别的需求或服务于任何特定的目标。这种教学材料是为一般化的规训制定的，如果它没有用，原因在于个体不愿意接受这种规训。

另一方面，存在着这样一种趋向，就是在消极意义上看待规训的概念,而不是把它与某种建设性的能力的增强等同起来。正如人们所说的,意志是指对未来、对可能出现的结果的一种态度,这种态度涉及某种努力,即力图清晰而综合地预知各种行为方式的可能结果,并积极地认同某些预期的结果。如果要培养某种心智,但只是赋予它被应用于现有的材料的能力,那就是把意志或努力等同于纯粹的应激状态。就个人而言,他只是愿意或不愿意应用现成在手的材料而已。所用的素材越是无关无涉,它同个体的习惯和喜好的关系就越少,就越需要努力让心智作用于它——因此,就越需要对意志的规训。如果一个人因为材料中有与他相关的事情需要做,才注意这种材料,那么按上述观点,这并不是规训的。即使它导致建设性的能力的可喜增长,也不是规训的。唯有为应用而应用,为训练而训练,才是规训的。在被提供的教材不投合学生的志趣时,这种情况更容易发生,因为这样一来,除了承认责任或规训的价值以外,就没有别的动机了(也应该是如此)。一位美国幽默作家以文学形式表达了这一逻辑结论:"一个男孩,如果他不愿意,那么无论你教他什么都不起作用。"

把心灵和处理事物与实现目标的各种活动分离开来,与这种做法相应的,就是把学生与应该学习的教材隔离开来。在传统的教育方案中,教材意味着需要学习的大量材料。各门学科代表着众多独立的知识系统,每一科目都有它内部完整的编排原则。历史学就是这种事实组合中的一组,代数和地理学也是如此,以此可以类推到所有的课程。它们本身是现成存在的,因而与心灵的关系只是为它提供它要获得的材料。这个观念符合传统的教育实践,在这种实践中,日复一日,成年累月,学校作业的大纲构成了"科目",所有的科目相互间全然无关,而至少就教育目的来说,每门科目自身都是完整的。

　　稍后有一章将集中讨论教材在教育中的意义。与传统理论不同，我们在这里只需要表明，人类智力所要学习的东西，都是对促进积极的兴趣起作用的事物。正如一个人"学习"使用打字机，这是他使用它以实现结果的操作活动的一部分，对任何事实和真理的学习也是如此。在个人完成他所从事的、并受其结果影响的各种事件的过程中，如果某物充当了这个过程中的一个要素，它就成了学习的对象，即探询和反思的对象。数字之所以能够成为学习的对象，并不因为它们是构成被称为数学的学科分支的数字，而是因为它们表现了人们的活动发生于其中的这个世界的性质和关系，成为人们实现目标所要依赖的要素。当然，这么泛泛而论显得过于抽象，具体地说，则意味着，如果纯粹向学生提供所要学习的课程，那么，这种学习或研究的行为就是人工化的、无效的。当学生认识到他所学习的数学知识在达成他所关涉的活动中所占的地位时，他的学习才是有成效的。一个对象、一个主题与促进一个有目标的活动之间所存在的这一关联，才是真正的教育学兴趣理论中的关键。

3. 这个问题在社会方面的一些表现

　　虽然我们提到的这些理论错误表现在学校管理上，但它们本身是各种社会生活条件导致的结果。如果只是改变教育者的理论信念，虽然也会促使人更实际地去改变各种社会条件，但并不能消除这些困难。人们对世界的根本态度，取决于他们所参与的各种活动的范围和特性。兴趣的理想在艺术态度中得到印证。艺术既不是纯粹内在的，也不是完全外在的；既不是纯粹精神的，也不是纯粹身体的。就像每一种活动模式一样，它也给世界带来变化。有些活动引起的变化（那些不同于艺术的机械性活动带来的变化）是外在的，它们既不能带来理想上的回报，也不能带来情感和理智上的丰富，只是使事物发生了移动。另外一些活动带来的变化则有助于维持生活，有助于外表上的装饰和对生活的展现。很多现行的社会活动都可以归入以下两种类型：或者是产业方面的，或者是政治方面的。不管是诉诸这类活动的人，还是受这类活动直接影响的人，都不能对他们的工作发生全面而自由的兴趣。由于一个人正在从事的工作缺少目标，或者因为工作的目标有限，他的智力就不能充分地被运用到工作中去。同样的状况迫使许多人返归自身，寻求内在的感情和想象的表达以聊作安慰。然而，他们的感受和观念是审美的，而不是艺术的，因为它们随自身而定，并不是改变环境的行为方式；他们的精神生活是情感性的，是一片内在的乐土，甚至对科学的追求也可能成为逃避苦难生活的庇护所。显然，这不是为了恢复和净化自身，以便将来可以应对世界而作出临时退让。艺术并不与事物的具体转变相关联，并不使事物变得对心智更重要，而是与奇思怪想的刺激、情感的放纵相关联。这种情形表现为"实践的"人与理论的或文化的人之间的分裂和相轻，以及纯艺术与工业技艺之间的分离。由此，兴趣和心灵要么被狭隘化，要么被弄得很不合理。关于这个问题的讨论，可以比照前面有一章关于效能和文化观念的片面意义的讨论。

如果社会是在划分劳动阶级和有闲阶级的基础上被组织起来的，那么必定存在这种状况。那些做事的人的智力在同事物不断的斗争中被磨砺得很坚强，而没有受到职业规训的人的智力则变得虚华而软弱。此外，大多数人仍然缺少经济上的自由，他们的职业是由偶然和情况所需确定，无法正常地发挥与环境的需求和资源进行交互作用的各种能力。现在的经济环境仍然将许多人贬低到奴隶的地位，因而那些掌控实际情况的人的智力也受到局限。他们的智力并未在为了人类的目标而征服世界方面自由地发挥作用，而是被用于某些专有的因而是为了非人类的目的去操纵其他人。

这一状况可以解释历史上著名的教育传统中的很多事情，它阐明了学校体制中出现的不同比重的目标之间的抵触，阐明了大多数基础教育狭隘的功利特性，以及大多数高等教育狭隘的规训特性或文化特性。它阐释了理智的隔离化趋向，即知识趋于被分离出来，成为学院化的、学术化的和专业性的；也阐释了为什么人们普遍认为，自由教育与把人生职业纳入考虑的教育在要求上是相对立的。

然而，这一状况也有利于说明当前教育中存在的特殊问题。学校不可能马上摆脱原先的社会条件所设定的各种理想，但它应该通过塑造理智和情感倾向的类型来改善那些条件。只有这样，真正的兴趣和规训观念才具有重要的意义。一些人在各种具有目标的积极的事业（无论是游戏还是工作）中，与事物及事实打交道，由此兴趣得到了扩展，智力受到了训练。这样的人最有可能摆脱在学术化的、超然的知识和艰苦的、狭隘的、纯粹"实用性的"实践之间择其一的困境。通过教育的组织使儿童自然的、积极的倾向在做作业过程中得以充分的发挥,同时确保这种作业要求进行观察、收集信息和运用构建性的想象力,这才是改善社会环境最需要的教育。是以外部方式行事,即在不运用智力的情况下争取实现效率而进行练习,还是积累那些理应以自身为终极目标的知识? 在这两者之间犹疑不决,就意味着教育把当下的社会条件接受为最终决定的条件,因而也就给自己揽上了维持这些条件不变的责任。教育的整顿,要使学习与理智地开展有目的的活动联系起来,这是一个旷日持久的任务,只能一点一滴、一步一个脚印地完成。但是,这并不是人们在名义上接受这种教育哲学,而实际上向那种教育哲学妥协的理由。勇敢地承担改革教育的任务,持之以恒地贯彻下去,这是一个挑战。

概要

兴趣和规训是有目标的活动中相互关联的两个方面。兴趣意味着一个人认同这样的对象,即有了这些对象,他的活动才得以被界定。它们为实现活动提供了手段,设置了阻碍。任何有目标的活动,意味着之前尚未完成的阶段和之后完成的阶段有差别,也表明它们之间存在一些中间步骤。而感兴趣就是把各种事物视为参与在连续发展的情境之中,而不是孤立地看待它们。既定的、尚未完成的状况和人们所渴望的完成状态的实现之间存在着时差,这要求人们努力地致力于这种改变,要求人们有持续的注意力和持久力。这一态度,其实就是人们所称的意志。对持续注意能力的规训或发展就是其成果。

这一学说对教育理论的重要价值是双重的。一方面，它防止人们有这样的观念，即认为心灵和精神状态是自身完整的东西，它们碰巧被应用在一些现成的对象和主题上，从而产生了知识。这说明，心灵等同于理智地或有目的地参与有事物介入的行动过程。因此，发展和训练心灵就是要提供一个能引发这种活动的环境。另一方面，这一学说防止人们有这样的观念，即认为教材就其本身而言，是孤立单独的东西。这个学说表明，学习的教材等同于所有作为资源或阻碍进入持续的、有意图的行动过程中的对象、观念和原则。人们认识到了行动的目标和条件，而这种行动的发展过程就是要把以下两个常常被分离开来的端点，即一端的独立心灵与另一端的独立对象和事实世界结合起来，其过程本身就是这种统一。

第十一章

经验和思维

1. 经验的本质

　　只有注意到经验含有一个主动的要素和一个被动的要素，并且两者以特殊的方式结合在一起，才能理解经验的性质。就主动的方面来说，经验就是一个尝试的过程——这一含义在相关的术语"实验"一词中已有明确的表述。而从被动的方面来说，经验是一个经受（undergoing）的过程。当人们经历某事时，他们既对它发生影响，又在它的影响下有所作为，因而他们遭受或经受了结果。人们作用于事物，而事物反过来又作用于他们，这是一种特有的结合。经验上述两方面的关联可以衡量经验的成果或价值。纯粹的活动并不构成经验，因为它是发散的、离散的、弥散的。作为尝试过程，经验涉及变化，但除非变化被自觉地和由它产生的结果的反馈关联起来，否则，变化就没有意义。当一个活动不断进入经受结果的过程中，当由行动引起的变化反过来真实地被反映在人们所产生的变化中，这种纯粹的变化就显得重要了，人们学到了某些事情。如果一个儿童只是把手指伸到火焰上，这不算是经验；只有当这个动作与他因此经受的疼痛关联起来，才是经验。从此以后，把手指伸到火焰上就意味着烧伤。如果被烧伤没有被看作是其他行动的后果，那它只是一个物理变化，就好像燃烧一根木棍一样。

　　盲目而任意的冲动，使人们匆忙而草率地做完一件事又转而做下一件事。就此而言，一切都付诸流水，其中没有任何累积性的增长；而正是累积性的增长，才让经验有了至关重要的意义。另一方面，在人们身上发生的许多事情使他们快乐、痛苦，但如果他们不把这些事情与自己以前的任何活动联系起来,它们就纯粹是偶然的事件。这样的经验前后之间没有联系,没有回溯,没有展望,因此也毫无意义。人们没有获得任何东西可以用以预知接下来所发生的状况,也没有获得什么能力来调节自己去适应即将发生的事情——没有进一步的控制力。人们只是出于礼貌,才会称这样的东西为经验。"从经验中学习",就是要使人们在自己所做的事情与由此从这些事情中得到的享受或痛苦之间建立起前后相连的联系。在这样的条件下,行动就成了尝试的过程,成了与世界一起进行试验、去发现世界是怎样的过程。经受就是引导人们去发现事物之间的关联。

由此,我们可以得出教育学上十分重要的两个结论。(1)经验不是认知性的,它根本上是一件主动-被动的事情。但是(2)衡量一个经验的价值,在于发现这个经验所导致的各种关系或延续性。只有在经验是累积性的、有分量的或具有意义的层面上,经验才包含着认知。在学校教育中,受到指导的学生只被当作获得知识过程中的理论上的旁观者,他们的心灵是凭借直接的理智能力来拥有知识。"学生"一词意味着这样一个人,他并不致力于获得丰富的经历,而只是忙着直接地吸收知识。所谓的"心灵"或"意识",便与进行活动的身体器官相分离了。由此,心灵或意识就被视为纯理智的和纯认知的,身体器官则被视为无关的、干扰性的身体因素。于是,活动和经受活动的结果——后者使我们认识到活动的意义——之间的紧密结合破裂了,我们得到的只是两个碎片:一个是纯粹的身体行动,另一个则是直接为"精神"活动把握的意义。

这种身心二元论导致的恶果数不胜数,更别提对其夸大其词了。然而,可以列举出一些较为突出的影响:(a)在一定程度上,身体活动变成了一个干扰因素。它被视为与精神活动不相干的、分散人注意力的东西,是人们应该对付的恶的东西。学生有一个身体,他是带着身体、连同心灵一起去学校的。身体当然是精力的源泉,它总得做点什么。但是,学生的身体的各种活动并没有用在会产生有意义的结果的那些事情上,因而必定会受到非难。学生的身体活动引导他们远离他们的"心灵"本应专注的课程,它们是学生恶作剧的源头。学校中"规训问题"的主要根源,在于教师常常不得不把大量时间消耗在制止那些让学生分心,从而无法专注于教材的身体活动上。教师会赞扬学生身体活动的安静、学生的沉默、学生在姿势和动作上的整齐划一、学生对理智兴趣态度的机械模仿。教师的任务就是保证学生们恪守这些要求,并惩罚那些不可避免会发生的、背离这些要求的情况。

把身体活动和对意义的领悟分离开来的这种情形,必然会使教师和学生都处于神经紧张和心智衰弱的状态之中。这种紧张要么造成态度冷淡,要么造成情绪爆发,两种情况交替出现。因为被忽略的身体缺乏任何有组织的、能产生有效结果的活动途径,必定会迸发毫无意义的躁动,而且连自己也搞不清楚为什么、怎么会这样,或是沉沦于毫无意义的嬉闹蠢行——这两种情况与孩子们的正常表现大相径庭。身体活跃好动的儿童变得焦躁不安,任性不拘。较为安静、勤勉认真的儿童则把精力用在不断压抑各种本能和积极倾向的否定性工作上,而不是有建设性的计划且付诸行动的肯定性任务上。这样一来,就不是在教育儿童为有意义地、优雅地运用自己的身体能力负责,而是教育他们承担压制身体自由表现的强制性义务。我们可以严肃地断言:希腊教育取得非凡的成就，其主要原因在于它从未受到错误观念的误导而试图分裂身心。

（b）但是，甚至就那些必须用"心"学习的课程而言，也必须运用身体的活动。各种感官——尤其是视觉和听觉——必须被用来接受书籍、图谱、板书，以及教师所表达的东西。嘴唇、发声器官以及手必须被用来重述、复写已被接收进来的信息。因此，各种感官被视为把信息从外部世界导入心灵的不可思议的渠道，是知识的入口和途径。让眼睛专注地看书，耳朵专注地听讲，这是启蒙理智不可思议的来源。此外，读、写、演算作为重要的功课技能，需要学生进行肌肉或运动上的训练。相应地，眼睛、手和发声器官也必须加以训练，从而发挥通道般的作用，把知识从心灵中运送出去，转变成外在行动。因为以同样的方式重复使用肌肉，会使肌肉形成一种机械重复的趋向。

这样的结果只能是机械性地使用身体的活动。尽管身体在精神活动中有强迫的、妨碍的特性，但是身体活动或多或少要被用上，因为在取得一个有教育意义的经验的过程中，感官和肌肉并非被用作参与其中的器官，而是被用作心灵的外在的入口和出口。儿童在入学前，就用他的手、眼睛和耳朵进行学习，因为它们是做事的器官，儿童做事的这个过程会产生意义。一个男孩放风筝，必须用眼睛注视那只风筝，留心自己手中的绳子变化着的拽拉力。他的感官是知识的途径，并不是因为外在的事实是以某种方式"被传达"到大脑中去的，而是因为它们被用于从事目标性的活动上。他所看到的、触摸到的事物的性质对他所从事的活动有影响，他机警地感知它们，于是这些性质便取得了意义。然而，如果人们只期望学生的眼睛注意字形而忽略字意，从而使他们能够拼写和阅读,那就只是感官和肌肉的孤立的训练而已。正是这样把行为和目标剥离开来,使这个行为变成机械性的。教师敦促学生带着表情朗读,从而读出意义,这是教师的惯常做法。但是,如果学生起初凭借不要求关注字意的方法,学会感官-动作式的朗读技巧——识字形、读字音的能力,那么,他们就形成一种机械性的习惯,从而很难进行理解性的阅读。他的发声器官被训练得可以单独、自动地进行活动,而不能任意附上意义。绘画、歌唱、书写都可以按同样机械的方式来教导。我再次重申:任何如下的方式都是机械性的,即它会使身体的活动狭窄化,从而造成身体与心灵的分离——也就是身体与对意义的认知相分离。在数学,尤其是高等数学中,过度注重计算技巧;在科学中,为实验本身进行实验,都受到这种错误的影响。

(c)就理智方面而言,把"心灵"和对事物的直接接触分离开来,就会注重事物而忽略事物之间的关系或联系。总之,把知觉,甚至把观念和判断隔离开来,是常见的事。人们认为,判断是后于知觉或观念的,从而可以对它们作比较。据称心灵可以脱离事物的关系而感知事物,可以撇开事物前后的联系而形成对它们的观念。然后,又要求判断或者思维把"知识"各个分离的部分结合起来,从而建立起它们之间相似的或因果的联系。事实上,每个知觉、每个观念都是对事物的意义、使用和原因的意识。如果人们只是详细地清点和罗列椅子各种不同的性质,并不能真正认识一把椅子或对它有一个观念。要真正了解它,必须把这些性质与其他东西——比如,使它成为椅子而不是桌子的那个目的,或者与人们习以为常的某个椅子的区别,或者与它所象征的"时代"等等——联系起来。如果人们只是把一辆马车的各个部分拼凑起来,并不能认识到它是马车;正是马车各个部分之间的特定联系,才使它成为一辆马车。这些联系并不只是物理性的并列关系,它们涉及与拉车的牲口的联系、与车上负载的东西的联系等等。判断是被用在知觉上的,否则,知觉不过是感官的刺激,或者是对先前的判断结果的认知,就像人们对待一个再熟悉不过的东西。

语词是对应于观念的,却容易被当作观念本身。如果精神活动脱离于主动关注世界,脱离于做某件事情,脱离于做某事和经受其结果之间的联系,语词、符号便开始取代观念。这种替代物更加微妙,因为它们的某些意义得到了承认。但是,人们容易被训练成满足于最低限度的意义,而不能注意到提供重要意义的关系。人们的知觉受到相当大的限制,完全习惯于某种伪观念、半知觉,以至于从未察觉到自己的精神活动是多么缺乏活力。生机勃勃的经验条件要求人们自己进行判断:即寻求所应对事物之间的关联,在这种条件下观察、形成观念,那他们的观察和观念会变得多么敏锐和开阔。

关于这个问题的理论,并不存在异议。所有权威一致认为,对事物关系的洞见是真正理智的事情,因而也是具有教育意义的事情。但是,如果认为没有经验——即没有刚才所说到的尝试和经受的结合,关系就可以为人们所感知,那就会产生错误。人们认为,只要"心灵"去关注这些关系,就能领会它们;而且,无论何种情形,心灵都能任意地进行这种关注。因此,那些不完全的观察、口头上的观念,以及难以消化的、让全世界头疼的"知识",大肆泛滥。一小点经验胜过一大堆理论,只是因为任何理论只有在经验中才具有至关重要的、可被检验的意义。一种经验,哪怕是非常粗陋的经验,都能产生和承载任意多的理论(或理智的内容）。反之，一种理论，如果远离经验，甚至无法被人们确定地当作理论来理解。这样的理论常常变成一些纯粹的书面公式、一套口号，使人们的思考或真正的理论建构变成不必要和不可能的。基于人们所受的教育，他们会认为语词就是观念，从而使用语词来应对问题；但在现实中，这种应对会使知觉变得暧昧不明，导致人们无法认清困难之所在。

2. 经验中的反思

思想或者反思，即使尚未被明确表述，也诚如事实上已经看到的，就是洞察人们所试图去做的事情和由此所产生的后果之间的关系。不具备某种思想的要素，便不可能获得有意义的经验。但是，我们可以根据反思在两种经验中所占的比例来比较这两种经验。人们所有的经验都存在着一个"尝试"的阶段——心理学家称之为试错法。首先，人们做某事，如果失败了，就做另一件事，这样不断地尝试，直到偶然遇上一件事做成功了，他们就采取那种方法，作为今后做事的经验法则。除了这种碰巧是错的或是对的尝试过程以外，有些经验没有什么别的内容了。人们知道一定的行为方式和一定的结果是相关联的，但他们并不知道两者是如何联系起来的。他们不知道这个联系更多的细节，看不到那些连接点，他们的辨识非常粗略。而在另外一些经验中，人们会进一步运用自己的观察和分析去发现：使原因和结果、活动和后果两者关联的究竟是什么。随着人们洞察力的扩展，他们的预见变得更为精确和广泛。只依靠试错法的行动，是被环境所控制的；环境可能变化，因而行为往往不能依照原来所预期的方式进行。但是，如果人们详细地了解了结果的产生所依赖的是什么，就可以知道必要的条件是否已经具备。这种方法扩展了人们对现实的控制力，假如缺失某些条件，而人们知道产生结果所必需的前提条件是什么，就可以想办法补充；或者假如这些条件会造成不理想的结果，他们就可以剔除一些不必要的前提，从而有效运用精力。

在发现人们的活动和由此产生的结果之间各种细节联系的过程中，尝试性的经验中所包含的思想得到了明确的表达。这种经验在数量上的增长，相应地使它的价值也随之大不相同。因此，经验的性质发生了变化。这种变化如此重要，以至于人们把这种经验称为反思性的——这是一种卓越的反思经验。对这方面思想的有意识培养，使思维变成一种独特的经验。也就是说，思维是一种有意图的努力，试图去发现人们所做的事情和所产生的结果之间的具体联系，从而建立起两者的连续性。这就取消了两者的分离状况，因而也取消了两者纯属任意的结合，取而代之的是一种统一的、发展着的情形。至此，发生的事情可以得到合理的理解和解释，就如人们说的，事情应该如此发生。

因此，进行思维就等于对人们经验中的理智要素作出明晰的表达，它使得有目的的行为成为可能，因而是人们得以拥有目标的条件。一个婴儿一旦有所期望，他就开始把现在进行着的事情当作随后要发生的事情的迹象，即使采用很简单的方式，也是在作判断，因为他把一件事视为其他事的迹象，并因此认识到其间的关系。不论他未来的判断力发展得有多么精细，也只是这种简单推论行为的延伸和提升。最富于智慧的人所做的一切，也就是更广泛、更详细地观察正在发生的事，然后仔细地从他所注意到的东西中挑选出恰好指示着即将发生什么事情的那些要素。这又一次表明，与深思熟虑的行为相对立的，就是常规的行为和任意的行为。常规的行为把已经成为习惯的事物作为充分衡量未来可能事物的尺度，而不考虑已有的特定事物之间的各种联系。任意的行为以瞬间的行为为价值尺度，却忽视个人的行动和环境中各种力量之间的联系。其实，任意的行为等于说："我此时碰巧想要事情这样，因此它们就会这样。"而常规的行为等于说："过去的事情是这样的，就让它们照此继续。"这两种行为都不愿为未来的结果负责，尽管未来的结果源自当下的行动，而反思则自觉地担负起这一责任。

任何思维过程的起点都是正在进行的某事，就其实际情况来说，是尚未完成或尚未实现的某事。它的重点和意义确实就在于它将成为什么、它将如何发生。我写此书之际，世界大战正酣。对战争的主动参与者来说，重要的是种种事情发生后的结局、未来的结果。至少在这个时候，他和战争的结局被视为是一致的，他的命运就系在事情发展的进程上。但是，甚至对一个中立国的旁观者来说，战争中的每一个举动、每一次此进彼退，其重要性都在于它所显示的预兆。人们得到消息并对此作出思考，就是努力想要发觉暗含在消息中大概的或可能的结果。人们把已经结束的种种事项，像做剪贴本一样，填满自己的脑袋，但这不是思考，而是把自己变成一种记录的设备。考虑已发生的事情对尚未发生、但可能发生的事情产生的影响，才是思考。如果我们说的不是空间距离，而是时间距离，反思的经验也仍然属于同一种类型。

假设战争已经结束,未来有个历史学家对它进行叙述。按此假设,这个故事已经成了过往之事,但是除非他的叙述保持原来的时间顺序,否则,他就无法对战争作出深入细致的叙述。他所叙述的每一个已经发生的事件的意义,在于其未来的影响是如何的,而不是这个历史学家所在时代的未来是如何的。如果把这次战争看作自身已经完成了的存在,也就没有以反思的方式看待它。

反思还意味着关注事情发生后的结局——带着某种同情,把人们自身的命运——如果是激动人心的命运更好——和事情发展的结果统一起来。就战场上的将军、普通军人或某个参战国的公民来说,对他们思想的刺激是直接而紧急的。就中立国来说,对思想的刺激则是间接的,是依赖想象力的。但是,人性中众所周知的派别倾向表明人们有着某种强烈的倾向,即迫使自己认同事件发展的某一种可能进程,而拒斥另一种可能进程并视其为异类。即使人们不能在公开的、外在的行动中支持某一方,尽其绵薄之力来促成最终的局面,也会在感情上和想象中采取相应的立场。人们渴望发生这样或那样的结果,而一个对结果毫不关心的人,则根本不会去关注或思考正在发生的事情。思考的行为有赖于一种分担所发生的事情的结果的意识,这就造成了思想的主要悖论之一。思想源自偏袒,但为了完成自己的任务,它又不得不表现出某种公正的不偏不倚的态度。如果一位将军放任自己的渴望影响他对现有局势的观察和理解,必定会在估测局势时犯错。对一个中立国的旁观者来说,虽然他主要是出于希望和恐惧而深入细致地探究这场战争,但如果他的偏好更改了观察和推断的材料,也就无法富有成效地思考。然而,反思的契机在于个人能够参与正在发生的事情,而反思的价值则是使人超越资料的束缚,两者之间并非互不相容。然而,要实现这种超越,难度是很大的。这就表明,思维过程是各种事件进程的真实部分,而且它旨在影响结果。事实上,也只有在这样的情境中,思维才得以发生。只有随着社会性同情的增长,人们的视界才会不断扩展,人们的思维才能逐步地发展到能够囊括超出他们直接兴趣的东西,这个事实对教育具有重大的意义。

我们说,思维的发生是基于仍在进行的、尚未完成的事情,也就是说,思维发生在事情仍不确定、或尚存疑问、或尚有问题的时候。只有已经结束、已经完成的事情,才是全然确定的。只要有悬疑,就会有反思。思维的目标就是根据已知的条件来促成一个结果,规划一个可能的终点。思维中的其他事实都伴随着这一特征。既然让思维得以发生的情形是一个存疑的情形,因而思维也就是探究的过程、调查的过程、深入研究的过程。取得结果总是次要的,它只是有助于探究行为。思维是对并非唾手可得的某事某物的追寻、探求。有时候,我们会提到"原创性研究",就好像这是科学家或至少是受过高等教育的研究生的专有特权。其实,所有的思维都是研究,即使追寻的东西在世界上其他所有的人看来已确定无疑,但对从事它的人来说,仍然是原生的、原创性的。

由此可见,所有的思维都涉及冒险。确定性不可能事先就得到保证。对未知领域的涉足具有冒险性,人们无法事先就有所确信。相应地,在得到事件结果的证实之前,思维的结论多多少少只是实验性或假想性的。事实上,专断地作出的定论是没有根据的,也是缺少结果的。希腊人敏锐地提出了这个问题:人们如何进行学习? 因为他们要么已经知道自己追求的是什么,要么对此全然不知。在任一种情况下，学习都是不可能的。在第一种情况中，是因为人们已经知道了；在第二种情况中，是因为人们不知道要去追寻什么，即使偶然发现了什么，也不能辨认出它就是所要追寻的东西。这个两难处境，无法为人们从事认知、进行学习提供任何条件；它假定要么人们全都知道，要么浑然不知。虽然如此，二者之间，还存在着一个可以探究、可以思维的灰色地带。假设性的（hypothetical）结论、尝试性的（tentative）结果都是可能的，上述希腊人的两难处境忽视了这一点，即它在迷惑之处暗示了某些方法。人们尝试这些方法，有可能找到出路：他们知道已经找到了自己正在寻找的东西，当然实际状况也有可能变得更加昏暗混沌——在这种情况下，他们知道自己仍然是无知的。试验意味着尝试，意味着不断地进行暂时性的探索。就其自身而言，这一希腊论争是形式逻辑的典范。但是，毋庸置疑，只要人们对知识和无知持有断然分裂的态度，科学发展就只能是缓慢的、偶然的。当人们认识到，为了探究而怀疑，即通过推测的手段在尝试性的探索中指导行动，而这些尝试性探究的发展又可以证明、反驳或修正这一指导性的推测，那么，发明和发现的系统性进展也就起步了。与学习相比，希腊人更注重知识，而近代科学则是把保留下来的知识作为学习和发现的手段。

重新回到我们的例子。一位将军的行动，既不可能有绝对确定性的依据，也不可能什么都不依据。我们可以设想，他手头有一定数量的信息，这些信息在很大程度上是值得相信的。他可以由此推断一些将来的行动，并为已知情形中的那些事实设定意义。他的推断多多少少是可疑的、假想性的，可是他会照此行事。他制定出计划流程和应对眼下情境的方法，通过他采取这样的行动而不采取那样的行动所直接造成的结果,能够检验和显示出其反思的价值。他已经知道的东西,对他所要获知的东西产生了作用,并且具有价值。但是,对一个密切关注战争进程的中立国的人来说,这个解释适用吗?形式上是适用的,但内容上并不适用。他基于当下的事实的提示,对未来进行猜测;通过这些猜测,他试图给大量不相连贯的材料设定意义,但显而易见,在战役中产生实效的战略战术不能以这些猜测为基础。那不是他的问题,他主动地进行思考,而不是被动地关注事件进程。就此而言,他尝试性的推断将作为一种方法在与他的情况相适合的流程中产生实效。他将预测未来的行动,并机敏地关注这些行动是否出现。就他对事情理智关注或深思熟虑的态度而言,他是在积极地关注着,并将采取相应的措施;虽然这些措施并不影响这场战役,但也会在一定程度上改变他今后的行动。不然,他以后说"我早就告诉过你"这样的话就完全不包含理智的品质了。它不标志任何对以前思考的检验或验证,而只是让人觉得情绪上的满足不过是一种巧合——含有很大程度的自我欺骗因素。

上述例子可以与天文学家根据已有资料预知(推测出)未来日食的例子相比较。无论这个推测从数学上看概率有多大,它都是假想性的,只关系到概率的问题。[①] 这个有关预测日食日期和方位的假设,成了未来采取何种行为方式的材料。无论如何,他可能充分利用设备,也可能进行一次全球性的远征。他会采取一些积极措施,并在实际上改变某些物质条件。然而,除了这些措

---

① 在许多情况下,对科学实践来说,最为重要的是:人们能计算出概率以及相关概差的数目,却无法改变它所描绘的情形的特征,至多只能使这些特征更为明确。

施以及以后对眼下计划的修正外,思考行为并没有被完成。它仍然是悬置的,已有的知识仍然控制着思维,并使之富有成效。

以上是关于反思经验一般特点的探讨。这些特点包括:(1)混乱,困惑,怀疑。由于人们处于未完成的情境中,事情总体上的特性还未完全定性;(2)推测式的预期,即对已知要素进行尝试性的解释,把产生某些后果的倾向归因为这些要素;(3)对一切可以进行考虑的因素进行仔细的调查(审查,检验,探究,分析),这些考虑将界定和澄清有待解决的问题;(4)详细阐释尝试性的假设,使这个假设基于与范围更广的事实一致而更准确、更融贯;(5)对设想好的假设采取这样一个立场,即把它当作应用在现有事态上的行动计划:公开地做某事以引起预期的结果,从而检验这个假设。以上通过步骤三、四的广度和准确性,把明显的反思经验与处于试错阶段的经验分离开来。这两个步骤使思维本身成为一种经验。然而,人们不能完全超越试错的情境,他们最为精致详尽的、理性上融贯的思想必须在世界上接受试验,从而被考验出来。既然思维不能把所有的联系都纳入考虑之中,也就无法极为精确地囊括所有的结果。但是,如果人们对各种条件进行深入细致的考察,对结果进行审核,那么,就可以把反思经验与较为粗陋的试错行动方式区分开来。

概要

在确定思维在经验中的地位时,人们首先注意到的是:经验涉及做事过程或尝试过程,也涉及与所经受的后果之间的关联。主动行事的一面和被动经受的一面的分离,损坏了经验至关重要的意义。思维是精确而有意地在所做的事情及其结果之间建立联系,它不仅注意到所做的事情和其结果是相关联的,而且注意到这一关联的具体细节,从而使联系链以关系的形式明确地显现出来。某一行为,无论是已被执行还是将被执行的,当人们想确定其意义时,就引起了对思维的刺激,并由此而预期各种结果。这充分表明,不管从事实上看,还是从主观愿望上看,这一情形就其现状来说,都是不完备的,因而也是含糊不清的。对结果的规划,意味着一种假想性的或尝试性的解决方式。为了完善这一假设,必须细致详尽地考察现有的条件,阐明这个假设的含义,即进行所谓的推理论证。接着通过实践,对所提议的解决方案,即某种理念或理论进行检验。如果这种理念在世界上引起某些结果、某些确定的变化,那么,人们就有理由承认它是正确有效的。否则,就要修正,再进行尝试。思维包括所有下面这些步骤:意识到问题,观察各种条件,形成假设性的结论并对它进行理性论述,积极地进行试验性检验。虽然思维的结果是知识,但知识的最终价值还是被归属为它在思维中的应用。由于人们不是生活在一个确定不变的、已完成了的世界上,而是生活在一个发展中的世界上,因而其核心任务是预期未来。与思想不同,一切知识都是回顾性的,而回顾的价值在于:使人们得以稳妥地、有把握地和有成效地应对未来。

第十二章

教育中的思维

方法的基本要素

从理论上看,没有人会对学校教育培养学生良好的思维习惯的重要性加以怀疑。然而,这一重要性在实践中并没有像在理论上那样得到充分的认可。此外,就学生的心灵(不考虑肌体的某些特殊的能力)来说,学校能够或者需要为学生做的一切就是发展他们的思维能力,人们对这一点在理论上的认识尚不充分。教育有各种目的,如获得技能(阅读、拼写、书写、画图、背诵的技能)、习得知识(历史学和地理学知识)和训练思维。假如人们把上述三个目的分开来,就很难使它们都得到实现。如果思维不与行动效率的提升相关联,也不与更多地了解人们自身及他们生活于其中的世界相关联,那么,这样的思维就与以前我们所批评的一样,是有问题的(见第 225 页)。如果人们获得的技术脱离了思维,就无法理解它用于何种目的。由此,它会让一个人听凭他的日常习惯的摆布,听凭其他人的权威控制力的摆布;那些有权威控制力的人们知道自己要做什么,但他们对实现目标的手段并不总是一丝不苟的。信息一旦脱离深思熟虑的行动,就会失去生命力,成为压坏心灵的一个重担。它会假扮成知识,造成狂妄自大的毒害,也会成为促进智力完善发展道路上最大的阻碍。因此,使教与学的方法得以持续改善的唯一的直接途径,在于集中精力关注那些亟需思维、提高思维和检验思维的种种条件。思维就是理智地进行学习的方法,是运用心灵、使心灵有所回报的那种学习方法。我们谈论思维的方法当然没错,但是就方法来说,要谨记于心的重要事情是:思维就是方法,就是在思维进程中理智的经验的方法。

（1）那种发展着的经验被称作为思维，而它的起始阶段则是经验。这种说法听上去明白无误，它本来也应该明白无误，但不幸的是，实际情形并不如此。相反，不论在哲学理论上还是在教育实践中，思维常常被认作与经验隔断的东西，是可以单独加以培养的东西。实际上，经验内在固有的局限性常常被看作敦促人们关注思维的充足理由。因此，人们认为，经验只限于感觉和欲望，只限于纯粹的物质世界，而思维则来自（理性的）较高级的官能，它从事的是精神的或至少是书面的事务。所以，人们时常把纯数学和应用数学明确区分开来，把纯数学视为对思维格外适合的教材（因为它与物质存在不相干），而应用数学则不具备精神性的价值，只有功利性的价值。

一般而言，教育方法的根本谬误在于假设学生的经验是可以被假定的。这里要强调的是，实际的经验状况作为思维的起始阶段是必要的。这里所说的经验，正如前面定义过的那样，就是一个人试图做某事，并觉察到这事反过来会对自己发生作用。显然，假设那些情境中的个人的直接经验可以撇开不顾，而从算术、地理学之类的现成教材开始，这是错误的。甚至幼儿园和蒙台梭利的教育方法也迫不及待地想不经过"时光虚掷"而达到理智上的造诣，因而他们往往忽视——或者减少——学生对熟悉的经验进行当下直接的、原始粗糙的处理，而即刻就想让学生认识那些体现成人理智造诣的材料。然而，不论在哪个年龄段上，即便是成年人，与任何新材料打交道的第一阶段也必定是试错类型的。他必须置身于游戏或工作中，进行受他本人情感驱动的活动而尝试做某事，由此而注意到自己的精力和所使用的材料之间的交互作用。这有点类似于儿童开始搭积木时的情形,也与科学工作者开始在实验室里使用不熟悉的材料进行实验的情况相同。

因此,如果要激发学生的思想而不仅仅让学生学习语词,那么,学校教育中任何科目教学的第一步就应该尽量做到非学院化。如果要明白某种经验或某个经验情形包含什么意义,必须回想校外活动显现出来的各种情形,回想日常生活中引起人们兴趣并使人们参与其中的那些事务。只要仔细审视正规教育中经久不衰的那些教育方法,就会发现:不管是计算,还是学习阅读,研习地理学、物理学,或掌握外语,它们之所以有效,有赖于它们回到校外日常生活中激发学生反思的那些情形。它们让学生有事情可做,不只是有东西要学;而做事又有这样的特点,即它要求学生进行思考或有意图地注意事物之间的关系。这自然也成了学习的过程。

我们说这种情境应该具有这种唤起思维的性质,当然意味着它会向人提示出要做的事情,而这一事情既不是常规的,也不是任意的。也就是说,这类事情显现出新的东西(因而也是不稳定或有疑问的东西),但它与通常的习惯具有相当的关联性,因而能唤起有效的回应。一个有效的回应与纯属偶然的活动不同,它意味着实现一个可察觉的结果,因为偶然活动的结果在精神上是不能与所完成的事情关联起来的。因此,对于任何引发学习的情境或经验,我们将提出最重要的问题是:这种情境或经验涉及的问题是何种属性的。

乍看起来,学校惯常的教育方法已经很好地符合了这里所设定的标准。教师向学生提出问题,给出疑问,布置作业,阐明难题,这在学校教育中占据了很大部分。然而,对真问题、伪问题或假问题作出分辨,是十分必要的。下面这些问题有助于作出这样的分辨:(a)只是提出一个问题,是否没有其他事情了? 这个问题是否自然地出于个人经验的某个情境? 或者说,它是一个不相干的问题,只是为了贯彻学校的课程教育才提出来的? 它是否属于那样一种尝试,即能够在校外调动学生展开观察并进行实验? (b)这个问题是学生自己的问题,还是教师或课本所提的问题? 是否学生不应对这个问题就不能获得必修的分数,或升学升班,或取得教师的认同,所以才给学生制造这样的问题? 显然,这两个疑问是相互重叠的,它们殊途同归:经验的本质是内在地刺激和指导学生去观察所涉及的事物之间的关联,引导学生得出推论,并进行检验。学生的问题只是符合外部的要求,还是不止如此?

这些问题会使人们在考虑现行教育实践在何种程度上适合发展学生的反思习惯这一点上犹豫不决。普通教室的硬件设施和布局与经验中的各种实际情形是不相称的。在普通教室中,什么东西是与产生各种困难的日常生活状态相似的呢? 尽管教师努力鼓励学生听讲、阅读,以及复述他们所被告知和所阅读的东西,但这样的状况与在家中、在运动场上、在承担日常责任的过程中积极地接触人和事的情形相差很大。这种差异无论怎么强调也不为过,甚至这类状况中的很大部分与男孩或女孩在学校外与他人谈话时、读书时浮现在他们脑海中的问题也没有可比性。从来没人解释过,为什么孩子们在校外有那么多问题(以至于一旦他们受到提问方面的任何鼓励,就会纠缠着大人问这问那),可他们对学校课程的教材却从未表现出明显的好奇心。我们反思这种显著的反差,就会发现,学校惯常的条件能在多大程度上能为学生提供自然而然发问的经验情境。不论教师如何提高个人的教学技巧,也无法彻底弥补这一状况。必须有更多的实际材料、更多的素材、更多的器材和更多的做事机会,才能弥合上述裂隙。不难发现,只要孩子们参与做事,并就做事过程中出现的情况进行讨论,即使在相对平庸的教育模式下,他们也会自发地产生很多疑问,并提出开明的、多样而机智的解决方法。

因为缺少产生真问题的教材和作业,学生的问题其实并非他自己的问题,或者毋宁说,只是在他作为一个学生而非一个人的意义上,这些问题才算是他的问题。因此,处理这些问题时所获得的技能被用来处理校外的各种生活事务,结局必定是可悲的。一个学生有某个问题,但假如这个问题只是迎合教师设置的特定要求而提出来的,学生就会去寻找教师想要的,在背诵、考试和外在行为上使教师倍感满意的问题,而与教材不再具有直接的关联。在算术、历史学或地理学本身中找不到的思想契机和材料,在熟练地调整材料去迎合教师要求的过程中却可以找到。学生进行学习,但学习的对象却不知不觉地成了学校系统和学校官方的习俗和标准,而不是那些徒有其名的"课业",由此而唤起的思维至多是人为的、片面的。在最差的情况下,学生的问题不是如何满足学校生活的要求,而是如何看上去能够满足这些要求,或者如何接近这些要求,从而避免有太多的冲突并可以蒙混过去。由这些方法形成的判断力,对性格品质没有什么可取之处。如果这些论述对通常的学校教育的描述显得夸大了,这种夸大至少可以说明以下观点:如果要有通常能产生引人深思的问题的情境,就必须有利用各种材料来实现目的的积极作业。

(2)在应对已展现的具体困难时,必须有可自由支配的资料,以提供必须考虑的东西。遵照"发展的"教育方法的教师，有时会要求学生把事情想清楚，就好像他们只依靠脑袋就能解决这些事情。思维的材料并非各种思想，而是各种行动、事实、事件以及事物之间的各种关系。也就是说，如果一个人要有效地思考，就必须已经具有或当下具有种种经验，以提供他应对眼前困难的资源。在对思维的刺激中，困难是不可或缺的，但并非一切困难都能唤起思维。困难有时会打压、淹没、挫败思维。复杂的情境必须与学生曾经应对过的情境相像，学生才能掌握应付这个情境的手段。在很大程度上，教育的技艺就是让新问题的困难变得很大，从而足以挑战学生的思维；又让困难变得尽可能小，以便使学生在困惑于新异因素的同时，仍能在有启发性的熟悉场景中获得有益的见解。

在某种意义上，以何种心理学手段给思考提供材料这个问题并不重要。记忆、观察、阅读、交流都是提供资料的渠道，而它们各自所占的比例是与人们处理的个别问题的特征相关的。如果学生对向他的感官所呈现出来的各种事物已经十分熟悉，并能独立地回忆这些事实，但教师还是坚持让他观察这些事物，那就很可笑了。这样做，会导致学生过度依赖感官表象，从而造成偏废。没有人可以随身携带一个无所不包的博物馆，运用馆藏帮助指导思想。毋庸置疑，一个训练有素的心灵背后必定有丰富的资源，习惯于回忆过去的各种经验，并关注这些经验产生了什么。另一方面，即使是熟悉的事物，它的某个性质或某种关系以前可能被忽视了，而现在却恰好有助于应对问题。在这样的情况下，需要直接进行观察。这个原则一方面适用于对观察的运用，另一方面适用于阅读和"叙述"。直接观察自然比较生动，富有活力，但是也有限制性。无论如何，一个人应该具有利用他人的经验来补充自己直接的狭隘经验的能力，这是教育不可或缺的组成部分。当然，过度依赖他人来取得资料（无论是阅读得来还是听讲得来），是为人所不齿的。下面的做法肯定会招致批评，即不是给学生材料，使他自己研究材料并解决眼前的问题，而是使他相信，书本或教师可能会提供现成的解决方案。

假如我们说，在学校里，别人提供的信息知识往往太多，也往往太少，那么，这个说法前后并不矛盾。学校过度重视学生积累和获得信息知识，目的是让他们在课堂里复述或考试时背诵出来。在信息知识的意义上，"知识"意味着对进一步探究、发现或学习等起作用的资本和不可或缺的资源。它本身常被看作目的，于是，教育目标就变成了积累知识，以便在需要它时加以展示。显然，这一静止的、冷藏式的知识理想对教育发展十分不利，不但使思维无法得以运用，而且使它陷入困境。没有人会在堆满各种垃圾杂物的土地上建造房子。学生的"心灵"里储存了各种各样从来没有明智地使用过的材料，因此当他们思考时，必然会受到束缚。在选择恰当的材料方面，学生也缺乏相应的实践，甚至没有任何标准可依，一切都处于同一个固定、静止的层面上。另一方面，如果信息知识可以应用于实现学生自身的目的，由此得以在经验中发生作用，那是否意味着没有必要像通常那样从书籍、图像、交谈中获得更丰富的资源，这个问题还有待讨论。

（3）思考已获得的事实、资料和知识，既涉及提示、推断和臆测的意义，也涉及假设和尝试性的解释，一言以蔽之，就是观念。仔细的观察和回想限定了所予的东西，也就是已得到确认的东西，但它们并不提供当下缺少的东西。它们能够界定、澄清和明确问题,却不能提供对问题的解答。为此,就需要进行规划、发明、独创和设计。资料能够唤起提示,但人们只有参考特殊的资料,才能鉴定这些提示是否得当。可是,这些提示超出了迄今为止经验中实际给定的东西,它们预测的是可能的结果或将要做的事情,而不是事实(已完成的事情)。推断一直是从已知领域飞跃,进入未知领域。

在这个意义上,思想(一件事所提示的而非所展现的)是原创性的。作为创意发明,它涉足新异的领地。的确,提示性的东西必定在某个情境中为人们所熟悉,而新异之处、有创意的设计则有赖于看待它的新角度和使用它的新方法。牛顿思考万有引力理论时,他思想上的创新并不在于那些材料。那些材料是大家都熟悉的,其中有些材料是很平常的——太阳、月亮、行星、重量、距离、质量,以及数的平方。这些都不是原创性观念,而是既成事实。他的原创性在于把这些熟悉的东西运用到一个不常见的情境中去。每一次重大的科学发现,每一项伟大的发明,每一个美妙的艺术创作,也都是如此。只有愚蠢的人,才会把富有新意的原创性与光怪陆离相提并论,相反,其他人会认识到,衡量原创性的尺度在于以他人想不到的方式来利用日常事物。这种操作是新异的,而不是用以构造它的材料是新异的。

由此在教育上得出的结论是:在规划以前从未被理解的思维对象时,一切思维都是原创性的。3岁的孩童发现用积木能做什么,6岁的孩童发现5分币和5分币加在一起可以得到什么,哪怕世界上所有人都知道这些事情,他仍然是真正的发现者。他的经验有了真正的增加,不是机械地增添了一个条目,而是由于有了新的性质而得到了丰富。幼儿的自发性对富于同情的观察者之所以具有吸引力，正是在于他们具有这种理智的原创性。如果人们没有误用"创造性"这个词，完全可以说，孩童本身经历的乐趣就是理智的建设性——创造性的乐趣。

但是，我着重引出的教育寓意并不是说，如果学校各项条件有助于学生在发现的意义上，而非储存他人灌输的东西的意义上进行学习，那么，教师们的工作就不会是折磨和负担，甚至可能给儿童和青少年带来个人理智成果的快乐——不用说，这些东西都是真实而重要的。我想引出的教育寓意是：任何思想、观念不可能是被作为观念由一个人传达给另一个人。当观念被人讲述时，对被告知的人而言，它是一个给定的事实，而不是一个观念。这种交流可能刺激另一个人意识到他自己的疑问，并提出相似的观念；也可能扼制他理智上的兴趣，抑制他起初在思考上的努力。然而，无论如何，他直接得到的不可能是一个观念，只有通过直接地、全力地应对问题的各种状况，探索和追寻他自己的解决之道，他才是在思考。如果家长或教师给学习者提供了刺激思维的条件，而且通过对共同的或联合的经验的参与，对他的各种活动采取同情的态度，那么，作为第二方，他们为了激励他进行学习，已经做了能做的事情。留下来的，是直接的相关者自己做的事情。如果他不能设计出自己解决问题的方案（当然不是一个人设计，而是与教师及其他学生一起设计），不能找到自己解决问题的方法，那就谈不上学习。即使他能百分之百准确地背出某个正确的答案，也不是学习。人们能够提供、也确实提供了数以千计现成的"观念"，他们通常并不费劲就能使学习者参与到重要的情境中，从他自己的活动中形成、支持和坚信某些观念，即领会到事物的意义或关系。这并不意味着教师就可以站在一边，袖手旁观；

或者向学生提供现成的教材,然后倾听学生复述得是否准确,取而代之的并不是教师的沉默,而是要一起参与、分享学生的活动。在这种共享的活动中,教师成了学习者,而学习者则不自觉地成了教师——总的说来,双方对教、学关系的意识越少越好。

(4)如我们所知,我们的观念,无论是粗陋的猜想,还是高深的理论,都是对可能的解决方法的预期,即对某个活动和其结果之间尚未显现出来的前后连续性或关联性的预期。所以,观念是通过依照它们行事的活动而受到检验的。观念将引导和组织更深层的观察、记忆和实验,在学习中起中介性而非终结性的作用。正如我们已经指出的,所有的教育改革者都热衷于批评传统教育的消极被动性,反对从外部进行灌输,使学生像海绵一样吸收知识;他们批评传统教育以十分生硬的方式,把教育材料硬塞给学生。他们主张把获得一个观念和拥有相应的经验联系起来,以便扩展学生与环境的交往,并使之更为合理;然而,使两者一致的条件来之不易。一种活动,甚至是自我活动,都太容易被想象成某种纯粹精神性的东西,从而被幽禁在头脑里;只能通过发声器官,才能表达出来。

一切相对成功的教育方法都承认,应用从学习中获得的观念是有必要的,然而,应用性的练习有时却被当作对已学的东西加以巩固的方式,以及更多使用所学东西的实践技能的方式。这些结果都是真实而不容小觑的,然而,作为学习所得的应用性实践,应该从根本上具有一种理智的品质。如我们所知,思想仅仅作为思想是不完备的。它们至多是尝试性的。实际上,它们是提示、指示,是应对经验情境的立场和方式。除非它们被应用在这些情境中,否则就缺乏完全的重要性和现实性。只有应用它们,才能检验它们;只有检验它们,才能赋予其完整的意义和现实感。缺少对它们的使用,就容易把自己隔离到一个由它们自身组成的奇特世界之中。我们应该认真思考,那种把心灵隔离起来,使之完全对立于世界的各种哲学理论(本书第十章第 2 节已经提到),是否可以在如下的事实中找到源头,即隶属于思想或理论阶层的人们精心打造了一大堆观念,而社会条件却不容许他们按照这些观念行事并对它们进行检验。因此,人们被抛回到自己的思想中,并以自己的思想本身为目的。

不管人们如何看待上述问题,学校里所学的东西都附着了特殊的人为性,这一点是毋庸置疑的。虽然很难说,许多学生自觉地把教材想象成不现实的,事实上,对于他们来说,学校教材确实不具备来自新鲜经验的教材所有的那种现实性。学生学习教材,也并不期待它们具有那种现实性,他们逐渐习惯于把教材的现实性理解为背诵课程和应付考试方面的现实性。学校教材对日常生活经验是没有用的,人们把这种现象看作是理所当然的。显然,其负面效应是双重的:一方面,日常经验得不到应有的充实,即它没有受到学校学习的滋养;另一方面,学生习惯于以不求甚解的方式接受教材,这样的态度减弱了思想的活力和效能。

我们之所以详尽地阐明消极的一面,目的是为了使学校教育调整措施,以适应思想的有效发展。只要学校配备实验室、工作间和庭园,只要编剧、戏剧和游戏得以自由开展,就有各种机会让实际生活的场景再现,从而在推进经验发展的过程中获得及使用相关的信息知识和观念。观念不是隔绝的,它们并不画地为牢。它们使日常的生活充满活力并丰富多彩。信息知识也由于它的功能及它在指导行动中的地位而富有生气。

我是特意使用"有各种机会"这一说法的。这些机会可能没有被人利用，人们可能把体力上的、建设性的活动作为获得单纯的身体技能的方式；或者它们可能被用于各种"功利的"目的，即金钱的目的。可是，就"文化"教育的支持者一方而言，他们倾向于把这样的活动设想为在性质上仅仅是身体的或专业的活动，设想为那些使心灵与经验过程的指导相脱离，因而与作用于事物、使用事物的行为相脱离的哲学理论的产物。当"精神"被视作一个自足的领域时，相应的命运降落到至多被视为心灵外在附属品的肉体活动和行为上。它们可能对满足肉体需要、达成外在的舒适方面是必要的，但对心灵而言，并不具有不可或缺的地位，在实现思想的过程中也不扮演不可或缺的角色。因此，在自由教育即关注各种理智兴趣的教育中，它们不可能有一席之地。即使它们被接纳到自由教育中，也不过是向大众的物质需要的退让。从心灵是隔绝的这一观点上，可以顺理成章地得出下面这个结论：要是身体的活动和运动被允许进入精英教育领地，是非常可怕的。然而，按同样的道理，当人们领悟到真正的心灵是什么，即真正的心灵是经验发展过程中有目的的指导因素时，上述结论也就消失了。

　　对于所有的教育机构来说，配备设施，给学生提供机会，在作为重要的社会情境典型的积极作业中去获得并检验观念和信息知识，是可取的。然而，如果所有学校都以此配备设施，无疑要花很长的时间。当然，倡导这一点并不意味着为教师提供托辞，使他们可以袖手旁观而坚持将学校知识隔离起来的教育方法。实际上，对每一科目的每一次问答，都提供了在课业教材和更为广泛、更为直接的日常生活经验之间建立交互联系的机会。课堂教学可分为三类,比较起来,最不可取的一类是把每门课程当作单独的整体,不要求学生负起责任去发现这门课程与同类科目的其他课程或课业之间有什么接触点。较为明智的教师会注意有系统地引导学生利用以前课业中学到的东西,有助于他理解当下的课业,以及利用当下所学的东西进一步理解已学会的东西。尽管这样的结果会好一些,但学校的教材仍然是孤立的。除非出现偶然的情况,否则,校外经验仍然停留在天然粗糙的、缺乏反思的状态之中,从而不易被更为准确地被整合的、直接教学材料所改善和扩展。由此可见,直接教学的材料只有与日常生活的现实状况相结合,才能受到促进,而充满现实感。最好的一类教学应该注意到,直接教学材料和日常生活的现实状况的相互关联是可取的,从而使学生养成一种去发现它们之间的接触点和相互关联的习惯。

概要

教学的各种进程在何种程度上使学生养成良好的思维习惯,它们在何种程度上就达到了一致。人们提及思维方式并没有错,然而,关键在于思维是一种具有教育性经验的方式,因而这种方式的各个要素也是反思的各个要素。在这些要素中,首先,学生要有一个真实的经验情境,即有一个连续的活动,并对这个活动发生兴趣;其次,正是在这一情境中,真正的问题会应运而生,并刺激思维;第三,学生拥有信息知识,并为应对所产生的问题而进行必要的观察;第四,学生提出某些解决方案,并且富有责任心地有序地加以实施;第五,学生有机会通过应用来检验他的观念,阐明这些观念的意义,发现其正当性和有效性。

第十三章 方法的本质

1. 教材与方法的统一

　　学校教育的三大主题是教材、教学方法和行政或管理，三者是一体的。对于前两个主题，我们已经在前面几章谈论过；我们还需要做的，是使它们从相关的情境中抽离出来，以便探讨它们的本质。因为有关方法的主题与上一章讨论的内容相近，所以我们将从对方法的讨论开始。但在讨论这个主题之前，特别需要注意一下这个理论的含义，即教材和方法之间是相互关联的。有一种观念在哲学上被称为二元论，它主张心灵和事物、人的世界是两个分离的、独立的领域。从这种理论中可以引申出这样一个结论，即教学方法和教材是相互分离的，因而教材就成了对自然和人的世界中的事实和原则所做出的现成、系统的分类；教学方法则考虑如下的问题，即以何种方式把教材内容合理地呈现给学生的心灵，使之在学生的心灵上留下深刻的印象，或者考虑以何种方式使学生的心灵外在地作用于教材，从而促进其吸收。一个人至少在理论上，可以从一门把心灵作为独立存在的科学中演绎出有关学习方法的完备的理论；然而，对这些方法可能被用到哪些科目上却毫不知情。既然许多精通各种教材分支的人也完全不知道这些教学方法，那某些人就有理由提出以下的反驳：教育学作为关于心灵的学习方法的科学，是无效的。这些人甚至认为，教育方法只是一道屏障，它掩蔽了教师必须更深入而精确地熟悉其手头科目的必要性。

　　但是，既然思维是使教材受指导而达成完满结果的活动，既然心灵是这一过程中审慎的和有意图的步骤，那上面提到的那种把教材与方法分离开来的观念就是彻底错误的。假如一门科学的材料具有组织性，那就表明科学的材料受到了智性的洗礼，或者说，它们已被条理化了。动物学作为知识的一个有系统的分支，使人们平时关于动物的各种粗糙的、杂乱的印象，经过认真的审察、审慎的补充，以及对有助于观察、记忆和探寻更深入的关系所进行的布局，达成了相关的认知。这些认知并不是学习的起点，而是学习的完成。教学方法意味着对教材的安排，从而使教材在被运用时最为有效，方法向来不是外在于材料的东西。

从个人处理教材的立场看，方法是什么呢？方法不是外在的东西，而是应对材料的一种有效的方式，意味着以时间和精力上最小的消耗来利用材料（把它用于某个目的）的一种处理方式。人们可以分辨出一种行为方式，并对它单独进行探讨，但这种方式的存在只是为了处理材料。教学方法不是要与教材背道而驰，而是要有效地指导教材指向人们所渴望的结果。它完全不同于任意的、缺乏考虑的行动——缺乏考虑，意味着不适应。

方法意味着指导教材，是将教材导向目标的一种活动。这种说法有些形式化，我们不妨举例为其添上内容。每位艺术家在从事工作时必定有一套方法、一种技巧。弹钢琴不是任意地敲击琴键，而是有条理地运用琴键；而条理并不是先于弹奏钢琴的活动就现成地存在于这个音乐家手上或脑中的东西，它存在于使用钢琴、双手和头脑以实现其意欲的结果的那些行为倾向之中。弹奏钢琴的行动指向钢琴这种乐器，以实现其目的。同样的，"教育学的"方法也是如此。两者唯一的差别是：钢琴是对应于某个单独目的的、事前构造好的机械，而学习的材料则有无限多的用途。尽管如此，如果考虑到这架钢琴能演奏出各种各样的乐曲，而欲产生变奏效果,技术上还要有多种变化,这个例证仍然适用。无论如何,方法只是出于某个目的而使用某种材料的有效方式。

为了概括上面的论述,我们可以回溯到"经验"的概念。经验,作为对人们所尝试的某事和由此而承受的后果之间的联系的知觉,是一个过程。除了努力控制这个过程所行进的路径这一点,教材和方法没有什么区别。实际上,只存在一种活动,它既包含个体的所作所为,也包含环境的所作所为。如果一位钢琴演奏家能娴熟地掌握他的乐器,就没有必要区别演奏时他所作的贡献和钢琴所作的贡献。任何一种组织良好、运作顺畅的活动——滑冰,交谈,欣赏音乐,观赏景色,都不存在将人的方法和材料分裂开来的意识。在全身心投入的游戏和工作中,情况也是一样的。

如果人们反思一个经验,而不只是拥有它,他们必定会区别自己的态度和自己的态度朝向的对象。当一个人吃食物时,并不把自己的行为分为吃和食物,但如果他以科学的方式考察这个行为,这个辨别是他首先要做到的。因此,一方面,他将调查营养物的性质;另一方面,他将研究机体享用食物和消化食物的行为。这种对经验的反思,造成了有关人们经历了什么(已经历到的)和他们如何去经历的区别。我们以教材和方法为术语,对这一区分进行了命名。既存在着被看、被听、被爱、被恨、被想象的东西,也存在着看、听、爱、恨、想象等行为。

对某些目的而言,这一区别是如此自然、如此重要,以至于人们太容易把它视为实际上存在的分裂,而非思想上的区别。然后,人们在自我和环境或世界之间也作出了划分,这一区分是方法和教材二元对立的根源。也就是说,人们以为,认知、感觉、意愿等都是单独地属于自我或心灵的,因而是可以用来与某一单独教材发生关联的东西。人们以为，单独地属于自我或心灵的东西，不论其对象具有何种模式的积极活跃的能量，都拥有自己的运作法则。人们设想这些法则应该提供方法，而设想一个人没有吃的行为却能吃东西，或设想颚的构造和动作、咽喉肌肉、胃的消化活动等，可以不涉及它们活动的材料而实现活动，显然都是荒谬的。好比有机体的器官都是世界上的食物材料的连续的部分，看、听、爱、想象的能力同样也是内在地与世界的材料关联在一起的。与其说这些能力是作用于事物的独立的行为，更真切地说，它们是环境参与到经验中，并在其中发挥作用的方式。简言之，经验不是心灵和世界、主体和客体、方法和教材的综合，而是各种（简直是数不尽的）力量之间连续不断的交互作用。

　　为了控制运动着的经验统一体所采取的路线或方向，人们在思想上区别了如何（how）和什么（what）。虽然在实际发生的走、吃、学之外并不存在走、吃、学的方式，但在这些行为中，的确存在着一些要素，体现为更有效地控制这些行为的办法。对这些要素给予特别的关注，使它们以明白的方式显现出来，更易于辨识（同时使其他要素退居次位）。一旦经验如何开展被把握了，就能向人们指出，为了让经验更顺利地发挥作用，哪些因素是他们必须获得或加以修正的。说得具体一点，如果一个人观察植物的生长，其中一些长得很好，另一些生长缓慢或没有生长，他就会发现，哪些特定条件决定着植物是否长得茂盛。如果这些条件有条理地被表达出来，便会构成植物生长的方法、路径或方式。一株植物的生长和一种经验的成功发展没有什么不同。在任何情况下，都不容易恰到好处地把握住使事物以最好的方式进行活动的那些要素。然而，对研究活动中诸多成功和失败的案例进行深入而细致的对比，会有助于把握其原因。当人们把这些原因有条理地按次序排列起来，就拥有了一套程序方法或一种技巧。

考虑一下方法与教材分离给教育带来的害处，可以使我们的论点更加明确。首先，存在着对具体经验情境的忽视（我们对此已经谈论过）。不研究案例，也就不能发现方法。方法来自对实际所发生的事情的观察，而且旨在期待它下次能更好地发生。然而，在教育和规训中，很少有足够的机会使儿童、青少年获得直接的日常的经验，而教育者们则能从这些经验中发展出有关方法的观念或最优发展规则的观念。儿童、青少年在如此有限的条件下获得的经验，很难或根本不能阐明一个经验在通常情况下的实现过程。因而，"各种方法"以权威命令的方式介绍给教师，而不是作为教师对自己各种理智观察结果的表达。在这种情况下，这些方法拥有机械的一致性，被视为对一切心灵都是相同的。通过提供一种环境，激发儿童、青少年在工作和游戏中进行有指导的作业，推动他们形成灵活的个人的经验。这样一来，所探知的方法就会随个体而变——因为每个个体肯定有一套他自己独特的处事方式。

其次，方法与教材相隔离的观念，造成我们已注意到的错误的规训和兴趣概念。当处理材料的有效方式被视为某种脱离材料的现成的东西时，可以有三种通过假设来衔接所缺少的关系的方法。第一种是利用兴奋的刺激、愉悦的冲击和满足人的趣味。第二种是威胁一个人说对他不利，迫使他关注无关的教材。第三种是直接诉诸个人，即依靠"意志"的直接当下的压迫力，使其不问理由地作出努力。然而，第二、第三种方法实际上只有在人因恐惧而受到约束的情况下才有效果。

第三,学习行为自身被作为直接的、自觉的目的。在一般情况下,学习是应对教材的成果和回报。儿童并非自觉地去学习行走或说话。一个儿童表达出与他人交往的愿望和冲动,并从自己直接活动的结果中进行学习。更好地教儿童的方法,比如说教他阅读,也得遵循这样的路径。这些方法不是把儿童的注意力固定在他必须学什么上,这会使儿童有拘泥不安的、勉强被迫的态度。这些方法运用于儿童的各种活动,使儿童从中得到学习。同样,更成功地应对数字或任何其他事情的方法也是如此。然而,假如教材不是被用来促进冲动和习惯,从而产生重要的结果,那么,它不过是人们要学习的某种东西而已,学生会对它采取不得不学习的态度。对于如何形成使学生作出机敏的、专注的回应条件而言,这种状况是最为不利的。在学习中,正面攻击所消耗的东西要比战争中同样的做法多得多,但这并不等于说,要诱导学生在不知不觉中对课程专心致志;而是说,他们应该为了真正的理由或目的,而不只是为了某种要学的东西而专心于课程。要做到这一点,学生就必须理解教材在某种经验的实现过程中所占据的地位。

第四,在心灵和材料相分裂的观念的影响下,方法容易沦为陈腐老套的惯例、照章办事的程序。在不少教室中,儿童死记硬背着算术或语法;在所谓的方法的指导下,学习那些事前定下的书面公式。教师没有鼓励学生直接攻读他们的科目,或者尝试有前景的方法,或者学习通过这些方法所产生的结果来分辨方法的优劣,反而认为应该遵循一种固定的方法。他们甚至天真地认为,如果学生以某种"分析"的形式进行阐述和理解,那么,他们的心灵习惯也会随之而顺应。假如人们相信教育学就是给教师一些教学中要遵循的秘诀和范本,那么,没有比这种信念更能败坏教育学理论的名声了。应对问题时的灵活性和开创性是下面这种观念的特征,即把方法视为处理材料以得出结论的方式。任何把心灵与受某个目标驱动的活动相分离的理论,其结果必然是机械的、僵硬的和粗糙的。

2. 一般的方法和个体的方法

简言之,教学方法是技艺性的方法,是以目的为导向的理智地行动的方法。但是,一种精致的艺术的实践与关乎灵感即兴迸发的事情相去甚远。学习前人已获得的成功的运筹和成果,是必不可少的。总有某种传统,或者某些艺术流派,足以给初学者们留下鲜明的印象,并往往能俘获他们的心。每一派艺术家的方法都有赖于对材料和工具的全面熟悉,画家必须了解画布、颜料、画笔,以及操纵他所有用具的技巧;而要获得这种知识,就必须坚持不懈、全神贯注地关注各种客观材料。艺术家研习自己不同的尝试过程,从而了解如何会成功,如何会失败。显然,那种以为在遵循现成规则和依靠自然的天赋、片刻的灵感以及未经指导的"努力工作"之间没有别的出路的观点,与每一种艺术的流程都是相违背的。

关于过去的知识、当前技巧的知识、各种材料的知识和如何确保个人获得最好结果的知识,都为所谓一般的方法提供了材料。有一些长期逐步累积而成、实现成果的稳妥方法,被过去的经验和理智的分析所认可。如果个体忽视这些方法，就得自食其果。正如我们在探讨习惯的形成（见第 61 页）时所指出的，有一种危险存在，即这些方法可能变得机械而僵硬，它非但不再是实行者为其自身的目的而随时可以支配的力量，反倒是掌控了实行者。然而，一个不争的事实是：取得经久不衰成就的改革者，他的工作并非只是一时的冲击，而是利用了比在他自己或他的批评者看来要多得多的传统的方法，他把这些方法用于新的场合，由此而实现了它们的转型。

教育也有其一般的方法。这一说法在教师身上，比在学生身上体现得更显而易见；在评论学生的情况时，也是确定无疑的。显然，掌握如下的方法，即他人的经验已经证明、在同等情况下能更有效地获得知识的方法，是学生全部学习活动中一个非常重要的部分。[①] 这些一般的方法与个体的主动性和原创性——个人的行事方式——完全不是对立的；相反，一般的方法还会加强它们，因为即使是最一般的方法，也与制定好的规则存在着根本的差别。后者是对行为的直接指引，前者则是借由它对目的和手段的启迪而间接地加以运作。也就是说，它是凭借智力而非经由遵守外在强加的指令来运作的，甚至娴熟地使用某种既定技巧的能力，也不能保证艺术作品的产生，因为艺术作品还取决于某种富有活力的观念。

如果对他人所用的方法有所认知，但不能直接告诉人们去做什么或提供什么现成的范本，那么，它又如何发挥作用呢？称一种方法是理智的又意味着什么呢？举例来说，没有任何其他的行

———————————

[①] 这个论点将在下面探讨逻辑学和心理学的方法时展开，见第 266 页。

为模式可能比医生的诊断和治疗模式更需要既定的知识了。然而,各种病例毕竟只是相似,而不是相同。不论现行的行医方法受到多大的认可,要明智地使用它们,就必须调整它们,以适合每个特殊病例的需要。因此,公认的治疗程序指示医生应该独自进行哪些探询,尝试哪些手段。这些方法作为考察的立足点,通过提示出特别需要探究的问题,精简了对个别病例的特征进行的考察。医生的个人态度、他处理相关情形的方法(个体的方法),并不隶属于这些程序的一般原则,却被这些原则所促进和指导。这个例子表明,对心理学方法和过去有用的经验方法有所认知,对教师们说来,具有多么重要的价值。一旦这些方法违背了教师自己的常识,阻隔在他和他必须作出行为的情形之间,那还不如没有这些方法。然而,如果教师学会了它们,把它们用作理智的辅助,以评估他所参与的独特经验的需求、资源和困难,它们便具有建设性的价值。最后,恰恰因为一切都取决于他自己的回应方式,因此,在作出回应的过程中,很多问题有赖于他在何种程度上利用了源自他人经验的知识。

正如我们已经指出的,上面每一个论述都直接适用于学生的方法和学习的方式。如果认为不论在小学还是在大学里,教师都能够向学生提供学习和解释一个科目时所要遵循的方法范本,那显然是自欺欺人,也会导致可悲的后果。(见第 207 页)在任何情况下,一个人都必须作出自己的反应。至于其他人,尤其是专家,在类似情况下使用标准化或一般性的方法,对他产生的提示究竟有价值还是有害处,取决于这些方法是使他个人的反应更理智还是使他省去了自己进行判断的活动。

前面就思维的原创性所说的东西(见第 194—195 页),对个人的教育有更多的要求,非普通人的自然能力所能承受,因而看上去显得张力过大了。实际上,问题在于:人们承受着迷信的重负,他们笼统地提出了心灵的观念,即普遍有效的理智方法的观念,接着又认定个体的心灵在量上是不同的。因此,普通人被设想成只是普通的,只有超常的人才有资格拥有原创性。人们在衡量一般学生和天才学生之间的差别时,总是说一般学生缺乏原创性。但是,这种泛泛而论的心灵观念是虚构出来的。一个人的能力如何在量上与另一个人的能力相比,这不是教师的职责,也与他的工作毫无关联。对他而言,必须做的事情是使每个学生都有机会在各种具有意义的活动中运用自身的各种能力。心灵、个体的方法、原创性(这些都是同义词)表明了有目的或受指导的行动的性质。如果人们依照这个信念行事,那么,甚至在传统的标准下,也将获得比现在所拥有的更多的原创性。把所谓统一的一般方法强行套在每个人身上,只能产生这样的结果,即除了出类拔萃的人,其他人都沦为泛泛的平庸之辈。通过脱离大众来衡量原创性,会导致奇行怪论。由此,便遏制了大多数人的独特性,只有极少数人例外(比如达尔文),还使难得的天才感染了不良品质。

3. 个人方法的特点

在前面谈论思维的那一章中,我们探讨了认知方法最一般的特征,即在反思的情形中所出现的特征:问题、资料数据的收集和分析、意见或观念的设想和阐释、试验的应用和检验,以及下结论或作判断。人们最终可以在个体天生的趋向以及他后天习得的习惯和兴趣中，发现他解决问题的方法或方式的特殊要素。由于每个人的原始本能不同，以往的经历和偏好不同，他的方法也随之（相应地）而与其他人不同。那些研究过这些问题的教师所拥有的知识，将有助于理解不同学生作出的各种回应，引导学生，使他们的回应更加有效。儿童研究、心理学和对社会环境的认知，可以让教师对学生更熟悉；然而，各种方法仍然是个人的事情和解决之道，没有任何要旨能够一览无余地展现出它们的多样形式和丰富内涵。

然而，就有效、理智地处理材料的方法来说，有一些态度是重要的，必须把它们罗列出来。最为重要的态度有：直率、心灵的开明、一心一意（或全心全意）和责任心。

（1）否定性表达方式比肯定性表达方式更容易说明直率意味着什么。对直率来说，自我的顾虑、尴尬难堪和勉强被迫都是险恶的敌人。它们表明，个人无法直接地关注材料，因为有什么东西介入了，使他的注意力偏移到旁枝末节上去了。对有所顾虑的人来说，一方面，他得考虑自己面对的问题；另一方面，又得考虑别人是如何看待他的表现的。精神涣散，意味着力量的损耗和思想的困顿。个人采取某种态度，并不等于他意识到了这种态度。个人采取某种态度是自发的、天真的、纯粹的，表明他与他所应对的对象之间的一致关系。个人意识到自己的态度，并不一定是反常的，有时甚至是纠正错误的处理方法、提升自己所用手段的效力的最简单的方式——正如高尔夫球手、钢琴演奏家、公众演讲者等等，偶尔也不得不特别关注一下自己的姿态、动作。然而，这种需要只是偶然的、临时的，在它发挥效用的情况下，个人把自己视为实现某个目标的一种特别手段——正如网球选手进行练习,从而产生击球的"感觉"。而在反常的情况中,个人非但没有把自己视为完成事情的中介力量,反而把自己视为单独的对象——当选手击球时,他在考虑这一击会给旁观者留下什么印象。这样,他由于太在意自己的动作给旁观者留下的印象而忐忑不安。

"信心"一词很贴切地说明了"直率"所要表达的意思。但是,信心不应该与自信混为一谈。自信可以是自我意识——或者"厚脸皮"的一种形式。信心不是反省性的,并不表示一个人思考或感受自己的态度;它意谓一个人对自己必须做的事情所持有的率直态度。它表示的不是对个人各种能力的效能有意识的信任,而是无意识地坚信各种可能性的存在。它意味着个人面对环境的各种需求。

我们早已指出(见第207页),我们并不赞成让学生明确地察觉到自己实际上正在研究或学习,一旦他们受到这些条件的诱导而察觉到自己正在研究或学习,那就不是在研究和学习了。学生的这种态度是分裂的、复杂的。不管教师使用何种方法把学生的注意力从他们必须做的事情上吸引过来,使他们转而去关注对自己正在做的事情所持有的态度,都会伤害学生的关注和行动的直率性。假如教师坚持这么做,学生便会习得一种固定持久的倾向,即除了教材的提示,只会笨拙地摸索、漫无目的地到处张望,并寻求其他的行动提示。如果学生们依靠不相干的提示和指导,就会陷入一头雾水的状态,失去他们(以及没有因"教育"而变得老练的成人)面对生活中各种情形时的踏实态度。

(2) 心灵的开明。众所周知,偏好是在兴趣的基础上形成的伴随物。由于兴趣意味着分享、参与和偏向某个活动，因而人们更有理由倡导心灵有一种欢迎各方的提议和相关信息的主动态度。在讨论"教育中的各种目标"一章中，我们已经表明，被预见的目的是变化的事态在其发展过程中的因素。这些目的正是人们用以控制行动方向的手段，因而它们从属于这个事态，而不是相反。它们不是定局，不是让一切都服从它们、为它们牺牲这个意义上的目的。作为被预见的目的，它们是引导事态发展的手段。靶子不是射击的未来目标，在当下的射击中，它就是一个需要集中关注的因素。心灵开明，意谓它能够接纳任何一个和每一个对需要澄清的事态进行阐释的考虑，对确定这样或那样的行为会产生什么结果的有益的考虑。如果设定的目的是不容改变的，即使心灵的开放是狭隘有限的，也仍然能有效地实现这样的目的。然而，理智的发展意味着不断地开阔眼界，并随之而形成各种新的目的和新的回应。如果没有欢迎前所未闻的观点的积极倾向，没有对接纳那些修正现有目的的想法的积极渴求，这些事情就是不可能的。保持成长的能力，就是对这种智性上的殷勤包容的回报。假如心灵食古不化、存有偏见，最糟糕的结果就是限制发展，阻碍心灵对新的刺激的渴望。心灵开明意味着始终保持孩童般的态度，而心灵闭塞则意味着智性上的过早衰老。

对程序的一致性和快速获得外在结果有过度的渴求，正是开放的心灵在学校中遭遇到的首要敌人。教师如果不准许或不鼓励学生在处理问题时有各种各样的行动方式，就等于强行蒙住了学生们的理智之眼——使他们的眼光局限在只能看到教师所许可的轨道。然而，教师之所以热衷于僵化的教学方法，也许主要是因为这样的方法能够取得快速的、可精确衡量的、正确的结果。

教师对"答案"的热衷,很大程度上解释了为何他们热衷于使用僵化、机械的方法。教师强迫学生和学生压力过大同出一源,两者都对学生机敏的、多样的理智兴趣造成影响。

心灵的开明不同于心灵的空洞。在家门口挂块牌子,上面写"请进,家里无人",不等于热情好客。这是一种被动态度,乐意让经历累积、完全受到理解并得以成熟,正是发展中的一个实质性要素。尽管过程的各个步骤没有受到强迫,是经过一定时间而变得成熟起来的,但其结果(外在的答案或解决方案)可能是仓促形成的。如果所有的教师都意识到,是学生精神过程的品质,而不是得出正确的答案,才能衡量教育的成长,那么,这不亚于在发动一场教学革命。

(3)一心一意。就这个词而言,归属在"直率"主题下的大部分内容对它也是适用的。但是,这个词在这里传达的是兴趣的完整性、目的的统一性。人们认为存在着所谓受抑制却奏效的隐秘的目标,而公开宣称的目标只是这些目标的幌子,这个想法并不是真实的。"一心一意"这个词可以等同于精神上的完善性。如果能热衷、专注和全神贯注地学习教材,就能培养一心一意的态度;而兴趣涣散、态度回避,则会损害一心一意的态度。

智性的完善、诚实和真诚在实质上并不牵涉有意识的目的,而是涉及积极回应的性质。尽管它们的习得可以由自觉的意向来培养,但这样很容易自我欺骗。人的欲望是迫切的,当别人的需求和愿望阻止了其欲望的表达,它们就会被驱赶进隐秘而深层的通道中。完全服从,并全心全意采纳别人所要求的行动路线,几乎是不可能的;其结果可能是故意地反抗,或者蓄意地欺骗他人。然而,更常见的结果是兴趣呈现混杂的、分离的状态。在这样的状态中,个人也会在他自己的真正意图是什么这个问题上受到糊弄。一个人试图同时为两个主人效劳:出于社会性的本能,他有取悦他人、赢得他人赞赏的强烈欲望;而出于社会训练、对义务和权威的一般意识,以及对惩罚的恐惧,又使得他不全心遵从、不注意课程或教师提出的要求。温顺的个体总是做别人期望他做的事情,而学生认为自己也正是这样做的。可是,他们并没有舍弃自己的各种欲望,只是压抑它们,不让它们显露出来。需要关注的是与欲望相对立的东西,即压迫力,它使人感到厌倦。不管个人有意识的愿望是什么,他根本的欲望决定了他主要的思想进程和更深层的情感回应。于是,他的心灵偏离了名义上的主题,而致力于内在本质上更渴求的东西。其结果是惯常的注意力分散,这充分表现出欲望的双面性。

一个人只要回想一下自己在学校中的经验,或者在不牵涉欲望和目的的行动中自己当下外表上所使用的经验,就能意识到这种注意力的分散——三心二意的态度是多么盛行。人们对这样的态度早已司空见惯,以至于理所当然地以为这种态度的相当一部分是必要的。正是这样,直面它所产生的理智上的各种坏影响就更为严重了。如果一个人有意识地试图(或表现出有意识地试图的样子)注意某件事情,而他的想象力却不由自主地飘移到他志趣相投的事情上,那么很显然,当下可用的思想活力就被损耗了。对理智活动效能更细微、更持久的耗损,滋生了自我欺骗的习惯,以及随之而来对现实的困惑。人们通常对现实采取双重标准:一面是针对自己私下的且多少有点隐秘的兴趣的标准,另一面是针对公共的、受普遍认可的关注点的标准。这种双重标准妨碍了大多数人精神活动的完善性和完整性,而自觉的思维、注意力与盲目冲动的情感、欲望之间的分离也同样是严重的。学生对教材的反思是勉强的、被迫的、敷衍的,其注意力飘忽不定;而他的注意力所飘向的那些主题则是隐秘的、不公开的,因而在理智上是不正当的,只能在私下涉及这些主题。通过对学生审慎的、有目的的探询来调整他们的回应,由此而产生的规训也就破产了。更糟糕的是,学生的想象力最关注的和志趣最相投的事情(因为这些事情都以那些与欲望的关系最紧密的东西为中心)变成了偶然的、隐匿的,它们通过各种隐蔽的方式来参与行动。它们完全不会基于考虑到后果而有所修改,因而使学生陷入消沉。

　　一方面是公开宣扬的、公众的、有社会责任感的事业,另一方面是私下的、没有章法的、受到抑制的思想偏好,这两方面形成了心灵上的分裂。不难发现,学校为这种分裂提供了适宜的条件。有时候,所谓"严格规训",即外在的强行压迫,就有这样的趋向;具有相似效果的,是以与所做之事无关的东西作为奖励来推动事情的完成。所有把学校教育理解为预备性教育(见第67页)的行为都是在这一方向上起作用的,因为教学目标超出了学生认知当下能够把握的范围,因而不得不寻求其他中介力量,以促成学生关注当下指派的任务。的确,这样一来,获得了学生的一些回应,但是他们未被列入考虑的欲望和情感必定会寻找其他出口以求释放。同样严重的,是过分强调旨在培养行动技能而不涉及任何思想的练习,即不带有任何目的,只进行机械技能的练习。学生从本性上厌恶精神的真空。如果在直接当下的活动中,他们的思想和情感没有释放的出口,那会造成怎样的结果呢? 对于这个问题,教师们有什么想法? 如果真能把学生的思想和情感搁置起来,甚至使它们变得麻木,那么,问题就不那么严重了。但实际上,除了我们正在讨论的课业,它们既没有被搁置起来,也没有被压抑,而是遵循自己混乱无章、不受规训的进程在发展。由于学生精神反应中天生的、自发的和富有活力的东西得不到利用,也未被检验,他们所形成的习惯使这些品质变得越来越难以用到公众的、公共承认的目的上去了。

(4)责任心。把责任心作为理智态度的一个因素,指这样一种倾向,即事前考虑到所规划的每一个步骤可能产生的后果,并慎重地接受这些后果。这里所说的"接受",是指把这些后果纳入考虑之中,在行动中承认它们,而不只是停留在言辞的赞同上。众所周知,观念本质上是人们用来为令人困惑的情境找到解决方案的立场和方法,是为了影响他们的回应而事先考虑好的预想。不难设想,有人会在没有仔细考虑被人提出的某个论述或真理含义的情况下接受信任它们;在接受后,只是作草率、肤浅的调查就相信了它们。于是,观察和认知、信念和赞同成了对外界所显现的东西采取默许态度的代名词。

如果人们能够理智地设计出某些达成真实信念,即确信自我与由事实和结果的预见所要求的那类行为相统一的情况,那么,在教育中少给学生一些事实和真理会好得多——也就是说,要尽量减少试图让学生接受的东西。学校科目过度混乱,学业课程杂乱繁多,由此造成的最为持久的负面效应,并不是紧随而来的学生的忧虑、神经绷紧和不求甚解(虽然这些后果也很严重),而是使他们搞不清真正知道和真正相信某事某物意味着什么。理智的责任心意味着在这个问题上有严格的标准,而这些标准只能通过彻底探知所学东西的意义,并按照所学东西的意义来行事,才能得以实现。

所以，理智的彻底性是我们现在探讨的态度的另一种说法。物质上的彻底性，意谓对一个学科的所有细节都进行机械的、倾尽全力的操练；而理智上的彻底性，则是看透一个事物，它有赖于对所有细节所从属的目标整体的把握，而不只是呈现出大量分离的、不相关的细节。它表现出对目标的完整意义的坚定不移，而不是对由外在强加、受外在指导的行动步骤的关注，即使这种关注是"尽心尽责的"。

概要

方法是论述关于经验的材料如何最实际可行、最有成效地发展的方式，因而方法源自观察，即对个人态度、风格和所应对的材料两者之间没有被自觉地划分开来的经验过程所进行的观察。有人把方法设想为独立的东西，这一设想与认为心灵、自我与万事万物相隔绝的观念有关联。这一观念使教与学变得形式化、机械化并带有强制性，而方法是个体化的。然而，考虑到智慧源自人们先前各种经验的累积，考虑到人们经常应对的材料的一般相似性，我们可以分辨出由经验达成结果的正常过程的某些特征，即关于好的方法的特征。如果以个体的态度来表示，就是率直的品质、灵活的理智兴趣或开明的学习意愿、目标的完善完整，以及为包括思想在内的一个人活动所产生的后果负责的责任感。

第十四章

教材的本质

1. 教育者和学习者的教材

迄今关于教材的本质，我们在原则上都已说过了（见第 165 页），没有其他东西要补充了。在一个有目的的事态的发展过程中，教材包括人们观察到、回想到、读到和说到的各种事实，以及提出来的各种观念。为了更具体地说明这一点，必须把教材与学校教育的材料、构成课程的科目联系起来。那么，把我们关于教材的定义用到阅读、写作、数学、历史学、自然研究、图画、歌唱、物理学、化学、现代语言和外语上，其重要意义何在？

让我们回顾一下前面讨论过的两个论点。一个论点是，在教育机构中，教师的作用是提供环境以刺激学生回应，指导学习的进程。归根到底，教师能做的一切就是调整刺激，使学生的回应尽可能形成可取的理智和情感倾向。显然，课业或课程教材与教师提供的环境紧密相关。另一个论点是，为了赋予已形成的习惯以意义，社会环境是必要的。如前所述，作为"非正式教育"，社会交往母体直接就携带着教材。在这里，个体的教材就是与他相关联的人们的所言所行。这一事实，为人们理解正规教育或有意开展的教育的教材给出了提示。在伴随原始社群的行动和仪式而来的各种故事、传统、歌谣和礼拜仪式中，人们可以发现其中的连接纽带；这些东西象征着从先前经验中积淀下来的那些意义，群体成员都非常珍视它们，视之为集体生活的重要观念。尽管这些东西没能成为在诸如饮食、打猎、开战与休战、织毛毯、做陶器、编篮子等日常事务中显现出来的技能的一部分，但人们有意识地让年轻人对它们留下深刻的印象，就像各种入会仪式那样，使之带有强烈的激情。人们还千方百计有意识地保留群体的神话、传说和庄严的言辞和惯用语，使之不朽，而不是传递群体中直接有用的风俗。这是因为，在普通的联合过程中，后者人们容易学会，而前者则不容易获得。

随着社会群体在发展中变得日益复杂，它更加相信，依靠从过去的经验中积淀下来的各种标准观念，人们习得了更多的技能。因此，出于教育后人的目的，社会生活的内容得到了更加清楚而系统的表达。正如我们以前已注意到的，人们之所以有意识地深入考察社会生活，吸纳其最重要的意义，并把它们整理得相互融贯且系统分明，其主要动机很可能是为了教育年轻人，使他们延续群体的生活。这种选择、表达和组织的工作一经开启，就一直会延续下去。书写和印刷的发明，极大地推动了这一过程。最终，学校课业的教材和社群的习惯及理想的各种关联被隐瞒甚至掩盖起来。乍看起来，这些纽带变得如此松散，以至于几乎不存在，好像教材不过是出于自身兴趣而存在的知识，而学习不过是掌握教材的行为，旨在教材本身，与任何社会价值无关。既然出于实践的理由，抵制这一趋向是格外重要的（见第 10 页），那么，理论探讨的首要目的就是清晰地阐明那种如此容易从人们视野中隐去的关联，从而具体地展现学习进程中那些作为主要的构成要素的社会内容和功能。

从教育者和学生的立场来看，必须考虑几个要点。从教育者的角度来说，教材知识的重要性远远高于学生当下的知识，它提供的是明晰的标准，向教育者揭示未成熟学生的自然活动的各种可能性。（1）学校课业的教材，把目前值得传递下去的社会生活的意义转化为具体而精细的术语。这种教材通过有系统、有组织的形式，把文化中需要传递下去的本质成分清楚地摆在教育者面前,从而防止他在意义尚未被标准化的情况下白费力气。(2)人们以往拥有的观念都来自活动,认识到这一点,使教育者能够理解年轻人表面看起来冲动、盲目的反应有何意义,能够提供指导这些反应所需的刺激,从而使它们发挥作用。教育者对音乐了解得越多,就越能理解一个儿童早期音乐冲动的各种可能性。经过组织的教材象征着这样一些经验的成熟果实,这类经验与上述可能性相似,涉及相同的世界以及与这些可能性相似的力量和需求。它们并不代表完美或绝对可靠的智慧,但对于促进新的经验,即在某些方面可能优于现有知识和艺术品所包含的造诣来说,是所能掌握的最好的教材了。

换句话说,从教育者的立场来看,形形色色的课程所代表的是起作用的资源、可利用的资本,但是,课程总是与年轻人的经验相脱离,这不是表面现象,而是实际状况。因此,学习者的教材不应该、也不可能等同于成人明晰的、体系化的教材,以及书本和艺术品中的材料。后者象征着前者的各种可能性,而非前者的现有状态,它直接参与、进入专家和教育者的活动,而不是初学者和学生的活动。人们之所以在对课本和其他已有知识的表现形式中犯错误,就在于没有记住这个道理,即教师与学生是从不同的立场出发去看待教材的。

实际上,正因为教师与学生对教材的态度存在着很大的差异,因而非常有必要了解人类本性的结构和功能。学生只是潜在地表现出来的东西,教师却现实地呈现它。也就是说,学生还在学习的东西,教师已经知道了。因而,这两者面对的问题截然不同。教师在从事直接的教学活动时,必须把教材说得头头是道,并把注意力集中在学生的态度和回应上。他的工作是理解在与教材相互作用时学生的态度和回应,而学生的思想自然应该集中在当下的问题上,而不是在他自身。我们可以用稍有不同的方式来阐述同一个论点:教师不应该忙着应对教材本身,而应该关注教材与学生当下的需求、能力之间的配合。因此,教师只有学识是不够的。实际上,除非教师有惯常的态度,会关注自己的学识或已掌握的教材与学生自身经验之间的相互作用;不然,教师的学识或掌握的教材——就其自身来看——有些特征对有效教学反而有妨碍作用。首先,教师的知识极大地超越了学生所熟知的范围,涉及各种超越未成熟的学生的理解力和兴趣的原则。就其自身而言,教师的知识不能表现学生经验的生活世界,就像天文学家有关火星的认知,不能表现一个婴儿对他所处的房间的熟知一样。其次,成熟的学者对材料的组织方法不同于初学者。有人说,年轻人的经验是未经组织而杂乱的,是由分离的碎片组成的,这是不准确的。因为它是通过与直接的、实践的兴趣中心点相关联而被组织起来的。比如,儿童的家是他组织其地理知识的中心点,他自己在当地四处活动,也去海外旅行,还有他朋友的故事,为他提供了把各种信息知识结合起来的纽带。然而,对地理学家和发展了这些经验的人来说,他们组织的地理学是基于各种事实的相互关系,而不是基于他们与自己的房子、身体活动及朋友的关系。对一位饱学之士来说,材料是广泛的、被准确界定的,而且在逻辑上是融贯的;但对尚在求学的人来说,材料是流动的、局部的,是经由他个人的事务而被关联起来的。[①] 教学的问题,就是要

---

① 由于饱学之士还仍然是学习者,所以必须明白,这两者的差别是相对的,而不是绝对的。但是,至少在学习的前几个阶段,这些差异实际上是非常重要的。

使学生的经验沿着专家已知的方向向前发展。因而，教师必须了解教材，以及学生各种特殊的需求和才能。

2. 学习者的教材的发展

在不歪曲事实的情况下，我们有可能把教材在学习者的经验中的发展划分为三个十分典型的阶段。起初，知识作为才智能力的内容，即做事能力而存在。这种教材或已知材料的表现形式为对事物的熟悉或亲知。接着，这种材料通过知识或信息的交流，逐渐得到积累和深化。最后，这种材料被扩展，并被彻底地打造成理性或逻辑地组织的材料——比较起来，只有精通这一学科的专家才具备这些材料。

（1）人们最初接触到并根深蒂固地存留在心中的知识是有关"如何做"的知识：如何行走，如何说话，如何阅读，如何书写，如何滑冰，如何骑自行车，如何操控机器，如何计算，如何骑马，如何出售商品，如何管理人，诸如此类，不胜枚举。有人倾向于认为，适应于某个目的的本能行为是一种不可思议的知识，这种观点并不合理却很流行，从而表明人们有某种强烈的倾向把对行动手段的智性控制和知识视为同样的东西。学院式的知识概念只注意合乎科学地清晰表述出来的事实和真理，却忽略了其他的一切。如果教育受到这种知识概念的影响，不能认识到初始的或原初的教材只是作为涉及运用身体、处理材料在内的积极行事的材料而存在，那么，教育用的教材就脱离了学习者的需求和目标，成了只是学习者按要求记住、背诵的东西。相反，认识教材发展的自然过程，始终是从那些涉及从做事中学习的情境开始的。各种技艺和日常事务，对应的是知道如何着手实现目标的知识，形成了课程的最初阶段。

指称知识的通俗词语一直保持着与行动能力的关联，而这已被学院式的哲学理论丢失了。例如知道（ken）和能够（can）是同源词。"关注"（attention）意味着关照某物，既有喜爱它的意义，也有照料它的意义。"留意"（mind）意味着以行动来实行指导——比如一个孩子留意他母亲——以及照顾某物，比如一位护士留意婴儿。细心周到，考虑周详，意味着留心他人的诉求。理解（apprehension）意味着理智上的领会，也意味着对不好后果的担忧。具有很强的意识或判断力（good sense or judgment），就是知道在一个情境中所要求的举动；洞察力（discernment）不是为分辨而分辨，不是进行那种被人贬斥为吹毛求疵的练习，而是基于行为对事态有所洞见。智慧（wisdom）总是与对生活的适当指导分不开。唯有在教育中，知识主要指某些远离行事活动的信息储备，而在农民、水手、商人、医生或实验室的实验员的生活中，情况却从来不是如此。

当人们不得不以一种智性的方式应对事物时，就产生了亲知或熟悉。人们最为熟知的事物是他们经常使用的事物——泛泛而言，比如椅子、桌子、钢笔、纸张、衣服、食物、刀叉；而根据一个人在生活中所从事的不同事务，它们又被区分为更为专门的对象。在由"亲知"一词所提示的那种亲近而富有情感的意义上，有关事物的知识是指人们有目的地使用事物的过程中所沉淀下来的东西。人们频繁地用一个事物行事，或作用于它，由此就能预料它将如何起作用和如何反应——这就是亲历亲知的意义。人们对熟悉的事物有心理准备,它们也不会乘人不备、或出其不意。这一态度本身带有亲和或友善、轻松而有启发的意味,而人们不习惯于应对的事物,则是陌生的、外来的、冷冰冰的、疏远的和"抽象的"。

(2) 然而,关于知识初期阶段这一细致的论述,很可能扰乱人们的理解。其实,这个初期阶段的知识,包含了人们通过不经意的学习而习得的所有知识。各种模式有目的的行动,既包括与事物打交道的活动,也包括与人打交道的活动。各种交流的冲动和交往的习惯,必须适合于能够维持与他人之间的和谐关系,从而形成大量的社会知识。通过对这种相互交往的参与,一个人从别人身上学到了许多东西。他们讲述自己的经历,也讲述听闻的经历。如果一个人对这些交流感兴趣或投以关注,那么,与别人交流的东西也就成为他自身经验的一部分。与他人积极地联系,成为人们在关注事务的过程中密不可分、至关重要的一部分,因此,人们不可能划出楚河汉界,说出"我的经验到这里为止,那里开始是你的经验"那种话。在共同的事业中,人们彼此都是伙伴,他人与我们交流他们参与到这个事业的经验,这种经验便融入我们自己做事所产生的经验之中。耳朵、眼睛或手都是经验的器官,人们可以用眼睛来阅读报道,以便了解没有亲眼所见的事情。对人们来说,时空上遥远的事物与他们能闻到、摸到的事物一样影响着行动的实行。这些东西都确实与人们有关,所以,任何有关它们的描述,只要有助于他们处理手边的事情,都属于个人经验。

人们常常称这种教材为信息。交流在个人行事中所占的位置,为评估信息材料在学校中的价值提供了标准。这种信息材料是从学生所关心的某个问题中自然地发展出来的吗？它是否适合学生直接熟悉的知识，从而提高它的效力、深化它的意义？如果信息材料符合这两个要求，它就是有教育意义的。学生听到、读到多少，本身并不重要——如果学生对此有需要，而且能够应用到自己的某个情境中，那就越多越好。

然而，在实践中达成这些要求，并不像在理论上制定它们那样简单。现代交往领域的扩展，新设备的发明，使人们得以熟知遥远的天际、过往的历史事件，而用以记录和传播信息——不论是真正的信息，还是声称的信息——的装置，比如打印装置价格的下降，形成了数量巨大的可交流的材料。用这种材料去吞没学生，比起使这种材料融入他们的直接经验中去，要容易得多。而这种材料塑造的另一个陌生的世界，恰恰凌驾于个人亲知的世界之上，这种情况屡见不鲜。为了学校的目的，为了背诵和升级，学生不得不去学习这一陌生世界的各个部分。对当今大多数人来说，"知识"一词最显著的含义是指由他人所确定的大量的事实和真理，是图书馆书架上陈列着的一排排地图册、百科辞典、史书、传记、游记，以及科学论文中的资料。

这蔚为壮观、浩如烟海的材料，在不知不觉中影响了人们关于知识的观念。知识作为人们积极关心的问题的成果，积淀在陈述和命题之中；而这些陈述和命题，本身也被视为知识。知识既是探询的结果，也是进一步探询的资源；如果抛开这一定位，知识的记录也会被看作就是知识。人的心灵为它以前赢得的战利品所俘虏。这种战利品不是被当作人们向未知领域开战的武器，而是被用来禁锢知识、事实和真理的意义。

如果逻辑学家和哲学家也坚持把知识等同于陈述信息的命

题,那么,这一理想几乎支配着整个教育领域,就是意料之中的了。"学业课程"在很大程度上由分布在各种课业中的信息构成,每门课业又分成若干课,这些课则把所有积累的信息以一系列碎片的状态呈现出来。17 世纪,信息的储量尚少,因而人们尚有可能确立这样的理想,即对知识有百科全书式完整的把握。如今信息储存如此之多,显然,任何人都不可能把握所有储存的信息。然而,这个教育理想却没有受到多大的影响。学生要对每一门科目,或至少是选定的一些科目有所涉猎,取得相应的信息,依然是从小学到大学制定课程所遵照的共同原则。较为简单的部分被安排在开始几年的教学中,越往后,教学的东西就越难。

教育者抱怨说,学识并不塑造性格品质,也不影响行为举止。他们反对只凭记忆就能完成的作业,反对填鸭式的用功,反对靠蛮劲专注"事实",反对热衷于过分琐碎的划分和被误解的规则和原则。显然,这些主张都是从上述事态中引申出来的。一般说来,二手知识、他人的知识容易停留在言辞上。毫无疑问,信息是由语词来表达的,交流也必定通过语词才会发生,但所交流的东西如果不能被组织起来并融入学生的现有经验中,就沦为单纯的语词,成为缺乏意义的纯粹的感官刺激。这样一来,语词的作用就只是唤起学生机械的反应,培养他们使用发声器官重复陈述的能力、手写的能力或"计算"的能力。

所谓见多识广,就是消息灵通,就是自由地支配对有效处理问题、增加解决方案本身的意义所需要的材料。信息性的知识就是一个人在不确定的情境中,能够依靠的已知的、固定的、确定的、有把握的材料。它多少有点像使心灵从怀疑通向发现的桥梁,发挥着理智的中间人的作用。作为增强新经验的意义的中介力量,它以有效可用的方式浓缩记录了人类各种先前经验的最终成果。当一个人被告知布鲁图斯①刺杀了恺撒,或者一年有 365 又四分之一天,或者圆的周长和圆的直径之比是 3.1415……他所接受的是别人确实认可的知识,对他自己来说,却只是认识上的一个刺激。他对知识的习得,有赖于他对所交流的东西的回应。

3. 科学或理性化的知识

人们用科学来称谓知识的最典型的形式。就其程度而言,科学代表的是完美的学识成果——学识之登峰造极状态。在某一既定的情况下,已知的东西就是确定的、确实的、已决定的、已解决的东西,就是人们用来展开思考的出发点,而不是他们要思考的对象。知识在其崇高的意义上,不同于意见、臆测、推测,以及纯粹的惯例。在知识中,事物是确定的,即它们就是这样的,而不是别的样子。但是,人们凭经验就能意识到,在教材的理智确定性和他们的确定性之间是有差别的。可以说,人们天生适合信仰;自然容易轻信。未受规训的心灵不喜欢悬疑不定和理智的迟疑,而是倾向于作出断定。它喜欢事物未被扰乱、稳定不变,而且认为它们理所当然就应该是这样的。熟悉、公认的名声,以及与欲望的投合,都容易被用作为衡量真理的标尺。无知容易使人犯自以为是的毛病,它本身就是知识更大的敌人。苏格拉底曾经声

① 布鲁图斯(Marcus Junius Brutus,公元前 85? —前 42),罗马将军。——译者

称，认识到自己无知是有效地爱智慧的起点。而笛卡尔则宣称，科学源自怀疑。

材料、资料或观念的价值必须受实验的检验：它们本身就是试验性的、临时性的，我们已经对此进行了认真的探讨。人们对过早地作出认可和下定论的偏好、对悬置未定的判断的反感，是他们自然地趋向于简化检验过程的迹象。人们满足于肤浅而急功近利的应用，假如这些应用产生一些令人满意的结果，他们就认为自己的假定得到了确证。即便出现失利，他们也倾向于抱怨运气不好，或环境不适，而不归咎于自己的材料和思想不充分、不正确。出现坏的结果，人们也不是归咎于自己的方案有差错和对各种条件的探询（从而取得修正方案的材料、扩展对各种条件进行探询的刺激）尚不充分，而是责怪命运不佳，甚至不管自己是如何运用这些概念去解决问题的，而依然自鸣得意地坚持这些概念。

在人们与这些自然习性以及由此衍生的恶果相抗争的过程中，科学象征着护卫者。科学由各种专门的工具和方法所构成，借由它们慢慢地进行探索，人类才有可能在其流程和结果可检验的条件下进行反思。科学是人为的（一种习得的技艺），而不是自发的；是习得的，而不是与生俱来的。因为这一事实，科学在教育中占有独一无二的、无比尊贵的地位；然而，也正是因为这一事实，产生了使科学的正当使用有如临深渊的危险。如果一个人没有受过科学精神的启蒙，也就尚未掌握迄今为止人类为进行有效指导的反思所发明的最好的工具。这种情况下，他不但不能利用最好的工具开展探询和学习，而且不能了解知识的完整意义，因为他不知道哪些特性能使知识区别于意见及来自权威的信念。

另一方面，在技术高度专业化的条件下，科学标志着认识日臻完美，这一事实使科学的各种成果顾影自怜，从而远离了日常经验——人们通常会用"抽象"一词来称谓这种超然的品质。与其他形式的信息知识相比，当教育中出现这种隔绝状态时，科学知识更容易遭到如下的危险，即随机地向学生提供现成的教材。

我们已经以"探询和检验的方法"这个观点定义了科学。乍看起来，这个定义似乎与科学是经过组织的或体系化的知识这一时下通行的概念相对立。可是，这种对立只是表面上的；一旦这个定义变得完整，对立也就消失了。使科学得以被区别开来的界限，不是泛泛而言的组织性，而是通过充分的检验而形成的那种类型的组织性。一个农民的知识，在他所能胜任的程度上是系统化的，是基于用手段实现目的这样一种关系而被组织起来的，即通过实践被组织起来的。把培植农作物、饲养牲畜等活动组织成为知识（作为经过充分检验和证实的这种褒义层面上的知识），是偶然的。但是，科学的教材却明确地参照成功开展的发现活动以及作为专业化事业的认知活动而被组织起来。

参照相关科学的确证类型，上述论述便得以阐明。这是理性的确证——逻辑上的担保。因此，科学组织的理想是：每个概念、陈述都应该从其他概念、陈述中得出，因而也能推导出其他的概念、陈述。诸概念、命题彼此之间相互蕴含，相互支撑。"推导且确证"这一双重关系，也就是"逻辑的"和"理性的"这两个术语的意思。水的日常概念，要比化学家对水的观念更适合用在饮用、洗涤、灌溉等日常用途上。但是，从在探询中的地位和用途这个角度看，化学家把水描述为 H_2O 更胜一筹，因为他把水与其他事物的知识关联起来，说明关于水的知识是如何得出的，它与有关事物构成的其他知识有哪些关系,并以此而描述了水的本质。严格说来,它没有展示关于水更多的客观关系,如水是透明的、液态的、无臭无味的、适宜解渴的,等等。水具有这些关系,与它由两个氢原子和一个氧原子结合而成一样,都是真实的。然而,从为弄清事实而展开发现活动这一特殊目的出发,后者表达出来的那些关系是根本性的。一个人越是注重组织性为科学的标志,就越会坚持方法在科学的定义中是第一位的,因为方法界定了科学之为科学的特殊的组织类型。

4. 教材的社会性

我们将在接下来的几章中讨论学校活动和课业,并把它们作为已讨论过的知识演化过程中相继的诸阶段,因为前面的评论主要关注教材的理智方面,因而需要对教材的社会性补充说几句。即使在至关重要的知识中,在与真正的问题相关、为目的所驱动的那种资料和观念中,也存在着深度和广度上的区别。因为各种目的的社会范围不同,各种问题的社会价值也不同;因为在教育中有广泛的材料可供人们选择,因此,对教育(尤其在它极为不专门化的所有阶段)来说,重要的是采用社会价值作为自己的标准。

一切信息知识和系统化的科学材料都是在社会生活的条件下被创造出来的,都是通过社会手段得以传播的,但这并不能证明,就塑造社会成员的性情倾向和提供他们以能力储备的目的而言,一切材料的价值都是相等的。一个课程方案必须考虑让课程适合现有共同体生活的需求;必须带着改善共同生活的意图来挑选课程方案,从而使未来比过去更美好。此外,还要首先考虑基础要素,其次考虑提高改进,然后再考虑设计课程。就社会性而言,根本的东西是与群体最广泛地共享的经验有关的东西,即基础要素。代表特定群体需求和专业事务需求的东西是次要的。这个说法是有道理的:教育必须首先是人类的,之后才是专门的。然而,说这句话的那些人头脑中所想的"人类的"一词,往往只是指特定的阶层,即维系古典传统的饱学之士者的阶层。他们忘记了,教材必须与人之为人的共同兴趣相关联,才真正是人类的。

为了维系自身,民主社会特别依赖于在制定学业课程的过程中使用宽泛的人类的标准。如果出于狭隘的功利主义的目的而为大众教育选择教材,对少数人接受的高等教育则采用特定的有教养阶层的传统,那么,在这样的文化土壤中,民主是无法兴盛起来的。有人认为,基础教育的"基本要素"就是机械的读、写、算。显然,这个观念出于对达成民主理想所需的基础要素的无知,不知不觉地假设这些理想是无法实现的;并假定不论过去或未来,谋求生计,"维持生活",对大多数男女必然意味着做事,尽管这对做事的人来说是不重要的,也不是自愿地加以选择的。何况,做这些事情的人也不能使自己变得高贵,因为他们认识不到某些目标,只是为金钱的回报而在他人的指示下做这些事情。只有把教育看作为了且只为了大多数人过这种生活而做准备,提高他们读、写、拼写和计算的机械效率,使某些肌肉的活动具有灵活性,才是"基础要素"。这样的状况也把不自由感染给了所谓的自由教育,它们多少意味着某种寄生性的培养,而这种培养是以牺牲由共同关注人类最深刻问题而产生的启蒙和规训为代价所换来的。凡是承认教育具有社会责任的课程,必须把下面的情境呈现给学生,这些情境中的问题都与共同生存的问题相关;让学生进行观察和互通信息,都是为了发展学生的社会洞察力和社会兴趣。

概要

　　用于教育的教材,主要由为当下社会生活提供内容的各种意义组成。社会生活的连续性意味着,这些意义中的不少内容是从过去的集体经验中总结出来而有助于当下活动的。社会生活变得越来越复杂,这些因素也随之变得越来越多、越来越重要。为了把它们尽可能完整地传递到下一代,必须进行特别的选择、明确陈述和组织。然而,在这一过程中,人们常常把教材设定为某种撇开未成熟者当下经验而具有独立价值的东西。尤其是教育者还面临这样的诱惑,即把自己的任务设定为让学生有能力掌握教材、按规定的陈述复述教材,而不顾及把教材组织进使学生发展成社会成员的各项活动之中。如果年轻人从有社会源头和用途的积极作业开始学习,把经验丰富的人所传达的观念和事实吸纳进自己的直接经验中,继而对相关的材料和规律形成科学的洞见,那么,就可以把上述积极的原则保持下去了。

第十五章　课程中的游戏与工作

1. 积极作业在教育中的地位

学业课程在上一代人那里经历了相当大的修正，究其原因，部分是因为教育改革者的努力，部分是因为对儿童心理学领域兴趣的增强，部分是因为课堂上的直接经验的影响。人们希望从学生的经验和能力开始且以此为出发点——这是从上述三个方面得到强化的一个教训，这个愿望使人们在游戏和工作中采用与儿童、青少年所参加的校外活动相似的活动形式。传统理论中所说的一般的、现成的功能，已经被现代心理学以某些复杂的本能和冲动的趋向所取代了。经验表明，如果儿童有机会在身体活动中把自己的自然冲动运用在游戏中，上学就是一种乐趣。这样，教师管理学生不再是负担，而学生的学习也会变得轻松一些。

人们有时只是为了这些理由，为了强调从"常规的"学校作业的乏味和重负中解脱出来，才求助于游戏、运动和建设性事务。然而，没有任何理由只把它们当作宜人的娱乐活动。对精神生活的研究表明，探索、利用工具和材料，构建、表达欢快的情绪等天然趋向，具有根本性的价值。如果这些由本能引起的活动是学校常规大纲的一部分，所有的学生都可以参与，那么，校内和校外生活之间人为的鸿沟也就缩小了，对具有教育意义的各种材料和程序的关注也就获得相应的动机，社会环境中产生信息知识的合作性联合也得以形成。简言之，在课程中对游戏和积极作业作出明确定位的根据是理智的、社会性的，不是权宜之计和暂时求全。没有这类东西，就不可能保障有效学习的常态；也就是说，不能保障学习知识是自身有目的的活动自然发展的结果，而只是得益于学校下达的任务而已。更明确地说，游戏和工作与认知初期阶段的特征是相应的，正如我们在前一章所说，这些特征在于学习如何做事，在于熟知那些在做事过程中习得的事情和程序。直到意识哲学兴起前，在希腊人中，"τεχνη"既用来指称技艺（art），也用来指称科学（science），这一点是富有启发性的。柏拉图基于对鞋匠、木匠、乐手等知识的分析，指出他们的技艺（就此而言，它不只是常规例行的）都涉及有相应的目的、精通被加工的材料或素材、操控用具，并有步骤明确的操作程序——要拥有智性的技能或技艺，就必须懂得这一切。由此，他给出了他对知识的论述。

儿童通常在校外进行游戏和工作，在很多教育者看来，这无疑解释了为什么儿童在校内的时候，应该做与校外截然不同的事情。儿童在学校里的时间非常珍贵，不该让他们在重复自己会做的事情上浪费时间。在有些情况下，这一理由似乎很充分。比如在开创时代，户外作业提供了理智和道德上确定的、有价值的训练。另一方面，那时候，人们很难接触到书本以及与之相关的东西，而它们正是人们借以从狭隘而粗陋的环境中摆脱出来的唯一途径。只要出现这样的状况，主张把学校活动聚焦在书本上的理由就会很多。但是，在大多数现代社会中，情形则完全不同。年轻人，尤其是城里的年轻人所从事的工作，在很大程度上是反教育性的。防止童工成了社会责任，这就证明了上述论点。另一方面，印刷品降价到能够普及流通的程度，培养理智的各种机会大大地增加了。因此，陈旧的、依靠书本的工作已经不再拥有它原有的力量了。

然而，值得注意的是，在大多数校外的环境里，游戏和工作的教育结果只是副产品，即是附带的，不是主要的。因此，获得教育性的发展多多少少是偶然的,许多工作带有当今工业社会的缺点,对年轻人的发展造成了消极的影响。游戏既容易重复和坚持周围成人生活中的优越之处,也容易重复和坚持其中的粗陋之处。显然,构建以促进青少年精神和道德成长为目的进行游戏和工作的环境,这是学校的职责。当然,对学校来说,只引进游戏、运动、手工劳作和体育锻炼是不够的,一切都取决于这些活动是如何得到应用的。

2. 可用的作业

只要浏览一下哪些活动已经在学校里开展起来,就会发现,这是一个多么丰富的领域。有运用纸、卡纸板、木材、皮革、布、纱、黏土和沙的劳作,也有运用金属的劳作。有些活动使用工具,有些不使用。学生参与的工序有:折叠、剪切、刺扎、测量、铸造、塑模、制模、加热和冷却,以及使用诸如锤子、锯子、锉刀等工具的典型操作手法。除了数不胜数的各种游戏和运动之外,还有户外远足、园艺、烹饪、缝纫、印刷、装订书本、编织、喷漆、画图、歌唱、编戏剧、讲故事、阅读和写作。它们作为带有社会目标(不是为了未来使用,而是纯粹练习以习得技能)的积极事务,代表了作业的不同模式。

教育者的原则是让学生投入这些活动,通过这些活动,他们不但获得手工技能和技术效能,在工作中得到直接的满足,而且为以后运用这些技能做好准备。然而,这些活动必须从属于教育,也就是说,从属于各种智性的结果和某种社会化倾向的形成。那么,这一原则究竟意味着什么呢?

首先,这一原则取消了某些行动。遵照明确的惯例和命令进行的活动,或者不带修正地重复现成范本的活动,能够锻炼学生肌肉的灵活性;但并未要求学生精心地制定目的并理解它,也不允许学生运用自己的判断能力去选择和调整手段(两种说法说的是同一回事)。不只是我们特别提到的手工训练在这方面犯错,传统幼儿园中的许多练习同样犯错。实际上,有犯错的机会应该成为附带的要求,这不是因为错误是可取的,而是因为过度地挑选材料和用具以防止任何犯错的机会,不但会束缚学生的主动性,把他们的判断力减弱到最低点,还会强迫他们采取完全脱离复杂生活情境的方式,从而使获得的东西没有任何实际用途。确实,儿童很容易夸大自己的执行力,选择超出自己能力的项目,然而,知道能力的界限也是儿童必须学习的东西之一。就像学习其他东西一样,儿童是通过经历某些活动的相应后果而学到的。这里存在的危险是:儿童从事的项目也许过于复杂,从而被搞得混乱不堪,这不但造成不成熟的后果(还算小问题),而且会使他们习得不成熟的标准(这才是重要的问题)。可是,如果学生没有及时发觉自己的表现有不当之处,从而刺激自己努力地去练习,以改善自己的能力,这就是教师的过错了。同时,更重要的是让学生保持一种有创造力的、有建设性的态度,而不是通过让学生从事极为琐细、管制甚严的那些工作来保障外在的完善。只要在学生的能力范围之内,则可以要求他们在复杂的工作中注重精准和完善细节。

对于学生天然经验的无意识的怀疑,以及随之而来过度的外在控制,既体现在教师的指令中,也体现在提供给学生的材料中。对原材料的担心,在实验室、手工训练车间、福禄培尔式的幼儿园,以及蒙特梭利式的儿童机构中,比比皆是。教师所要求的材料都是用心加工过的;这个要求既体现在学校课本的知识中,也体现在积极作业的教材中。确实,这种材料会控制学生的操作活动,以免发生错误。然而,认为学生用这样的材料进行操作,能吸收一些原初人们塑造这些材料的智力,这种观念是错误的。学生只有从天然未加工的材料着手,有目的地处理它,才能获得体现在精巧的材料中的智力。实际上,过分强调已成形的材料,会导致对数学性质的夸大,因为学生对物理事物的研究,对有关它们大小、形态、比例,以及由它们而来的关系问题的研究,有利于他的理智的发展。但是,只有当学生根据要求他们注意这些性质的目标而开展活动从而洞察到它们时,才能认识这些性质。而目标越合乎人性,或目标越接近日常经验需求的目的,知识也就越真实。如果活动的目标局限于探知数学的性质,由此获得的知识就只是专门化的知识。

同样的,这个原则的另一种表达方式,即积极作业应该关注整体。但是,就教育目的而言,所谓整体并不是物质性的事务。理智地看,整体的存在取决于某种关切或兴趣,它是从质上来说的,是某个情境所需要的完整性。不考虑当下目标而过度热衷于塑造学生的有效技能,这一点始终表现为脱离目标而规划学生的练习。实验室的工作必须包括的任务,被安排为以获得物理学基本知识为目标而进行的精确测量,而不考虑使这些知识与重要的问题相关联,也不考虑旨在为操作实验仪器提供便利的活动。这种技术是独立于发现和检验的目标而被习得的,但唯有这种发现和检验的目标,才赋予这一技术以意义。幼儿园的工作目的在于教给儿童有关立方体、球形等的知识,并塑造儿童处理材料的一定习惯(因为所有的事情必须被做得"正是如此");至于更富有活力的目标的缺失,可以由所使用材料的象征性来补足。手工训练被简化为一系列布置好的作业,目的是让学生一项接一项地学会掌握工具和各种构建要素——如各种关键之处——的专门能力。这一观点假设学生们无法在制作东西的过程中学会使用工具,因而强调学生在动手制作东西前必须先知道如何使用工具。虽然裴斯泰洛齐(Pestalozzi)出于正当的理由,坚持以积极使用感官来取代强记字句,但也留下了各种"实体教学课"的方案;试图通过这样的课程,使学生熟知所挑事物的所有性质。这里所犯的共同的错误是:假设在理智地使用事物之前,必须先了解它们的属性。实际上,在理智地(亦即有目的地)使用事物的过程中,感官也得到了运用,因为就目标的实现来说,被感知的性质正是有待应对的因素。比如,一个男孩制作一架风筝,他必须考虑木材的纹路以及其他的属性,考虑风筝的尺寸、角度和各部分的比例。另一个学生上了一堂有关木材的实体教学课,木材的特有功能和各种属性是这堂课的教材。必须注意,这两个人的态度是不同的。

情境的功能发展,若是就以心灵为目的,就构成了一个独立的"整体"。如果不注意这一点,会导致教育中盛行的有关教学中简单的东西和复杂的东西的错误观念。对于应对一门学科的人来说,所谓简单,是指他的目标。不论实行的过程多么复杂,他都希望把材料、工具或技术程序付诸某种用途。正是这个目标统一体及它对必备的细节的专注,使它在行动过程中必须应对的各种要素变得简单了。它根据每个要素在为延续整个行动过程中所作的贡献，为它们各自提供了单独的意义。完成这个过程之后，构成的性质和关系就成了要素，它们各自拥有自己的明确意义。刚才提及的错误观念是从专家的立场表达出来的。对专家而言，这些要素是确实存在的；他们把要素与有目的的行动隔离开来，作为"简单的"东西呈现给初学者。

不管如何，我们现在要进行正面论述了。除了表明学生要做的事情不是课业，积极作业的教育意义还在于，可以象征各种社会的情境。人类共同关注的基本事务，围绕食、住、衣、家用设备，以及与生产、交易、消费相关的用具。这些东西既代表生活的必需品，也代表包装必需品的装饰物，因而它们在深层次上开掘人的本能，渗透着具有社会性质的事实和原则。

园艺、编织、木工、金工、烹饪等各种活动，把人类关注的上述基本性的事务转化为学校资源，其价值是让学生学会谋生。如果对这一点横加指责，那就没有抓住重点。如果众人发现其工业事务一无是处，只有恶果，而为了维持生存又不得不忍受，那么，问题不在于工业事务，只在于它得以维持的各种条件。在当代生活中，各种经济因素的重要性越来越大，因而教育就更有必要揭示它们的科学内容和社会价值。因为在学校里，从事这些作业不是为了获得金钱，而是为了实现这些作业本身的意义。这些作业能够摆脱外在关联和挣钱的压力，提供具有内在价值的各种模式的经验，因此，它们在本质上真正是具有解放性的。

比如，传授园艺，既不必出于为未来培养园丁的目的，也不必把它当作一种惬意的消磨时光的方式。它让人们由此得以了解农耕和园艺在人类历史上以及当下社会组织中所占的地位。在一个受教育控制的环境中开展农耕和园艺，是用来对种植的各种事实——土壤的化学过程，阳光、空气和水的作用，以及有害、有益的动物生活等——进行研究的手段。植物学的基础研究中，没什么东西不能与照料种子的成长真切地联系起来。这种教材不属于所谓植物学的独特研究的范围，而是属于生活的，此外，它还与土壤的各种状况、动物生活以及人类的关系有自然的关联。随着学生们的成长成熟，在他们最初对园艺的直接兴趣外，还会逐渐关注以发现为目的而探索的各种问题，即植物的萌芽和营养、果实的产出等相关问题，由此转而从事深入的理智研究。

我们打算用这个例证来说明学校的其他作业——木工、烹饪以及上面罗列的所有作业。在人类历史上，各门学科都是从实用的社会作业中逐渐产生出来的。注意到这一点，是切合我们要讨论的主题的。物理学是从对工具和机器的使用中逐步发展起来的，而被公认为物理学重要分支的力学，它的名称就表明了它起初与机械是相关联的。杠杆、轮子、斜面等都曾经是人类最初的伟大的理智发现，它们现在仍然是理智的发现，因为它们是在寻求实现各类实际目的的手段的过程中产生的。上一世纪电学的长足进步，与应用电力服务于交流、运输、城市与房屋照明，以及更经济地生产商品息息相关，两者互为因果。这些都是社会的目的。如果说它们与个人私利的观念联系太紧密，那不是因为本身的问题，而是因为它们被转向私人用途。因此，学校有责任在下一代人的头脑中恢复它们与公众科学、社会利益之间的联系。同样，化学是从染色、漂白、金属制造等过程中产生出来的，而当今时代又发现了化学在工业中有数不胜数的新用途。

今天，数学是高度抽象的学科，但是，几何学在词源上是指土地的测量。发明数字，起初是为了用计数的方式来记录事物及测量的目的,如今数字在这些方面的实际使用比当初那个时候重要得多。这样的考虑(在任何科学史上,都有许多这样的例证),不是要再现人类历史,或是让历史停留在早期经验法则的阶段上。它们表明,把积极作业用作科学研究的契机,具有很大的可能性,而这种可能性空前之大。不论从全体人类以往的生活看,还是从未来的生活看,就社会方面来说,这种机会都是同样大的。小学生学习市政学和经济学最直接的途径,是思考工业在社会生活中的地位和功能。甚至对较年长的学生来说,如果社会科学较少地被当作科学来对待(即较少地被当作明确阐述的知识体),而更多地见诸学生参与的社群日常生活中的直接教材,那么,其抽象性和形式化程度会相应地降低。

作业和科学方法的关联,至少与作业和教材的关联一样紧密。在科学进展缓慢的时期,学者们尤其蔑视那些与手工事务相关的日常生活的材料和程序。因此,他们使用逻辑推理,竭力从一般原则,即几乎就是从他们的头脑中发展出来的知识。学识应该来自对物质性事物的作用,以及用物质性事物开展的活动。比如,观察在石头上滴上酸后会产生什么现象。这看起来很荒谬,好像学识应该来自用涂蜡的线穿在锥子上,去刺透一张皮革一样。但是,实验方法的兴起表明,假设条件受到控制,那么,后者的活动比起孤立的逻辑推理来,是更典型的正确的认知方式。实验是在 17 世纪以来的几个世纪里发展起来的,那时候,人们的兴趣围绕着控制自然使之为人类所用的问题上,因而它成为公认的认知方式。积极作业是为了产生有用的变化而使用工具应对物质性的事物,这是实验方法最至关重要的入门。

3. 工作和游戏

我们所谓的积极作业，既包括游戏，也包括工作。游戏和勤勉，就它们内在的意义而言，决不像平常所设想的那样，是背道而驰的。如果说它们之间存在任何对立的话，都是由于不适宜的社会条件所造成的。两者都涉及自觉地加以接受的目的，并为了实现所期待的目的而选择、调整材料和程序。两者的差别，在很大程度上是时间间隔上的差别，影响到手段和目的关系的直接性。在游戏中，兴趣更为直接，人们常常用"在游戏中，活动本身就是目的，不存在进一步的结果"这一说法来表达这个事实。这种说法是正确的，但如果由此认为游戏活动是瞬间的，没有任何展望未来的要素，没有任何追求的要素，那便是误解了。比如，狩猎是最普通的成人游戏，但谁都不会否认，它也存在着预见以及根据狩猎者注视的猎物来指导当下的活动。瞬间的行动就其本身来说是完整的，在这个意义上，如果一个活动以它自身为目的，就只是身体活动，而不具有任何意义（见第 94—95 页）。一个人完成这些动作，要么是盲目的，只是单纯的模仿；要么处于兴奋状态，耗费了心神。在幼儿园组织的一些活动中，这两个结果都可以被发现，然而，只有成人才能意识到，幼儿园里的游戏观念具有高度的象征意义。如果儿童不能成功地拥有自己的观点，他们要么被催眠般茫然地动来动去，要么只是对直接的兴奋性刺激作出回应。

上述的要点在于，在侧重后续行为的指导性观念这个意义上，游戏有一个目的。做游戏的人，不只是在做某事（单纯的身体活动），而是设法做某事或设法达成某事，这种态度涉及刺激他们当下回应的那些预先的展望。然而，与其说预料的结果是事物中某个特定变化的产物，毋宁说是一个后续行动。因此，游戏是自由的，而且是可塑的。只要出于对某种明确的外在结果的渴望，就不得不坚持这个目的；而且所预期的结果越复杂，就越要坚持，而这种对目的的坚持需要一系列中间调整以适应目的。如果所预期的行为是另一种活动，就没有必要展望得太远，以便能够按照相应的情况调整它。如果一个儿童在制造一艘玩具船，他就必须坚持这个目的，并根据这个观念指导自己的行为。如果他只是"玩船的游戏"，几乎可以任意地改变造船的材料，引入他的想象所发现的新因素。只要椅子、石块、叶子、碎片这些东西有助于推进活动的进行，他的想象力就会使其意愿的东西得到实现。

但是，从人类的早期发展来看，并不存在专门的游戏活动和专门的工作活动两者的区分，而只有侧重点的不同而已。对某些结果，甚至年幼的孩子也是渴望的，并设法去实现它们。不说别的，单凭他们对分担成人事务的热切兴趣，也能够实现这些目的。孩子们想要"帮忙"，渴望从事那些造成外在变化的成人事务，例如摆餐桌、洗盘子、帮助照料动物等。在游戏中，他们试图制造自己的玩具和用具。随着他们的成长，他们对不能把切实有形的成果反馈给自己的活动渐渐失去了兴趣。由此，游戏变成了嬉闹戏谑。如果个人惯常地沉溺于此，就会变得颓废。要使人们意识到自己的力量，并对此有所衡量，对外部结果的观察是必要的。当人们认识到伪装就是伪装时，单纯在想象中模拟对象的方式就太简单了，难以激发他们激烈的行动。只要观察一下正在做游戏的孩子脸上的表情，就会发现他们持以全身心投入的态度。一旦事物无法提供足够的刺激，这种态度也就难以为继了。

当人们预知到具有明确特征而相当遥远的结果，并为实现这些结果付出持之以恒的努力时，游戏就转变为工作。工作和游戏一样，意味着有目的的活动；两者的差别不在于工作附属于某个外在的结果，而在于由于某个结果的观念而导致更长的活动过程。工作对人们进行持续注意的要求更高；他们在选择和塑造手段时，也需要展现出更多的才智。进一步展开这方面的论述，就要重述我们在目标、兴趣和思维这个主题下说过的东西。但是，探讨下面这个问题，即对工作来说，为什么一个活动从属于某个未来的实质性结果的观念会如此流行，并不是不切题的。

一个活动从属于某个未来的实质性结果的极端形式是苦役，它给我们的启示是：在有外在压力或强迫的条件下进行活动，并不是为了这种活动所具有的任何意义而开展的；活动的过程本质上并不令人满意，只是为了逃避某种惩罚，或者最终获得某种奖励的纯粹手段。忍耐一种让人反感的东西，其目的是避开更让人反感的东西，或者获得掌握在他人之手的利益。在经济不自由的条件下，这一情况必然存在。工作或勤勉难以触动情感和想象力，它只是一连串机械的操劳。一个人只有受制于完成工作的目的，才能坚持不懈地工作。但是，目的应该是行动内在固有的，目的应该是行动的目的，是行动过程的一部分。这样一来，人们之所以努力，是由目的激发的，而不是基于与行动毫不相干的结果。诚如我们已提及的，学校里不存在经济压力，这就使学生有机会在为作业本身而进行作业的条件下，重现成人生活的工业情境。在某些情况下，如果金钱意识也成了行动的原因，即使行动的主要动机不是为了金钱，也可能增强这一事务的重要性。

只要做事接近于做苦役，或者必须执行外在强加的任务，那么，对游戏的需求就持续着，只是这种需求容易误入歧途。常规的活动进程无法为情感和想象力提供足够的刺激。因此，在休闲时间中，人们迫切需要通过某些手段获得对它们的刺激，甚至可能会依靠赌博、喝酒等等。或者在不那么极端的情况下，依赖虚度时光的娱乐、欢乐一时的消遣。休闲，就像这个词本身所表明的，是指精力的恢复。人性中没有什么需求比休闲更紧要、更无法回避。显然，以为休闲的需要可以被压抑的观念，绝对是一个谬误。由于清教徒的传统不认可休闲的需要，由此酿成了许多恶果。如果教育不为有益健康的休闲提供机会，不训练寻求和发现休闲的能力，被压抑的本能便会以各种不正当的途径释放出来，有时采用公然外显的途径，有时限于想象中的放纵。充分提供休闲娱乐的乐趣，是教育中最为严肃的职责。从可能性上来说，休闲不只是为了直接当下的健康，更重要的是，它对心灵习惯的持久影响。艺术再度证明，自己是符合这一要求的。

概要

在前一章，我们发现，认知的基本材料包含在学习如何直接做事的过程之中。这条原则对应于教育，就是要始终如一地使用简单的作业，而这些简单的作业诉诸青少年的能力，并象征社会活动的一般模式。技能和关于材料、工具、能量定律的信息，在为活动本身而开展活动的过程中被习得。这些活动所具有的典型的社会性，为人们获得技能和知识提供了一种性质，也即让它们能转换到各种校外的情境之中。

重要的是,不能把对游戏和工作所作的心理学划分,与对它们所作的经济学划分混淆起来。从心理学角度看,游戏的决定性特征既非乐趣,也非无目的。游戏中的目标更多地被认作同一层面上的活动,而不是根据所产生的结果去决定行动的持续。随着活动变得越来越复杂,人们对所得的具体结果越来越关注,它们便获得了额外的意义。因此,它们渐渐转变成工作。人为的经济条件常常把游戏变成刺激富人做事的闲散活动,而把工作转变为穷人不感兴趣的劳动。除此之外,游戏和工作同样都是自由的,而且都具有内在的动力。从心理学角度看,工作完全是自觉地把对后果的考虑作为一部分而纳入自身的活动中,但如果这些后果外在于活动,就好像后果是目的,而活动只是实现目的的手段,那工作也就变成了强制性的劳动。始终充满游戏态度的工作是艺术——即使在传统中不是这样称呼它,在性质上依然是艺术。

第十六章

地理与历史的重要意义

1. 基本活动的意义的扩展

纯粹的身体活动与这一活动所承载的丰富意义是有区别的，没有比这个区别更为显著的了。从外部行为看，一个天文学家和一个小男孩用望远镜观察天空，并没有什么差别。无论在哪一种情况中，都有镜片和金属制品、眼睛和远处的小光点这样一些东西。但是，在某个关键时刻，天文学家的活动可能涉及对世界起源的理解，他观察到的有关星空的现象或许是非常重要的。从物理上看，在始于蒙昧时期的演化过程中，人类对地球的影响至多只能说在地表上留下了划痕，相隔一定的距离后就感觉不到这些划痕了，而这个距离在太阳系的范围内是微乎其微的。然而，就人类活动的意义而言，人类所实现的成果恰恰可以衡量文明与蒙昧之间的差别。从物理上看，尽管人类的活动略有变化，但与附着于这些活动中的意义比较起来，这种变化是微不足道的，而一个活动可能拥有的意义是不可限量的。它取决于活动所处的、已被感知到关联的那个情境，而在这些关联的实现过程中，想象力可能触及的范围是无止境的。

人类活动在使用和发现意义上所具备的优势，使人类教育不同于制作工具或训练动物；后者提高效率，但不提升意义。比如，在教育上，前面一章探讨的游戏和工作中的作业的决定性意义在于，它们为扩展意义提供了最直接的手段。如果这些作业在适当的条件下进行，它们就能像磁铁一样凝聚、保存无限丰富的理智上的成果。它们提供了接纳和吸收信息知识的重要枢纽。如果信息知识只是出于自身而被保存下来并提供给人们，就容易超脱于活生生的经验之上。只要信息知识作为要素进入以自身为目的的活动，无论作为手段还是目的，其内容的拓展都是有利于增长见闻的。由此，直接获得的洞见与来自传闻的东西融合在一起，个体的经验就能够在不断的溶解中吸收和保持他所属群体的经验的最终结果——包括在漫漫的时间长河中所承受的艰难考验的结果。这一过程没有固定的饱和点，即不可能到哪一点就再也不能吸收了。吸纳得越多，进一步吸收的容纳力就越强。新的接受能力紧随着新的好奇而来，而新的好奇又紧跟着获得的信息知识而至。

不言而喻，各类活动所承载的意义都涉及自然和人类，但这一见解对等地被转化到教育上时却获得了新的意义。在教育上，它意味着地理和历史提供的教材使那些行动和技能获得了背景概况和理智的视角，以免蜕变成狭隘的个人行动或纯粹的专门技能。人们把自身的各种活动放在时空关联中定位的能力每提高一步，其活动的重要内容也随之而增长。他们通过在空间上以外来居民的视角来发现一个地方的生活场景，在时间上以继承者的身份继续奋斗，意识到自己是相当好的城市公民。因此，人们的日常经验不再是瞬间的东西，而获得了不朽的本质。

如果地理和历史是作为现成的课业来教授，个人是因为被送去学校，才不得不学习它们，那就很容易发生这样的情况，即他学习的大量东西都是与日常经验相分离的，甚至是不相容的。于是，他的活动被分裂了，产生了两个分离的世界，它们各自独立地开展活动。没有任何转变发生；日常经验没有因为获得关联而在意义上有所扩展，所学的东西也没有经由参与当下直接活动而充满活力并变得真实。日常经验原本虽然有限，但却生气勃勃。可如今,日常经验不仅没有被原封不动地保留着,反而在某种意义上失去了对细微迹象的可变性和灵敏度;它被大量未被理解的信息知识弄得不堪重负,陷入困境。它失去了灵活的回应力,失去了增加意义的热情。缺少直接的生活兴趣,纯粹堆积信息知识,会让心灵僵硬并失去弹性。

所有为了自身而进行的活动往往会延伸而超越其当下的自身。它不是被动地等待人们给予它信息知识,从而提升它的意义;而是主动地去发掘信息知识。一个人的好奇并不是偶然、孤立地产生的;既然经验是活动着、变化着的东西,涉及与其他东西的各种关系,好奇就是这一事实的必然产物。好奇只是趋向于使这些条件变得可感知。教育者的职责就是提供让经验得以延伸的环境,从而使它得到丰富的回馈,并不断地保持其积极性。在某种特定的环境中,一个活动可能受阻,以致它自然增长的唯一意义在于其直接切实的结果。一个人可以进行烹饪、锤打或行走等活动,所导致的后果可能并不比烹饪、锤打、行走——在字面意义或物质意义上——的后果更能促进心灵的发展。然而,尽管如此,这种行为的后果仍然意义深远。走路涉及位置的移动和地面摩擦的反作用,只要有物质,就能感受到地面的震动。它牵涉到四肢和神经系统的组织结构,牵涉到力学原理。烹饪就是使用热和水蒸气来改变食材的化学关系式,它关系到食物的吸收和身体的生长。科学上的饱学之士,他在物理学、化学、生理学上最大限度所知道的东西,也不足以使所有这些后果和联系变得可被感知。我们重申一遍:教育的任务是确保各项活动是以这样的方式、在这样的条件下进行,即尽可能让这些状况变得能为人所理解。"学习地理",就是要增进对平常行为的空间的、自然的关联的感知能力;"学习历史",实质上就是要获得平常行为与人类关联的认识能力。因为所谓地理,作为一门得到明确表述的学问,只是大量的事实和原则的集合,这些事实和原则在他人关于人们生活的自然媒介环境的经验中都已被发现,只要把它们联系起来,就能解释人们生活中的许多具体行为。历史也同样如此,它作为一门得到明确表述的学科,只是一堆有关社会群体的各种活动和苦难的已知事实的集合,人们自身的生活是这些活动和苦难的延续,而通过与这些事实的联系,他们可以阐明自己的习俗和制度。

2. 历史和地理的互补性

历史和地理——地理包含了解自然,我们稍后会提到这个理由——是学校中关于信息知识最主要的课业。审视其材料和使用它们的方法表明:这种信息知识要么渗透到生活经验中,要么只是单独地堆砌起来,两者之间的差别取决于这些课业是否忠实于人与自然的相互依赖,这些课业的正当性就是由这种相互依赖性所提供的。但是,如果教材只是因为按照惯例要教师教学生学的东西,才被认作适合的教育材料,那么,就存在着很大的危险。有一种哲学观点对此解释道,材料在相应的经验转化中有作用,这一哲学观点是徒劳的幻想,或者在维护已完成的事情时夸大其词。"历史"和"地理"只是意味着,二者是传统上被认可的学校材料。这种材料数量庞大,种类多样,阻碍人们试图去探索它真正代表了什么，以及如何传授它，才能让它完成在学生的经验中的作用。但是，如果认为在教育中有统一的社会方向的这一观念不是闹剧般的借口，像历史和地理这样在课程上很重要的科目必须代表真正的社会化、理智化经验发展中的一般功能，那么，对这个功能的发现，必须当作检验和筛选所传授的事实和所使用的方法的标准来使用。

关于历史和地理教材的功能，我们已经论述过了。这些教材的功能，是通过为更直接的和个人的生活交往，提供情境、背景和观念来充实和解放它们。尽管地理侧重的是自然方面，历史侧重的是社会方面，但它们只是对共同主题——人类联合生活的侧重点不同而已。这种联合生活，包括它的尝试、它的方式和手段、它的成败，都不是悬在空中发生的，也不是在真空中发生的。它发生在地球上。这一自然环境与社会活动的关系，不同于戏剧表演的场景与一出戏剧演出的关系。自然环境参与了对历史上诸多社会事件的构造，它是社会事件的媒介环境。它提供原初的刺激，设置阻碍，供应资源。文明是对自然各种不同能量逐渐累进的掌握。对历史的研究——代表着人类对这个方面的侧重，而对地理的研究——代表对自然一方的侧重。假如忽略这两者彼此依存的关系，那么，历史就会沦为年代表，上面附着目录，贴着"重要"事件的标签，或者变成文学幻想——因为在纯文学的历史中，自然环境不过是戏剧场景而已。

当然，在自然事实与社会事件的对应联系及其相互作用的后果上看，地理具有教育的影响。按照古典的说法，地理把地球作为人类家园加以叙述，这个说法表明了教育的现实性。然而，与揭示具体的地理教材对人类至关重要的影响比较起来，给出这样的说法还是比较容易的。人类的居住、事务、成败，都为把地理资料纳入教材提供了理由。但是，要让这两者融合在一起，需要见多识广、富有教养的想象力。一旦维系两者的纽带破裂，人们就会发现，地理表现为无关碎片的杂乱拼凑，就像名副其实的一堆零碎信息的大杂烩：这里说一座山的海拔，那里说一条河流的航线；一会儿说这座城镇的木瓦出产量，一会儿说那座城镇的海运吨位；一边是国界，另一边是这个国家首都等等。

作为人类的家园，地球是人性化的、统一的；而如果把地球视作诸多事实的混杂，那它就成了碎片，想象也失去了活力。地理从一开始就是对人类的想象力，甚至是浪漫的想象力产生吸引力的主题，它共享了冒险、游历和探索所带来的惊奇和荣耀。各个国家和环境的多样性，以及它们与我们所熟悉的场景的反差，对心灵提供了极大的刺激。心灵从习俗的单一状态中醒悟过来：一方面，当地或本土的地理在自然环境的重构性发展中，是其自然的出发点；另一方面，它是开始探索未知事物的理智上的出发点，而不是只以自身为终点的。如果本土地理的研究不被作为理解别处广大世界的基础，就会变得像实体教学课那样缺乏生气，只是满足于总结各种熟悉对象的属性。这里的理由是同样的，即想象力没有得到滋养，只是被压制成对已知事物的重述概括、编目分类，以及精炼提升。但是，当常见的、作为划定村庄业主产权界线的围栏成为人们了解大国边界的标志时，即使围栏也笼罩着意义的光芒。阳光、空气、流水、地貌凹凸、各种各样的产业、文职官员及其职责——所有这些事情都能在当地环境中被发现。如果这些事情的意义被认作是限定在那些范围中才得以开启和终结的，那么，它们就只是有待费力学习的一些古怪的事实。如果这些事情作为扩展经验界限的手段，把陌生的和未知的民族或事物引入经验的范围，那么，它们会基于不同的用途而变得不同。阳光、风、溪流、商业、政治关系都来自远方，并把思想引向远方。追随它们的进程，就要扩展心灵；这种扩展，不是通过额外的信息来填塞，而是通过革新以前被视为理所当然的事物的方式来进行。

地理研究的各个分支或各个方面都容易变得专业化，且又相互分离，而上述原则则把这些分支或方面调和起来。数学地理或天文地理、地文地理、地形地理、政治地理、商业地理都是各自有主张的地理学分支。如何调整它们？用表面折衷的方式，让每个分支的内容都挤占一席之地吗？如果不牢记教育的重心是在各门科目的文化或人文的方面，那就找不到别的方法。从这个中心出发，不管什么材料，只要需要借助它来帮助人们领会人类活动和人类关系的意义，它就是恰当的材料。不论在工业上还是在政治上，如果人们不把地球作为太阳系的成员，就无法理解寒带地区和热带地区文明的各种差异、温带地区民族的各项特殊的创造。经济活动一方面深刻地影响着社会交往和政治组织，另一方面反映出各种物质条件。这些课题的各种专业化研究是留给专家的，但它们之间的相互作用则牵涉到所有拥有社会经验的人。

乍看起来，把自然研究囊括在地理之内，的确是很牵强的。但是，从教育的观点上看，现实只有一个，遗憾的是，人们给予它两个不同的名称。由于名称有差异，便容易遮蔽意义的一致性。实际上，自然和地球应该是含义相同的术语，"地球研究"和"自然研究"也应该如此。众所周知，因为自然研究要应对很多相互分离的论题，在学校中便会遭受教材分散的苦处。比如，撇开花作为一种器官而研究花的各个部分；撇开植物而研究花；撇开植物赖以生存的土壤、空气和阳光而研究植物。其结果，必定使这些课题缺乏生气，因为尽管它们要求引起人们的关注，但由于它们相互分离，从而无法培养想象力。由于教材不能使人产生兴趣，有人便郑重地提议要复兴万物有灵论，用神话包装自然事实和事件，从而使它们能够吸引和把握人心。在多不胜数的情况下，人们采取多少有点愚蠢的拟人手法。尽管这种方法十分愚蠢，却表达出对人性氛围的实际需求。各种事实由于被人们从实际语境中割裂开来而分崩离析，它们不再属于地球，也无处可以长久地栖身。为了弥补这些缺憾，就要依靠人为的、感性的联想，而切实的补救措施就是使自然研究成为对整体自然的探讨，而不是对自然诸多碎片的研究，因为这些碎片完全脱离了它们所产生和发挥作用的情境，因而变得毫无意义。如果自然被视为一个整体，正如地球作为在其关系中的地球，那么，各种自然现象也就进入与人类生活相交感、相关联的自然关系中，于是也就不需要人为的替代品了。

3. 历史与当下的社会生活

所谓扼杀历史生命力的隔绝，指的是与当下社会生活的各种模式和热点事务相脱离。过去就过去了，不再和人们有关。如果过去真的已经完全过去、完结了，那么，人们对它只剩下一种合理的态度，即让死者埋葬他们的死者。但是，有关过去的知识却是理解当下的关键。历史讨论过去，但这个过去是当下的历史。理智地研究对美洲的大发现、探险和殖民，美国西进运动、移民等等,也是对当今美国、对我们现在所在的国家的研究。对那些太复杂而不能直接加以领会的东西,可以通过研究其形成过程来理解它们。发生学的方法可能是 19 世纪下半叶主要的科学成就。它的原则是:洞悉任何复杂的产物,就是追溯其形成的过程——按照它成长的相继阶段去理解它。在把这种方法应用于历史时,如果以为它只是意指当下社会状态无法与其过去分离这一自明的道理,那显然是片面的。这同样意味着,过去的各种事件不能离开活生生的当下而保持其意义。历史的真正出发点始终是某个包含其问题在内的当下处境。

我们简要地应用这个一般性的原则来探索它对一些论题的影响。传记法通常被认为是历史研究的自然模式。伟人、英雄和领袖的生平使历史事件变得具体而生动,否则,它们就是抽象而难以理解的。它们将各系列复杂而混乱的事件浓缩成栩栩如生的景象,而原本这些事件的时空跨度如此之大,以致只有拥有训练有素的心灵才能理解和阐明它们。这个原则在心理学上的稳固地位,是毋庸置疑的。但是,如果用它来夸张地凸显一些个体的作为,而忽略他们所代表的社会情形,那就被滥用了。如果一本传记脱离了激发此人并使他以自己的活动作出回应的那些条件,而只记录他的作为,那么就没有对历史的研究,因为没有对社会生活的研究,而社会生活乃是处于联合中的个体的事情。我们只是多了一层糖衣来包裹知识的碎片,使得它们比较容易下咽。

近来,以原始生活作为学习历史的入门已备受关注。其实,对原始生活价值的考虑有正确与错误之分。乍看起来,当下情况具有现成的特征及其复杂性,也具有固定不变的特征,要洞悉这些情况的本质,几乎有不可超越的障碍。而原始生活能以极其简单的形式,为理解当下情形提供各种根本要素。这就好比想看清一块布,但由于其编织纹理太复杂、太细密,以致看不清楚;只有到更大更粗糙的图样出现时,才能看清楚。人们不能用精确的实验来简化当下的情境,但诉诸原始生活则向他们呈现出从实验中期望得到的结果,即社会关系和有组织的行动的模式都用最简单的形式来表现。但是,如果忽略这个社会目标,对原始生活的研究便成为只对蒙昧状态的激动人心的特征的演习。

原始时期的历史提示了工业时代的历史,借由更原初的状况而把当下解析为更容易被感知的各种因素,其中一个主要的原因是:人们可以意识到努力获得生存、住所和防护的根本问题是如何处理的;意识到通过了解这些问题在人类早期是如何处理的,从而对人类有多漫长的路要走有一个概念,对人类文化中相继产生的各种发明有一个概念。不必通过对历史的经济学解释进行争论就可以了解到,人类的工业史使人们洞悉社会生活的两个重要方面。在某种程度上,历史的其他方面都无法取代这两个方面的作用。工业史向人们呈现出有关相继出现的发明的知识,而理论科学通过这些发明,为了社会生活的安定和繁荣的目的被应用到对自然的掌控上。由此,工业史揭示了社会进步之所以前后相继的原因。工业史的另一个作用,是向人们展现那些关系到全体人类根本性的、共同的东西——即与谋生相关的种种事务和价值。经济史探讨平民的活动、职业生涯以及财富,而历史的其他分支并不探讨这些问题。有一件事情是每个人必须做的,即生存;有一件事情是社会必须做的,即既保证每个人公平地为公共福利作出贡献,又确保他得到公正的回报。

经济史更为人性化和民主化，因此比政治史更具有解放性。它探讨的不是主权和政权的盛衰，而是研究平民通过支配自然而获得各种自由的发展。政权和主权是因为平民而存在的。

与政治史相比，工业史还提供了更为直接的途径去认识人类的奋斗、成败与自然之间的紧密关联——更不必说与军事史相比了。当政治史被简化到年轻人的理解水平时，很容易变成军事史。因为工业史实际上记述了人类如何学习利用自然能量的历程，它从人类大体上利用他人身体力量的那个时期开始，到对自然资源尽在掌握、共同控制的时期。如果实际上还没有发展到这个时期，这个时期也必定是发展的前景。如果省略对劳动史的叙述，省略对使用土壤、森林、矿藏的各种条件，驯养动物、栽种谷物的各种条件的叙述，省略对生产和分配的各种条件的叙述，那么，历史就容易蜕变成单纯的文学——有关人类自足的、不靠地球为生的神话般的、体系化的传奇故事。

一般教育中最容易被忽略的历史分支，也许就是智识史。我们刚刚才意识到，那些推进人类命运的伟大英雄不是政治家、将军以及外交家，而是科学发现者和发明家，是他们使人们得到了不断扩展的、受控制的经验工具；也是艺术家和诗人，他们用绘画、雕塑或文字颂扬了人类的奋斗、胜利和战败，让它们的意义容易为其他人所接受。作为人类逐渐调整自然力、使之适合社会用途的发展史，工业史的一大优点是为考虑改善知识的方法和结果提供了机会。如今，人们习惯于笼统地赞颂智力和理性，并且强调智力和理性具有根本的重要性，但学生们常常脱离历史的传统研究，要么认为人类理智是一个静态的量，从未因为发明了更好的方法而有所进展；要么认为智力除了展现个人的机智之外，只是一个可以忽略的历史因素。历史研究阐明了人类从蒙昧到文明的整个进展是如何依赖智性的发现和发明的；通常在历史作品中出现得最频繁的那些事物在何种程度上成了一些次要的问题，甚至是理智所要攻克的障碍。当然，比较起来，没有什么更好的方式能够使学生对心灵在生活中所发挥的作用逐步获得真正的认识。

以这种方式从事历史研究，历史十分自然地在教学中具有自己的伦理价值。如果有这样一种品质，它的道德性不只是苍白无力的天真，那么，它就必须能够理智地洞悉当下社会生活的各种形式。历史知识帮助提供这样的洞察力。它具有分析当下社会架构基础的功能和揭示构成社会样式的各种力量的功能。利用历史来培养一种社会化的理解力，形成了历史在道德上的重要意义。历史可能被用作储存奇闻逸事的仓库，而借助这些奇闻逸事，可以传授有关这种德行或那种恶习的专门的道德训诫。但是，这样的教学更多的是依靠多少有些可信的材料来努力制造道德印象，而不是对历史的伦理运用。它顶多营造一时的感情认同，但糟糕的是引发对道德教化的冷淡。历史可以使人们对自己所参与的当下各种社会情境获得更理智的、同情性的理解，而这正是建设性的、恒久不变的道德资源。

概要

经验具有某种性质，即它具有的意义大大地超出了人们起初在经验中自觉地注意到的东西。意识到这些关联或意义,能够增强经验的意义。任何经验,不管看上去多么轻微琐碎,通过扩展所感知的关联的范围,便能承载极度丰富的意义。要推进这一发展,与他人进行日常交流是最可用的方法,因为它把群体的甚至种族的经验的最终结果和个体直接当下的经验联系起来了。我们所谓的日常交流,指的是在这种交流中享有联合的兴趣、共同的兴趣,从而一方渴望给予,另一方渴望接受。它和纯粹为了让别人对某些事情印象深刻,纯粹为了测试他记住了多少、能逐字复述多少而告知或陈述这些事情截然不同。

地理和历史是学校的两大资源,用以扩充个人直接经验的意义。就自然和人两方面而言,上一章所论述的积极作业在空间和时间上都延展了。如果不是为了外在理由,或只是作为各种技能模式来传授这些积极作业,那么,它们的主要教育价值就是提供了最为直接而有趣的路径,以进入历史和地理中所表达的更大的意义世界。虽说历史明确地表述了人类的影响,而地理则明确地表述了自然的关系,但这两门科目是同一个现存整体的两个方面,因为人们的联合生活在自然界进行着,自然界并不是偶然的环境,而是处于发展中的物资的和媒介的环境。

第十七章　课程中的科学

1. 逻辑学和心理学的方法

　　正像前面已经讨论过的，说到科学，我们指的是这样一种知识：它自觉地采取观察、反思、检验等方法，由此引申出相应的结论，其目的是建设一种稳固的、确定的教材。它涉及理智而坚持不懈地修正当前的信念，从中剔除错误，以便提高其准确性。尤其重要的是，建构这样的信念，以便使各种事实之间的相互依赖关系尽可能明显地表露出来。就像所有的知识一样，科学是在环境中引起一定变化的活动所产生的结果；但作为结果的知识，科学的性质是活动的控制因素，而不是它的偶然因素。无论在逻辑上，还是在教育上，科学是认知的完备状态，是认知的最终阶段。

　　简言之，科学标志着对任何知识的逻辑含义的实现。逻辑次序不是强加在所知的东西上的一种形式，而是作为完备知识的适当的形式。因为它意味着教材的陈述具有这样一种属性，即向理解它的人展现能够推导出它的那些前提和它所导向的那些结论（见第 232 页）。犹如能干的动物学家用一些骨头就可以重构出一只动物，数学或物理学专家能够用数学陈述或物理学陈述的形式，形成这个学科在真理体系中有一席之地的观念。

　　但对非专家而言，这一完备的形式却是一大障碍。由于材料是按照促成知识本身这一目的而被陈述出来的，这一形式与日常生活的材料之间的联系才被掩盖起来了。在外行看来，骨头纯粹是珍奇之物罢了。在一个人尚未通晓动物学原则时，试图用这些骨头做出些什么东西的努力是任意的、盲目的。从学习者的角度看，科学的形式正是他要实现的理想，而不是他着手学习的出发点。尽管如此,在教育中,从一些简化的科学基础知识开始,这是常有的惯例。由此引起的必然结果是:科学与重要的经验相隔绝。学生学习了符号,却对它们的意义不得要领;获得了专业知识,却未能获得探究这些知识和他所熟悉的对象及运作之间联系的能力——他经常只是获得一些特定的词汇。

设想当下有形式完备的教材为人们的学习提供了一条坦途,这是一种很强烈的诱惑。假定未成熟者是从能干的探究者们研究的成果开始学习的,从而可以节约时间和精力,避免不必要的错误,还有什么比这样的想法更自然的呢?教育史已证明了这样做的结果。按专家的指示,学科在课本中被组织成多个主题,而学生通过这类课本开始学习科学。一开始就把专业概念,包括它们的定义,介绍给学生。规律也在早期就介绍给学生,至多只是略微提示一下这些规律是如何得出的。学生学习的是一门"科学",而不是处理日常经验中常见材料的科学方法。研究生的方法支配了大学教学,大学的学习方法又被转到高中,直到基础教育,只是在基础教育中有所删减,从而使科目变得更简化一些而已。

编年法从学生的经验开始,从中发展出科学处理的适当方式;这种方法常常被称为"心理学"方法,使之与行家或专家的逻辑方法区别开来。比起出众的理解力和充满活力的兴趣的获得来说,表面上的时间损失实在算不了什么。学生至少理解他所学习的知识。此外,他要了解如何与从日常熟悉的材料中选择的问题相联系,遵照科学研究者取得完备知识的方法,获得独立的力量去处理力所能及的材料,避免学习那些只有象征性意义的材料而产生精神上的混淆和理智上的反感。因为大多数学生不会成为科学专家，所以更重要的，不是去仿效科学专家们已经达成的、与他们相隔很远的二手的结果，而是要学会洞悉科学方法究竟意味着什么。在"已攻占的科学领土"上，学生们未必能获得如此丰硕的成果，但在所达到的范围内，他们会变得更有把握、更有才智。可以毫不夸张地说，对有可能成为科学专家的极少数人而言，如果不把时间耗费在一大堆纯粹技术性的、符号化的信息知识上，他们可以准备得更好。实际上，确实能成为成功的科学家的是那样一些人：他们依靠自己的力量，成功地避开了传统的学院式的科学入门方法的陷阱。

在一代或两代人之前，人们克服重重磨难，设法在教育中为科学争得一席之地，这种努力与普遍所取得的结果之间存在的反差令人苦恼。赫伯特·斯宾塞在探究何种知识最有价值之后，得出了如下的结论：从各个角度看，科学知识都是最有价值的。然而，他的论证却不自觉地假设了科学知识能够以现成的形式得到传达。他的论证忽略了把日常活动的教材转化成科学形式的各种方法，从而忽略了使科学得以成为科学的方法。事实上，学校教育已过多地按照相似的计划来进行，而技术上正确的科学形式所陈述的材料并没有任何魔力附着其上。如果学生在同样的条件下学习这些材料，那么，它们仍然是一堆缺乏生气的信息知识。此外，与适合于文学的那种陈述模式相比，这些材料的陈述形式反而使它们与日常经验富有成效的接触相去更远。尽管如此，并不等于可以做如下的推论：提出讲授科学知识的要求是不合理的，因为对学生来说，以这种方式教给他们的材料并不是科学。

尽管按照演绎方式编排的课本已得到很大的改善，但只是与事物接触、实验室的实验不足以自动满足需求。虽然接触事物、在实验室里做实验是科学方法必不可少的一部分,但它们并不自然而然地形成科学方法。物理材料可以用科学设备来操控,但这些材料本身以及处理它们的方式却能够脱离校外所使用的材料和程序,所应对的问题可能只是科学的问题,亦即这些问题是初步接触一门学科的人必定会面临的问题。人们的注意力可能都集中在技术操作的技能上,而不考虑实验室的实验和教材自身的问题之间的联系。有时候,指导实验室的工作就像异教徒的宗教,具有某种惯例。①

我们曾不经意地提到过,科学陈述或逻辑形式意味着使用符号或记号。当然,这个陈述适用于所有对语言的使用。但是,在本国语言中,心灵可以直接通过符号而想到它所指称的事物,因为与熟悉的材料之间的关联非常紧密,所以不会耽搁在符号上。人们使用符号只是为了象征事物和行为,但科学术语却另有用途。众所周知,人们用科学术语不是为了象征经验中直接发挥实际用途的事物,而是为了象征处于认知体系中的事物。当然,科学术语归根到底标志着人们在常识中熟知的事物,但它们不是在平常的语境中直接表示这些事物,而是把这些事物转化成科学探究的术语加以表示。原子、分子、化学分子式、物理研究中的数学命题——所有这些具有的主要是理智上的价值,只是间接地具有经验价值。它们代表的是科学研究中所使用的工具,好比其他工具,它们的重要性只有通过使用才能被了解。人们想理解它们的

---

① 就肯定的方面而言,可以参照在园艺工作、工厂工作等等之中所出现的问题的价值(见第 197—198 页)。实验室可以作为更好地处理这些问题而提供条件和用具的额外资源。

含义,不能指着事物就达成理解,而只有当它们被用作获得知识的技巧的一部分时,它们的作用才能被指明,对它们的含义的理解才成为可能。

即使是几何学中的圆形、正方形等等,也显现出与常见的、熟悉的正方形和圆形的区别;而且,一个人在数学上的研究越深入,离日常经验的事物的距离也就越远。对追求有关空间关系的知识而言,没有价值的其他性质都被忽略了;而对这一目标而言,重要的那些性质则受到强调。如果个人深入学习,就会发现,那些对空间知识来说很重要的属性会让路给推进另一些知识的其他属性——有可能是关于一般数的关系的知识的属性。这一概念的定义,甚至没有提示空间形式、大小或方向。这并不表示它们只是一些精神的虚构发明,而是意味直接的物理性质为了特定的目的——理智组织的目的——已转化成工具。在每台机器中,材料的基本状态都为了用于某个目的而被调整过。不是原初形式的材料,而是经过调整而适合某个目的的材料,才是重要的。任何人,如果他只能列举所有参与组成机器构造的材料,他还不具备关于这台机器的知识。只有当他知道这些材料的用途,并能说出为何要按照现在这样的方式使用它们,才算有了对这台机器的知识。同样,一个人只有发现数学概念如何发挥作用以处理相应的问题,以及它们在应对这些问题时的具体效用,才算拥有了有关这些数学概念的知识。纯粹"知道"定义、规则、公式等等,就好比知道一台机器的各个部件的名称,却不知道它们作何种用途。不管在哪种情况下,意义或理智的内容都是要素在它所属的体系中有待实现的东西。

2. 科学和社会的进步

有社会兴趣的作业中产生直接的知识。设想这种直接知识的发展成为一种完备的逻辑形式,随之出现的问题就是,它在经验中占有何种地位。一般的回答是:科学标志着人的心灵从对惯常目标的投入中解放出来,从而有可能系统地追求新的目标。科学是行动进步的中介力量。人们有时认为,进步在于更加接近已设想好的目的,但这只是进步的一种次要的形式,因为只要通过改善行动手段或提高技术即可完成。更重要的进步模式在于充实以前的目标并形成新的目标。人的欲望在数量上不是确定不变的,而进步意味着不仅在数量上使欲望得到更多的满足,而且随着文化的发展和对自然的掌控力的更新,出现了新的欲望;而在质的方面,对欲望的满足也有了新的要求,因为人的理智意识到行动有各种新的可能性。对这些新的可能性的规划,导致人们寻求新的执行手段,而进步也由此产生了;而发现尚未得到使用的各种事物又提示了了各种新的目的。

科学是对控制行动的手段加以完善的主要方式。随着人类理智控制自然界奥秘涌现出大批发明就印证了这一点。生产和分配不同寻常的转型,即著名的工业革命,便是实验科学的产物。铁路、轮船、电动机、电话、电报、汽车、飞机以及飞艇,都是科学在生活中应用的显著证明。但是,如果没有数以千计轰动性较小的发明,上述发明中的任何一个不会有很大的重要性;正是通过那些较小的发明,人们才得以使自然科学服务于日常生活。

不得不承认,在相当大的程度上,已经获得的进步只是技术性的,即它只是提供更为有效的手段以满足人们的欲望,而不是调整人类目标的品质。比如,还没有哪一种现代文明能在任何一方面与希腊文化比肩。科学还是新近出现的东西,所以尚未被吸纳到人的想象和情感倾向中。人们越来越快捷而稳当地实现他们的目的,但是他们的目的在很大程度上仍然停留在科学启蒙前的阶段。面对这一事实,教育有责任利用科学在某种程度上改变想象和感受的习惯态度,而不是仅仅变成人们身体手脚的延伸。

科学的发展已经在相当大的程度上改变了人们对生活目的和生活中各种善好的想法,以致人们了解到这一责任的本质和实行它的各种方式。科学在人类活动中发挥作用,它打破了原先隔离人们的各种自然障碍,极大地拓展了交往范围,引起了各种利益之间的相互依存。它引发了一个确定的信念,即坚信为了人类利益而控制自然是可能的,由此而指引人们展望未来而非回顾过去。进步的理想和科学的发展同时发生,这不是一个纯粹的巧合。在科学发展之前,人们认为黄金时代在遥远的古代。如今,他们认为,如果恰当地运用人类的智力,可以消除那些曾经被认为是不可避免的恶,因而带着坚定的信念面向未来。抑制毁灭性的疫病不再是一个梦想,消除贫困的理想也不再是空想。科学为持续、平缓地改善人类的共同状况发挥作用,使人们对发展的观念变得耳熟能详。

因此,教育上对科学的运用在于创造一种智力,并对智力指导人类事务的可能性怀有坚定的信念。通过教育,使科学方法在习惯中扎根,就是要从经验法则及其程序而产生的常规事务中解放出来。在日常使用中,"经验的"一词指的不是"与实验相关联的",而是天然粗糙的、非理性化的。由于过去不存在实验科学,在这种情况的影响下,过去所有主导性的哲学理论都使经验对立于理性或真正的合理性。那时,经验知识意味着过去大量例子的累积,不含有对任何原则的理智洞悉。如有人说医学是经验的,也就是说它不是科学的,而只是基于所累积下来的对疾病观察的结果和多少有点任意使用的治疗方法的实行模式。这种模式必然随心所欲,其成功纯属偶然。这种医学屈从骗术和江湖郎中的医术。而"以经验的方式"控制的工业,禁止对智力建设性的应用;它依赖盲从、仿效的方法来遵循过去设立的范式。相反,实验科学意味着把过去的经验当作心灵的仆人而非主人。它意味着,理性不是外在于而是内在于经验而运作,使经验具有理智的或合理的性质。科学是合理性的经验,其影响就是改变人们对经验的本质及其内在固有的诸多可能性的观念。出于同样的理由,它也改变了理性的观念和运作方式。人们发现,理性不是外在于经验的,超然地疏离于生活中富有经验的事实的高尚领域;而是内在于经验的,它提炼过去的各种经验,把它们变成发现和发展的工具性因素。

由于"抽象的"这个词不仅被用来指称艰涩难懂的东西,而且被用来指称与生活相疏离的东西,因此,它在通俗用语中声名狼藉。然而,对于活动进行反思性的指导来说,抽象功能却是不可或缺的。个人经历的各种情形不会逐一重复出现。习惯对待新兴的事情的方式,就好像它们与旧的事情完全相同,因而对当下的目的来说,不同的因素或新兴的因素微不足道,只要习惯就够用了。但是,如果新的因素需要特别加以关注,就要启用抽象功能,否则就只能诉诸任意胡乱的反应了。因为抽象功能就是审慎地从以前的经验材料中选择有利于应对新经验的东西。它自觉地将内含于过去经验中的某个意义传递给新的经验，以便为其所用。它是理智的动脉，是有意地转化某种经验，以指导其他的经验。

科学大规模地继续研究以往材料，旨在使经验从纯粹个人的、完全直接当下的经验中解放出来，并把它与任何其他经验材料共同具有的东西剥离开来，这种共同的东西可以为进一步使用而保留下来。因此，在社会进步中，它是一个必不可少的因素。任何经验在发生时都是独特而不可重复的，从而对牵涉在这个经验中的个体具有重要的意义。从科学的角度来看，这种材料是偶然的，而普遍共有的那些特征才是本质的。在某个情形中独一无二的东西，由于依赖个体的特质和环境的巧合，因而对他人是无用的。显然，如果共同的东西不能用合适的符号抽象地加以提炼并确定下来，几乎所有经验的价值都会随经验的流逝而泯灭。然而，抽象功能以及用术语来记录下来的、被抽象提炼的东西，可以把个体经验的纯价值提供给人类长久地使用。当然，没有人能具体地预知什么时候或如何进一步使用它。科学家开发出他的各种抽象概念，却如同制作工具的人，不知道谁会使用这些工具，或者这些工具什么时候会被使用。然而，比起机械工具来，理智工具在相当的程度上更为灵活。

普遍化和抽象功能是对应的。普遍化是抽象功能应用在新的具体的经验上所发挥的功能——是抽象功能的扩展，用以澄清和指导新的情形。为了让抽象功能富有成效，而非以贫乏的形式主义收场，有必要涉及各种可能的应用。普遍化实质上是一种社会性的策略。如果人们只把自己的兴趣与一个小群体所关注的事务统一起来，那他们的普遍化相对地具有很大的局限性，容不下广泛而自由的考察方式。他们的各种想法都被羁绊在狭小的空间和片刻的时间中,都被限制在自身固有的习俗中,并以其充当衡量一切可能价值的尺度。科学的抽象功能和普遍化接纳任何人的发现,而不管他在时空中的位置。从具体经验的内容和情节中摆脱出来,既表明了科学的疏离性和"抽象性",也表明了为什么科学在现实中卓有成效的应用是广泛而自由的。

词语、命题把被抽象提炼出来的东西记录和确定下来,并传达出去。一个意义脱离开某个既定的经验,不能总是悬在半空中,必须有一个容身之所。名称为抽象的意义提供了实体场所以及形体。因此,明确的表达不是事后的想法或副产品,它对思想的完成来说是必不可少的。人们知道许多事情,却无法一一表述出来。显然,这样的知识仍然是实践的、直接的、个人的。个人可以独自地使用它,并有效地根据它来行动。艺术家和行政官的知识常常是这样的,但这种知识是个人的、不可传递的,而且简直可以说是本能性的。要把经验的意义明确地表达出来,个人必须自觉地把他人的经验纳入自己的考虑中,必须努力找出一个既包括自己的经验,也包括他人经验的角度。否则,在交流中,他无法为其他人所理解,他在说一种其他人都不懂的语言。文学艺术表达经验,使经验对他人也具有充满活力的意义,在这方面取得了巨大的成就。科学词汇则以另一种方式,用符号来表达自己经历的事物的意义;对于这样的符号,任何研究科学的人都会理解。美学的表达方式是展现并提升一个人已有的经验的意义,而科学的表达方式则是提供用来构建意义已被转变的新经验的工具。

总之,由于在一定程度上摆脱了习惯的约束,人们有条理、有意识地从事对新经验的规划和控制,而科学则代表了智力在这种规划和控制中的职能。它是有意识的且决非偶然的进步的唯一工具。科学的普遍性以及它与个体状况的疏离,使它具有某种专门的和超然的性质,这些性质不同于纯粹思辨理论所具有的那些性质,后者始终脱离实践;而前者是为了更广泛、更自由地应用到随后的具体行动中而暂时和实际相脱离。确实有一种纸上谈兵的理论是和实践相对立的,但真正的科学理论是进入实践、扩展实践、把实践导向新的各种可能性的中介力量。

3. 教育中的自然主义和人文主义

有这样一种教育传统,它在课程中设置了科学与文学、历史的对立。从历史上看,这两类兴趣的代表之间的争辩很容易得到解释。在实验科学出现之前,文学、语言和文艺哲学理论都已在高等学府占据了不可动摇的地位。实验科学自然不得不为自己打拼出一条路。任何受到加强和保护的利益方,都不会轻易地舍弃自己已拥有的垄断地位。但是,不管从哪个方面看,认为人文性质为语言和文学作品所专有,而科学只对自然界有意义,这个观念是错误的,容易使两类科目在教育上的用途发生偏废。人类生活并不发生在真空中,自然界也不只是为了戏剧的演出而搭建的布景(见第 256 页)。人类生活与各种自然的进程息息相关。人的职业生涯无论成败,都取决于自然参与到他的职业生涯中的方式。人有意地控制其自身事务的力量,取决于支配自然能量用途的能力,而这种能力反过来取决于他对自然进程的洞察力。不论自然科学对专家而言可能是什么，就教育目的而言，它就是关于人类行动的各种条件的知识。要了解社会交往发生在何种媒介环境中、社会交往向前发展的手段和阻碍，就要掌握整个人文性质的知识。谁不了解科学史，谁就不了解人类如何从惯常的行为和任意的行为、从因迷信而服从自然、从试图魔法般地使用自然，到在理智上冷静自制所做的奋斗。由此，科学就有可能切切实实地被当作替学生准备的形式的、专门的练习，以便把它传授给学生。只要人们把有关世界的信息知识本身视为目的，就会出现这样的问题。但是，这种教育不可能使学生学到文化。尽管不能把这种教育作为将自然知识与人文关怀对立起来的根据，却证明它蕴含着一种错误的教育态度。

由于科学知识可以在人们的职业生涯中发挥作用，因而对运用科学表示反感，显然是贵族文化的残存思想。一个社会的所有实际工作都是由奴隶和农奴来承担的，工业也不是凭人的智力来掌控的，而是受习俗所设定的各种范本所控制的。由此可见，认为"应用性的"知识不如"纯粹的"知识有价值的观念，在这样的社会里是很自然的。科学，或曰最高的认知，因而被等同于纯粹的理论构建，远离了生活中的应用；而与实用技艺相关的知识，则蒙受了与从事实用技艺的那些阶级的人同样低下的名声（见第十九章）。在科学采纳技艺性的工具来创造知识和民主兴起之后，这样的科学观仍然持续着。但是，单从理论上看就会发现，人类的事情比纯粹物理世界的事情远为重要。科学教育的拥护者们脱离了多数人的实际需求，接受了由技艺确定的知识标准，从而在战略上处于劣势。只要他们采纳适合于科学实验方法、适合于民主的工业社会运转的科学观，就不难表明，与基于有闲阶级的专有利益而制定教育方案的所谓人文主义比较起来，自然科学更具有人文性。

正如我们已经指出的，人文学科一旦被置于自然研究的对立面，便会受到限制。这些人文学科常常将自身归约为只是文学的和语言的学科，而文学和语言学科反过来又容易萎缩为"古典典籍"，萎缩为已经没有人再说的那些语言。因为现代语言显然可以为人们所使用，因而被归入了禁区。所以，相比把"人文学科"严格地等同于希腊和拉丁知识的教育实践，在历史上很难找到更具讽刺意义的事情了。希腊、罗马的艺术和制度对人类文明作出了如此重大的贡献，因而应该保留充分的机会让人们去了解它。但是，把它们视作出类拔萃的人文学科，有意忽视了在教育中很有可能存在着能为大众所理解的教材，就容易培养出狭隘的、势利的伪绅士。这个有学识阶层的言行和荣耀，乃是基于他们拥有的专享机会而偶然产生的。知识之所以具有人文的性质，并不是因为它是有关人类过去的成果，而是因为它为解放人类理智和同情感所作出的贡献。任何教材，只要有利于实现这一成果，就具有人性的光辉；而任何不能实现这个成果的教材，甚至连教育性都谈不上。

概要

科学代表了经验中认知因素的成果。它不满足于纯粹陈述个人的或习惯的经验的东西，而是旨在作出陈述来揭示信念的来源、基础以及各种结果。这一目的的实现，赋予陈述以逻辑的特征。在教育上,必须注意到,由于方法的各种逻辑特性属于达到高等理智阐述水准的教材,因而它们与学习者的方法不同——从经验的比较粗陋的理智性质转化到比较精致的理智性质,有一个时间上的次序。如果忽略这一事实,科学就会被当成赤裸裸的信息知识,即比普通信息知识更无趣、更疏离,而且是由不常用的、专业的词汇来陈述的。科学在课程中必须发挥的功能,它已经为人类施展过了:从局部的暂时的经历中解放出来,开启不被偶然的个人习惯和偏好所掩盖的理智的展望。抽象功能、普遍化以及明确的表达方式的各种逻辑特点,都与这一功能相关。通过把一个观念从它原来归属的特定语境中解放出来,并给它提供更广泛的联系,任何个人的经验结果都能为所有的人所使用。由此,从哲学上看,科学根本上就是一般的社会进步的官能。

第十八章 教育的价值

关于探讨教育的价值时所要考虑的因素,我们在讨论目的和兴趣时已经论及。教育理论探讨的各种特定价值,与人们强烈要求实现的那些目的通常是相符的,包括效用、文化、信息知识、社会效能的预备、精神规训或能力等等。在对兴趣的本质的分析中,我们已经论述这些目标的价值之所在,就像把艺术看作一种兴趣或关注对象,这与把艺术看作一种价值没有什么差别。但是,对价值的讨论,通常都聚焦于各种具体的科目所期望达到的目标上。长久以来,人们一直认为,这些科目的合理性对学习者的生活作出了重要的贡献。由此可见,对教育价值进行细致的讨论为我们提供了一个机会:一方面可以回顾先前对目标和兴趣的讨论;另一方面可以回顾先前对课程的讨论。我们将把这两个方面结合起来展开讨论。

1. 领会或欣赏的本质

人们绝大部分的经验是间接获取的,有赖于那些介于他们与事物之间的符号,这些符号象征或代表事物。卷入战争,亲历其危险与苦难,与听人描述或阅读有关这场战争的残酷,是完全不同的。所有的语言和符号,都是间接经验的工具。用专业术语来说,借助各种手段获得的经验是“间接的”。这种经验与当下、直接的经验形成反差,后者是人们积极参与并直接获取的,并非经由具有表征性的媒介的介入来获取的。众所周知,直接的个人经验在范围上非常有限。如果没有可以表现非眼前的、疏远的事务的代理者的介入，人们的经验几乎将停留在原始人的层次上。从蒙昧状态向文明状态迈进的每一步都取决于媒介的发明，因为媒介的发明扩大了直接经验的疆土，使它与那些只能被意指或以符号来象征的事物联系起来，从而赋予它更广泛而又更深远的意义。毋庸置疑，有人之所以倾向于把缺乏教养的人与文盲等同起来，正是这一原因使然。由此可见，人们是多么依赖文字来获取具有实效的、表征性的经验或间接的经验。

同时，正如前面已经指出的，总是存在着这样一种危险，即符号并非真正具有表征性；代表其他事物的语言媒介并不能真正调动那些不在眼前的、疏远的事物，让它们参与到当下经验中，语言媒介本身反倒成了目的。尤其是正规教育正遭受着这种危险。由此造成的后果是：当人们具备读写能力之后，往往随之产生单纯的学究气，流行的说法即是书卷气。在口语中，人们用"现实感"一词来表达直接经验的迫切、热烈和当下性，它与表征性经验的疏离、苍白、冷漠超然的性质形成明显的反差。"心领神会"和"欣赏"（或曰真心的欣赏）这两个词，则是对事物形成现实感更为精致的表述。如果不采取同义词表述，比如"某人完全领会"、"真正理解"等等，就无法定义这些观念，因为要真正欣赏并领会对一个事物的直接经验的意蕴，唯一的方式就是拥有这种直接经验。但是，阅读一幅画的专业解说与看一幅画是不同的，只是看这幅画与被这幅画打动也是不同的。学习关于光的数学方程式，与在朦胧的景象中被极其耀眼的光亮所吸引，也是不同的。

由此，我们遇到这样一种危险，即技术和其他纯粹表征性的形式染指直接欣赏的领域。换句话说，这种危险是：人们认为学生已具有直接领会各种情境的扎实基础，在此基础上，学生足以通过学校的正规课程构建表征性经验这一上层建筑。显然,这不是简单的有关数量或容量上的事情。充分的直接经验更多地体现在质量上,它必须快速、卓有成效地与符号性的教材相关联。学校教学必须提供真实的情境,使学生参与其中,以便理解材料的意义及其所传达的问题。只有这样,教学才能通过符号的媒介传达各种事实和观念。从学生的立场看,这种方式所获得的经验本身就是有价值的;而从教师的立场看,这些经验是提供理解涉及符号的教育所必需的教材的工具,也是调动学生对以符号为载体所传达的材料持有热切关注态度的手段。

在有教育意义的教材理论所描绘的图景中,为表现象征性情境的游戏和积极作业进行的准备,向学生提供了这种领会或欣赏的背景。我们的论述已很充分,无须赘言。不过,还需指出的,先前的讨论虽说针对的是关于初等教育的教材,而且极为明确地要求学生拥有直接经验的背景,但这一原则也适用于每个科目的初级和基本阶段。譬如,无论在高中还是大学,一个新领域内的实验室操作,其首要的和基本的职能是让学生亲身熟悉某一范围内的事实和问题——让他对它们有一定的“感受”。掌握技术、进行普遍化和检验普遍化的方法,最初相较于欣赏是次要的。我们必须牢记,小学里的活动的根本目的既非让学生娱乐,又非尽可能以不使学生反感的方式传递知识,也非让学生学会技能——尽管这些结果可能作为副产品产生——其根本的目的在于扩展和充实学生的经验视界,使他们对理智的发展保持灵敏而有效的兴趣。

欣赏这个题目为我们接下来探讨的三个原则——实际的或真正的(不同于名义上的)价值标准的本质、想象力在鉴赏的现实化中的地位、美术在课业中的位置——提供了一个合适的标题。

（1）评价标准的本质。在以前的经验和教育中，每个成人都获得了衡量各种经验的价值的一定标准，他已经学会把诚实、友善、坚忍、忠诚之类的品质视为道德上的善，把文学、绘画、音乐的一流名作视为美学的价值等等。此外，他还学会有关这些价值的规则——道德上的金科玉律，美学价值上的协调、平衡和适当的构成比例，理智上的明确性、明晰性和体系性等等。这些原则作为判断新经验的标准如此重要，以至于家长和导师总想把它们直接传授给青少年。他们没有注意到这一危险，即标准若以这样的方式被传授，将变成纯粹是符号性的。也就是说，在很大程度上变成了惯例性的、字面上的标准。实际上，个人的活动不是按公认的标准来进行的，而是依赖他自己特别欣赏的、因而在各种具体情境中有深远意义的东西。音乐中的某些特性在传统上为人们所尊重，个人了解到这些，就会以比较得当的方式谈论古典音乐，甚至真诚地确信这些特性构成了自己的音乐标准。但是，如果在他自身过去的经验中，他最习惯的、最喜爱的是散拍乐，那么，他现行的评价标准就可能固定在散拍乐的水准上。在他自己的领会中对他有吸引力的东西，比起传授给他的那种适当得体的东西，更深刻地决定着他的态度，由此确定下来的惯常倾向塑造了他以后的音乐经验中的实际的评价"基准"。

就音乐鉴赏而言，很少有人会否认上面的论述。然而，上面的论述同样能应用到对道德和理智价值的判断上。如果一个少年反复经验到善意待人这一价值的丰富意义，而且融入自己的性格倾向中，他就会获得一个衡量宽容待人的价值尺度。假如没有这种活生生的欣赏经验，别人无私的本分和德行留给他的印象，作为一种标准，完全只是符号，无法转化为现实。他的"知识"是二手的，即他知道别人称赞无私是一种优点，而如果他表现出无私，也就相应地得到别人的尊重。因此，个人公开宣称的标准与他真实的标准之间的分歧就产生了。个人可能察觉到在自己的各种爱好和理论观点之间挣扎会是什么结果：是做他实际所热爱的事情，还是做据他所知可以赢得别人赞赏的事情。由于这两者的矛盾，他深受其苦。然而，他对这一分歧本身并不一定察觉到，其结果就是造成无意识的伪善和性情不定。同样，如果一个学生经历了理智上的困惑，最后打拼出一条路，扫除了晦暗不清之处，得到了确定的结果，那么，他就能欣赏清晰性和明确性的价值。由此，他有一个可依赖的标准：经过外在的训练，他学会了有步骤地分析和划分素材，从而获知这些作为标准的逻辑功能的价值。但是，如果关于这种价值的知识在某一点上没有作为他欣赏的东西而打动他，那么所谓的逻辑规则，如同有关中国各条河流的名称一样，仍然是外在的知识。他能够背诵出来，但这种背诵不过是呆板机械的复述。

由此可见，把欣赏局限于诸如文学、图画和音乐这些东西上，是大错特错。欣赏的范围就像教育工作一样综合而全面。除非习惯是品味——偏好和尊重的惯常模式，是对优异品性的有效意识，否则，习惯的形成就纯粹是机械的事情。有人认为，学校重视的是外在"规训"、分数和奖励、升级和留级，对如何使学生真实地理解事实、观念、原则和问题的意义的生活情境却缺乏关注。显然，这种主张是有充分依据的。

（2）各种有鉴赏力的领会，应该与各种象征性的或表征性的经验区别开来。当然，它们并不与理智或理解力的活动相区分，事实上，只有包含想象的个人回应才能促成领会，即使是对各种纯"事实"的领会。在每一个领域里，想象都是欣赏的媒介。任何活动，只有有了想象的介入，才不至于沦为机械的。不幸的是，人们习惯于把想象与假想当作同样的东西，而不是把它作为热情而亲密的东西融入情境之中，从而导致人们对童话、神话、幻想的符号、诗和某种被称为"美术"的东西过高地估量，以为它们才是开发想象和欣赏的媒介。此外，由于忽略其他方面的想象力，导致人们在教育中采用缺乏想象力的、只能习得专业技能的方法，以及片面重视对知识的积累。理论有了长足的进步，实践也会在一定程度上有相应的进步，从而使人们意识到游戏活动是具有想象力的事情。但是，人们仍然把这种活动视为儿童成长中尤为突出的阶段，而忽略了下面这一点，即游戏与严肃职业之间的差别不应该是有无想象力的不同，而是想象力所专心处理的材料的不同。其结果，过分地夸大了儿童游戏中空想的和"虚构的"方面，把严肃的作业缩减成由于有外在确实的结果而备受重视的常规的效能。于是，成就就是指一台设计精良的机器比人做得更好，而教育的主要作用——实现充满意义的生活却被丢弃了。同时，学生心不在焉、飘忽的幻想恰恰是不可压抑的想象，它没有把关注的重心用在所做的事情上。

如果要领会直接的自然回应范围之外的事物，必须发挥想象力的媒介作用。人们充分认识到，这是脱离机械的教学方法的唯一出路。按照当代教育的发展趋向，本书特别注重活动。如果人们没有认识到，在人类活动中，想象如同肌肉运动是常规性的组成部分，那么，本书对活动的强调会有误导作用。手工活动、实验室实习和游戏的教育价值，取决于它们在何种程度上促进学生意识到所发生的事情的意义。即使这些活动在名义上不被称为戏剧性的,实际上也是戏剧性的活动。它们培养技能的习惯,用以获得切实结果的这种实用价值是很重要的,但如果与欣赏的方面相分离,其价值就不怎么重要了。如果不伴随着想象的运用,就不会有从直接活动通向符号表征性知识的道路;因为正是凭借想象,符号才得以表达直接的意义,并与有限的活动整合起来,使活动得到扩展和充实。如果表征性的、有创造力的想象仅仅被当作是文学的和神话的,那么,符号就沦为指导言说器官的身体反应的纯粹手段。

(3) 在前面的论述中,我们尚未明确地探讨过文学和美术在课程中的位置。那时,我们是有意省略这一探讨的。起初,实用技艺或工业技艺和美术之间的划界并不显著。我们在第十五章中提及的那些活动,本身包含以后被划分成美术和实用技艺的因素。因为这些活动涉及各种情感和想象,所以拥有美术的性质。又因为这些活动需要方法或技能,即不断完善地调整工具以适应材料,因此含有艺术产品必不可少的技术要素。从产品或艺术作品的角度看,它们是天然有欠缺的,尽管这些活动一旦含有真正的欣赏,就常有一种初步的吸引力。作为经验,它们既有艺术的性质,也有审美的性质。如果这些活动显现为受其成果检验的活动,当人们注重这种成果对社会的可用价值时,它们就转化成实用技艺或工艺美术了。如果这些活动朝着提升对吸引品味的当下性质的欣赏的方向发展,那么,它们就发展成美术。

在欣赏的诸多意义中,有一种意义与贬低相对立。它表示一种扩展的、加强的评价。它不只是纯粹的评价。它完全不同于贬低,即降低的、降格的评价。对那些使普通经验具有吸引力、可供专用并被充分吸收、令人愉快的性质的提升，正是文学、音乐、素描、油画等等在教育中的首要作用。就一般意义的欣赏来说，文学、音乐、素描、油画等并不是欣赏的唯一媒介；然而，它们是这种增强的、提升的欣赏的首要媒介。它们不仅是内在地、直接地让人愉悦，还服务于它们自身之外的目标。它们越发具有一切欣赏所拥有的确定品味和构成以后经验价值标准的职能。它们不满于低于其标准的环境，因而要求周围环境提升到符合它们水准的状况之中。它们揭示经验中的意义的内涵和范围。如果没有这种意义，这些经验就是平凡而微不足道的。也就是说，它们提供了洞察力。此外，它们充分表现出善的要素的精华和完满，否则，这些要素是散乱而不完整的。它们选择并关注那些让人愉悦的价值要素，使任何经验直接让人愉悦。它们不是教育的奢侈品，而是使任何教育都有价值的强烈表达。

2. 对课业的评价

教育价值理论所涉及的，不仅是欣赏的本质被确定后对评价的衡量标准的描述，而且包括对这些评价的具体方向的叙述。评价首先意味着珍视、尊重，其次是评判、评估。也就是说，它既意味着珍爱、珍视某物的行为，也意味着把这个对象与其他东西作比较，以判断它的本质和价值大小的行为。后一种意义上的评价，就是估价或曰赋值。这一区分，与人们有时对内在价值与工具价值所作的区分是一致的。内在的价值不是被判断的对象，它们不能（因为是内在本质的）被比较，也不能以大小多少、好坏优劣而加以衡量。它们的价值是无法衡量的。如果一个东西的价值是无法衡量的，那么，它与其他东西相比较，也无法衡量哪个价值更大或更小。可是，有时会出现人们必须作抉择、作取舍的情况。这就确立了一种偏好的次序，即大小、优劣的次序。需要判断或鉴定的东西不得不通过与第三个东西——更深层的目的建立联系来得到评估。就第三个东西来看，它们或者是手段，或者是有价值的工具。

设想某人在某一时间享受与朋友交谈，在另一时间享受交响乐；某时享受用餐，某时又享受阅读书籍，或者某时因挣钱而乐在其中，如此等等。作为一种欣赏的现实化，这些活动中的每一项都有其内在的价值，都有特定的地位。它们服务于自身的目的，这些目的是不可取代的。这里既不存在相比较的价值，也不存在评价问题。每一项实际上都是特定的善。这就是全部，没什么别的可说。就每一项活动自身而言，没有哪一项是追求自身之外的东西的手段。但是，可能会发生这样的情况，即各项活动相互竞争或发生矛盾，人们必须作出抉择。此时，比较就出现了。既然必须作抉择，人们就必须知道每一个竞争者各自的主张。为此，人们应该说什么呢？就达成平衡而非对抗而言，在与其他可能性的比较中，它能给人们提供什么呢？这些问题的提出，意味着某个特殊的善不再以自身为目的了，不再是内在的善了。因为假如它是内在的善，它的主张就是不可比较的，是绝对必需的。现在的问题是，它处于达成某种其他东西的手段的地位上，而它要达成的东西就是那个情形中其价值无法被衡量的东西。如果一个人刚用过餐，或者他通常饮食很好，却很少有机会听音乐，那么相比吃东西,他很可能更喜欢听音乐。在这个既定的情境中,听音乐会获得更大的意义。如果他处于饥饿状态中,或当下已经听腻了音乐,他自然会判定获得食物具有更大的价值。简言之,除了不得不作出抉择这样的具体情境的需要,根本不存在价值的等级或次序。

由此,就教育的价值方面,我们可以得出一定的结论。人们不能对各门课业设立价值的层次等级。如果试图把各门课业依照从最小价值到最大价值的次序进行排列,肯定是徒劳无功的。在经验中,任何课业都具有独一无二的或不可取代的功能,都标志着对生活的独有的充实。就此而言,各门课业的价值都是内在的或不可比较的。既然教育不是生存的手段,而是统一于过去富有成果的、有内在意义的生活过程,那么能够被设立起来的唯一的终极价值就是生活过程本身。这个终极价值不是课业和活动作为手段所服从的目的,而是一个整体,课业和活动只是构成它的不同部分。上面关于欣赏的论述的要旨是,每一门课业在某个方面都拥有这样的终极意义。比如,诗歌在某时某地应该有因其自身而受人欣赏的善——简言之,就是只作为让人愉悦的经验。同样,算术也是如此。如果它不是这样,那么当它在某处被用作手段或工具时,就天生是有缺陷的。除非一门课业能够由于其自身而受到学生领会或欣赏,否则,它就不可能成为其他目的的资源。

同样可以得出的结论是:当人们就课业的价值进行比较,亦即把它们当作实现自身之外某种东西的手段时,就会在使用它们的特殊情形中,发现支配着对它们作出适当评价的东西。使一个学生理解算术的工具价值,所应采用的方法不是告知他在遥远不定的未来,算术将给他带来什么好处;而是要让他发现,想在自己感兴趣的事情上取得成功,必须依靠运用数字的能力。

还可以得出的结论是:尽管人们近来花费大量时间,试图赋予不同的课业以不同的价值,但这一努力是被误导的。比如,科学涉及何种价值,取决于它作为手段参与到何种情境中。对有些人而言,科学的价值可能在军事上,它可能是强化进攻或防守措施的工具;作为工程设计的工具,它可能有技术性的价值;它可能具有商业性的价值——可以帮助人们成功地管理生意。而在另一些情况下,它可能有慈善价值,即为减轻人类的痛苦而提供服务;它也可能有通常的价值,即确立"有教养的"人的社会身份。实际上,科学服务于所有这些目的,而试图将其中的某个目的确立为科学的"真正"目的,是武断专制的事。在教育方面,唯一能确定的是:人们传授科学给学生,目的是使科学在学生的生活中成为目的本身,即某种因为对生活经验作出贡献而有价值的东西。最重要的是,科学必须有"欣赏的价值"。如果我们考察与科学相反的东西,比如诗歌,上面的论述也一样适用。当下的情况可能是,诗歌的主要价值在于它对闲暇中的享受所作出的贡献。但是,这可能是一种衰退的状况,而不是必然的情况。从历史上看,诗歌是与宗教、道德关联在一起的,它服务于洞察事物所具有的不可思议的深度这一目标。它曾经也有极大的爱国价值,对希腊人而言,荷马的诗歌就是一部圣经、一本道德教科书、一段历史记录,又是激励民族的作品。不论在何种情况下,如果教育不能成功地使诗歌成为闲暇生活的资源,同时又作为生活事务中的资源,那么,这种教育就是有问题的,或者这样的诗歌就是虚伪造作的。

上述考虑同样适用于讨论一门课业或某个课题有关调动积极性方面的价值。那些负责编制课程和传授学业的人有理由认为,科目及其课题既大幅度地充实了学生的生活,也提供了相应的材料,使学生可以在他们直接有兴趣的其他事务中使用。由于课程总是满载着沿袭下来的传统材料和代表某些有势力的人物或人群的能力、为他们所重视的科目,因此必须不断加以审视、批评和修正,以确保其目标的实现。此外,总是存在这样的可能性,即课程代表的是成人而非儿童和青少年的价值,是上一代学生而非当今学生的价值。因此,必须有批判的展望和考察。但是,这些考虑并不意味着,一门科目对学生有内在的促动价值或工具性的促动价值,这和学生自己意识到这种价值,或他能说出学习这门科目的好处,是同一回事。

首先,只要一个课题能够产生直接的吸引力,就没有必要追问它有什么用处。只有针对有关工具价值的问题,才能这样提问。有些事物的善好不是对什么东西有好处,它们本身就是好的。此外任何其他的观点都会导向谬误。如果不是事物在某一点上有内在的善,即对它本身就是有好处的,人们不会停止对工具性的善的提问,而工具性的善的价值在于它对其他事物有好处。对一个健康的儿童来说,如果他饿了,那么,食物就是这个情境中好的东西,人们不必为了给他提供吃的动机而让他了解食物有利于他的那些目的。与食欲相关的食物本身就是一个动机。有精神渴求的学生,对待许多课题的情况也是如此。不论学生,还是教师,都不可能准确地预知学习在未来将实现什么目标,而且只要学生有持续学习的愿望,就不需要详尽地指出这种学习应有什么特殊的好处。学生有所回应,这个事实就是对学习有好处的证明,他的回应就是用处。他对材料的回应,说明这门科目在他的生活中是发挥作用的。比如,就一门课业来说,拉丁文本身是有价值的,但以此作为教授拉丁文的正当理由,似乎是荒唐可笑的。反之,以为除非教师或学生能指出拉丁文在未来可以有某种确切的、可指定的用途,否则它就没有正当的价值,同样是荒唐可笑的。当学生真正关注拉丁文的学习时,这本身就证明了拉丁文有价值。在这样的情况下,最应该追问的是:既然时间宝贵,是否还存在其他事物,它们不但拥有内在价值,还拥有更大的工具价值。

于是,我们被引导到工具价值的问题上——学习科目是出于它们自身之外的某个目的。如果一个孩子病了,给他食物,他没有胃口,不想吃;或者他的食欲不正常,更想吃糖果,而不想吃肉和蔬菜,那就应该向他指出各种结果,让他意识到各种后果,以这些后果证明某种东西有正面的价值、某种东西有负面的价值。也可能各种情况很正常,但由于个人不理解自己所要获得的某种内在的善,需要依靠积极关注别人所呈现给他的东西,因而没有为某种事物所触动。那么,在这样的情况中,确立对这种关联的意识显然是需要智慧的。一般而言,一个课题应该通过以下的方式呈现给学生:要么它有直接的价值,因而它的正当性无需辩护;要么它被作为实现某种有内在价值的东西的手段。由此,工具价值拥有了作为实现目的的手段的内在价值。

有人也许会问,在课业价值的问题上,当下教育学的兴趣是否过于狭隘。有时,人们试图为学生生活中不再服务于任何直接或间接目的的课题作辩解,这种努力看上去很费劲。在另一些时候,人们对无用之物的反对似乎达到了这样的程度,即认为除非编制课程的人或学生本人能够指出课程在未来具有相当明确的效用，否则不应该教任何科目或课目。可是，这样的反对忽略了这个事实，即生活自身就是其存在的理由，可以确切指出的效用只是因为丰富了生活本身的经验内容，才被证明是正当的。

3. 价值的分层和组织

对生活中有价值的方面进行大体的分类当然是可能的，为了充分地考察教育的目的（见第133页），使教育事业具有广阔性和灵活性，这种分类是有优势的。但是，如果将这些价值视为终极目的，把具体的经验满足感附属于它们，就是一个巨大的错误。实际上，这些价值只是对具体的好处的得当的概括。健康、财富、效能、社交力、效用、文化和幸福本身，都不过是一些概括了大量个别事物的抽象名词。把这样一些东西作为具体的教育课题和教育过程的标准，就是使具体事实附属于抽象概念，而抽象概念又源自这些具体事实。正如我们在前面指出的，在任何真正的意义上，它们都不是评价的标准。评价的标准可以在形成品味和偏好习惯的具体现实化过程中找到。然而，上述价值之所以具有重要的意义，是因为它们是在超越生活细节之上提出的见解，人们由此来考察整个生活领域，了解构成它的细节如何分布，以及它们的比例是否得当。

任何分类都具有自己的时效性，下面的论述将有助于证明这一点。毋庸置疑，学校工作应当促进的那类经验，是以利用资源、克服障碍的执行力（效能）为特征的；是以社交力或与他人结交友谊的兴趣为特征的；是以审美品味或至少能欣赏某些经典的艺术杰作的能力为特征的；是以经过训练的理智方法，或者对某种模式的科学成就的兴趣为特征的；也是以对他人的权利和要求的敏锐度——凭良心做事为特征的。虽然这些思考不是价值标准，但对审查、批判以及更好地组织现有的教育方法和教材来说，是有效的准则。

由于生活中的各行各业彼此孤立，人们趋向于对教育进行价值分层，事实上，对这种想法的需求也在增加。一种流行的观念主张，不同课业象征着彼此分离的各种价值，因此课程构成应该结合多方面的课业，从而充分考虑到各种独立的价值。下面所引用的一段文字未曾使用"价值"一词，但它蕴含着这样一种构建课程的理念，即课程中有很多彼此分离的目的有待实现，可以根据每一门课业各自的目的来评判其价值。"多数课业都训练记忆，但以语言和历史两科为最佳；较高级的语言的学习训练鉴赏力，但以英国文学的训练为佳；一切较高级的语言教学都训练想象，但主要以希腊文和拉丁文诗歌为上；尽管早期拉丁文和希腊文也有一些对观察的训练，但论起训练观察，还数实验室的科学工作为优；论起训练遣词造句，希腊文和拉丁文写作居首，英文写作次之；而训练抽象推理，数学几乎可以独领风骚；训练具体论证，则是科学居首，几何学随其后；训练对社会论理，希腊和罗马历史学家和雄辩家居首，一般历史次之。因此，可以称为完整的最低限度的教育涵盖了拉丁文、现代语言、历史、英国文学以及科学。"

上述引文中不少表达与我们的论点无关，我们将越过这些，不作阐明。这段文字的措辞暴露了这位作者写作时接受的褊狭的传统，其中无可争议地假定了有些"官能"要经过训练，而其兴趣主要集中在古代语言上，相对地漠视人们生存栖身的地球和他们行走人世间所依靠的身体。然而，如果我们宽容地看待这些问题（甚至彻底弃之不顾），就会发现，在当代教育哲学中，有许多类似于把特定价值分派给彼此隔离的课业的观点。情况往往是：即使某个目的被作为价值标准，比如社会效能或文化修养；但人们常常发现，这不过是口头上的标题，各种不相关的因素都被置于这个标题之下。与上述引文相比，虽然当代教育哲学的普遍趋势是容许一门课业拥有多样化的价值，但试图罗列每门课业所蕴含的价值、说明既定课业中的每种价值的份额，这种努力显示出教育中隐含着的某种分崩离析的迹象。

实际上，这些规划课业价值的方案，大多是不自觉地为人们熟悉的课程的正当性作辩护。在很大程度上，人们承认现行课程的各门课业，并给它们分派价值，作为教授它们的充分理由。比如，人们声称，数学在使学生深谙陈述的精确性和论理的缜密性方面有规训价值；在让人通晓有关贸易和技艺中的计算技巧方面，有功利价值；在拓展想象以应对事物间极为普通的关系方面，有文化价值；甚至在有关无限的概念及同类的概念方面，有宗教价值。然而，很明显，数学不是因为具有诸多被称为价值的不可思议的效力而实现这些成果的。相反，当它实现这些成果时，它才拥有这些价值。这些论述也许可以帮助教师在了解数学教学中可能产生的结果方面开阔视野。但不幸的是，人们却倾向于把这种论述理解为这些力量天生内在于这一科目里，而不管这些力量是否起作用，借此给这门科目的正当性作强硬的辩解。一旦这些力量不起作用，不应该归罪于所教的科目，而应该归咎于学生对它没有兴趣和不听从教学。

　　与这种对待科目的态度相反,就是把经验或生活当作是由并立共存而又相互制约的各种独立的兴趣混杂而成的东西。修读政治学的学生,对政府权力的制衡理论早已熟悉。这个理论理所当然地认为,政府中设有独立自主、各自分离的职能,如立法、执行、审判、行政职能等,这些职能中的每一个都能制约其他职能,从而营造出一个理想的平衡状态,并能顺利地运作。也有一种哲学,我们不妨称其为经验的制衡理论。生活呈现出兴趣的多样化,如果对这些兴趣放任自流,它们容易彼此侵犯。因此,理想状态是为每一个兴趣规定一个特定的领域,以涵盖经验的全部领地,并注意确保每个兴趣留守在自己的边界内。政治、生意、消遣、艺术、科学、博学的职业、文雅的交流、休闲等等,都象征这样的兴趣。其中每一种兴趣都有很多分支,例如生意或交易分为体力工作、行政事务、记账、铁路工程、银行业、农业、贸易和商业等等,而其他兴趣也可以作这样的细分。理想的教育就是为满足这些各自分离、各占门户的兴趣提供手段。只要观察一下学校,我们就会有这样的印象,即学校认可有关成人生活本质的这一观点,并承担起符合这一观点的任务。成人生活的每一种兴趣都被认为是一种确定的体制,而学生学习的课程必须与之相适应。因此,在学生学习的课程中,必须设立涉及政治和爱国方面的公民学和历史、某些实用的课业、某种科学、某种艺术(大体上是文学)、某种娱乐、某种道德教育等等。我们可以看到,目前关于学校所鼓吹煽动的东西,很大程度上都是关于学校要给每一个兴趣应得的认可所发出的疾呼和争辩,力争为每一种兴趣在课程中占有相应的位置;或者如果在现行的学校体系中无法贯彻,那么就设法建立一种新式的不同的学校教育来达成这一需求。在这么多的教育科目中，教育本身却被抛在脑后了。

其结果必定是课程拥堵过量，学生不堪重负，精力分散，而狭隘的限定又对教育观造成了致命的影响。但是，这些恶果导致人们抱薪救火，做更多同样性质的事情加以补救。当人们发觉一种充分的生活经验的要求无法达成时，不是把这种不足归咎于现有科目的孤立和褊狭，从而改造教学体系的基础；而是引入别的课业来弥补这种不足，或者必要时开办另一所学校。一般来说，有些人抗议已造成的课程过分拥堵，以及随之而来的学生学识的浅薄和精力分散，但他们只是诉诸纯粹数量上的标准，其补救措施就是削减大量被视为时下流行的、华而不实的课业，回归到基础教育的"3R"（读、写、算）和高等教育中古典文学和数学这样的传统课程上去。

当然，这种情形有其历史因由。以往的各个时代都有自己特有的奋斗和利益。每一个伟大的时代都留下了文化的积淀，好比地质层一样。这些文化积淀都以课业的形式——与众不同的课程和学校的形式进入教育制度。随着19世纪政治利益、科学兴趣和经济利益的迅速变化，教育不得不为新的价值提供准备。尽管旧有的课程负隅顽抗，但它们至少在本国被迫退出垄断的地位；然而，它们在内容和目标上并没有被重新制定，只是在数量上被减少了。尽管代表新兴趣的新课业已被注入课程教学，但并未被用来转变教育的方法和目标，结果成了一个混合物；而把这个混合物拼接起来的接合剂，就是学校教学大纲或课程表。由此出现了各种价值方案和价值标准，我们前面已做了相应的论述。

教育中的这种情形，表现了社会生活的划分和分离。各种各样的兴趣本应是任何丰富而平衡的经验的特征，如今却分崩离析，带着各自独立的目标和方法被贮存到彼此分离的体制中。生意就是生意，科学就是科学，艺术就是艺术，政治就是政治，社交就是社交，道德就是道德，消遣就是消遣等等。每种兴趣各有其单独、独立的领域，各有其特定的目标和活动方法。每种兴趣都只是外在地、偶然地帮助了别的兴趣。一切兴趣以并置、相加的方式组成了整个生活。生意应该提供金钱，钱被用来赚取更多的钱财，用来养家糊口，用来买书画，买可以陶冶文化情操的音乐会门票，用来缴税，支付慈善馈赠，以及其他有社会和伦理价值的东西。除此之外，还能对生意期待什么？如果期望生意本身培养广泛而精致的想象力；期望它不是通过它所提供的钱财，而是直接地为它充满活力的原则而服务社会，并且作为一项事业代表社会组织而受到管理，显然是不切实际的！类似的话稍作修改，同样适用于艺术、科学、政治、宗教事务。每种兴趣不仅在对工具和时间的要求上，而且在其目的和启发精神方面，都各自为营。我们的课程和教育价值的理论不自觉地反映出兴趣的分裂。

由此可见，教育价值理论中讨论的问题就在于经验的统一性或完整性。在不失去精神统一性的情况下，如何使经验既完全又多样呢？如何使经验既是统一的，又不因这种统一性而变得褊狭而单一呢？归根到底，价值和价值标准的问题就成了生活兴趣如何被组织起来这样的道德问题。在教育上，这个问题涉及学校、材料和方法的组织，以便使经验广泛而充实。如何使人们在不牺牲执行效率的同时具备广阔的眼界？如何使人们不以彼此分离为代价而确保兴趣的多样性？如何使个体运用自身的智力而不是牺牲它来获得执行能力？在个人充实的心智性情中，如何使艺术、科学和政治相互补充，而不是构成那些要以其他事物为代价才得以追求的目的？如何使生活兴趣和加强生活兴趣的课业充实人类的共同经验，而不是把它们彼此分开？由此提出的这些重组问题，我们将在末尾几章中加以论述。

概要

在前面探讨目标和兴趣时，基本上涵盖了价值所涉及的要素。但是，既然教育价值往往是与课程中各种课业的要求结合起来进行探讨的，那么，我们在这里已从特定的课业的角度重新讨论目标和兴趣。"评价"这个词有两个不同的含义：一方面，它指赞赏事物的态度，肯定某物自身或内在地是有价值的。它被用来指称一种充分或完全的经验。在这个意义上，评价即欣赏。但是，评价也意味着特殊的理智行为，即进行比较和判断，对对象的价值作出评估。当人们缺少直接的、充分的经验时，就会进行评估，从而产生这样的问题，即在某个情境多种可能性中，为了达到充分的领会或获得活生生的经验，应该选择哪一种可能性。

然而，决不可将课程中各门课业划分成欣赏性课业，即与内在价值相关的课业，以及工具性课业，即其价值或目的在自身之外。任何科目的合适标准的形成，都取决于实现这门科目对经验直接当下的意义所作的贡献，取决于某种直接的欣赏。文学和美术具有特殊的价值，因为它们象征了欣赏的最高境界——通过选择和提炼，进一步实现它们的意义。可是，每一门科目对关注它的个体而言,在其发展的某阶段应该拥有一种美学的品质。

对经验中的各种直接的内在的价值作出贡献,这是决定各种课业的工具价值和引申价值的唯一标准。人们常常把各自分离的价值分派给每一门课业,把课程整体视为是一种由各自为营的价值聚集而成的合成体,这种趋向是社会群体和阶层隔绝所造成的。因此,在民主的社会群体中,教育的职责就是与这种隔绝相抗衡,从而让各种不同的兴趣能相互加强且产生作用。

第十九章

劳动与闲暇

1. 对立的起源

我们已经讨论过,目标和价值彼此之间相互隔离,这种隔离导致了它们之间的对立。教育史上表现出来的由来已久的对立,在于为实用劳动作预备的教育与为闲暇生活作预备的教育。"实用的劳动"和"闲暇"这两个词就足以证明我们前面的陈述,即各种价值之间的隔离和抵触,这不只局限在它们自身封闭的范围内,还反映出社会生活的分离。在一个共同体的不同成员之间,如果靠工作营生与文雅地享受闲暇的机会这两种功能可以公平地分派,那么,谁也不会认为教育机构与相关目标之间会有什么抵触。问题是一目了然的,即如何使教育最有成效地促成这两种功能。人们发现,有些教育材料实现这种结果,而其他教材则实现另一种结果。在条件允许的情况下,人们应该顾及并保障两种结果同时出现、相互交织。也就是说,直接以闲暇为目标的教育应该尽量间接地提升工作的效率和劳动的乐趣,而以实用的劳动为目标的教育则应该养成情感和理智上的习惯,实现相称的文雅的闲暇生活。

教育哲学史的发展足够支持上述一般性的观点。自由教育与专门教育、产业教育之间的对立可以追溯到古希腊时期,这种对立是通过把社会分为必须以劳动谋生的阶层与摆脱了这一必然性的阶层而明晰地表达出来的。自由教育适合于后一个阶层的人,在内在实质上,它比起提供给前一个阶层的卑贱的训练显得更高贵些。这种观念反映了一个事实:一个阶层是自由的,而另一个阶层的社会地位是卑下的。卑下的阶层不仅要为自身的生存而劳动,还要用劳动为上流阶层供应生活物资,让上流阶层不必亲身从事那些几乎占用了所有时间而在本质上不涉及智力或不增长智力的事务。

毋庸讳言,个人必须从事劳动。人类要生存下去,就必须通过工作为自己提供生活物资。即使人们认为,与谋生相关的兴趣只是物质性的,其内在实质上次等于摆脱劳动、享受时光的兴趣;即使人们公认,在物质性的兴趣中有某种引人入胜的、地位也不低的东西,它引导物质性的兴趣,努力夺取属于更高等的理想兴趣的位置,但是,如果没有社会阶层分离这个事实,仍不会导致人们忽视训练别人去追求实用事务的教育,反而更容易特别关注这类教育,以便训练别人胜任这些事务,并使他们保持固有的地位。教育要设法避免那些恶果,它们是在疏忽的边际地带滋长起来的。只有当这些兴趣的划分和下等、上等社会阶层的划分相呼应时,对实用劳动做准备才被看作没有价值的东西而受到蔑视,这个事实使我们得出如下的结论,即严格地把劳动认同为物质性的兴趣,把闲暇认同为理想的兴趣,本身就是社会影响导致的结果。

两千多年前社会情境中产生的教育构想始终具有如此巨大的影响力,如此清晰而又合乎逻辑地使人们认识到划分劳动阶层和有闲阶层的意蕴,这些构想应该受到特别的关注。根据这些构想,在有生命的存在者的结构体系中,人占有至高无上的地位。人在某种程度上拥有与植物和动物同样的结构和功能——营养的、生殖的、活动的或实践的功能,人与其他有机物不同的功能是为观看宇宙奇景而存在的理性。因此,人类真正的目的在于实现人类与众不同的特质的最充分潜能。把观察、冥想、思索、沉思生活作为追求的目标,才是人的正当的生活。此外,理性可以恰当地控制人类本性中较低等的要素——欲望和活跃的、活动的冲动。这些低等要素本身是贪婪的、桀骜不驯的、极不节制的,力求自身得到满足;但是,当它们听从理性的支配时,它们开始遵行适度节制——中道原则,为适宜的目的效力。

上面论述的是理论心理学的状况,亚里士多德曾详尽地阐述了这种状况。但是,这一事态体现在人类各阶层的结构上,因而也体现在社会的组织上。只有在少数人中,理性才能作为生活的法则起作用;对大多数人而言,占支配地位的是植物性和动物性的功能。他们理智的能量脆弱微小、变幻不定,以至于持续地被身体的欲望和激情所制服。这样的人并不真正以自身为目的,因为唯有理性才形成最终目的。他们像植物、动物和物质工具那样,被用作实现他们自身之外的目的的手段、用具。尽管他们也有不同于动物、植物的地方,即他们拥有足够的智力,从而在执行委派给他们的任务时运用某种辨别力。因此,有些人出于自然本性,而不仅仅是出于社会习俗,才成为奴隶,即实现他人目的的手段①。在某个重要的方面,工匠的情况甚至比奴隶更糟糕。与奴隶一样,他们也为他们自身之外的目的服务;但由于他们不具有与自由的上流阶层之间的私人关联,而家庭奴隶却具有这种关联,因而工匠仍然停留在较低等的层面上。另外,女人被归到奴隶和手艺人一类,因为她们是用于对自由或理性生活手段进行生产和再生产的活工具。

不论是对个体而言,还是对集体而言,在纯粹的生存和过有价值的生活之间都存在着鸿沟。一个人要过有价值的生活,首

---

① 亚里士多德并不认为,现实的奴隶阶层与自然的奴隶阶层必定是重合的。

先必须生存，集体社会也是如此。为纯粹的生存、为谋生而耗费的时间和精力，不但损耗了可用来开展具有内在理性意义的活动的时间和精力，而且与这些活动不相适合。手段是卑微的，给人提供服务是卑下的。在这个意义上，只有不费力气、不予关注就能获得物质必需品，真正的生活才是可能的。因此，奴隶、工匠和女性被用作提供生存的手段，以便其他人即那些具备充分智力的人，能够在生活中悠闲地关注内在本质上有价值的事。

　　这两种模式的职业从事不同的活动，一种是卑下的活动，另一种是自由的活动（也可称之为"艺术"）。对应于这两种职业模式的是两种教育类型：一种是低下的教育或机械的教育，一种是自由的或理智的教育。通过适当的实践练习，有些人获得了做事的才能，获得了使用机械工具的能力，从而生产物质商品，提供个人服务。这种训练只能培养习惯和专门技能，它依靠的是应用中的反复操作和孜孜不倦，而不是唤起和培养思考。自由教育旨在训练智力的独有职能——认知，而这种认知与实践事务的关系越远，与制造或生产的关系越远，对智力的利用就越充分。亚里士多德始终把低下的教育与自由教育分得泾渭分明，而涉及实践的、现在称之为"美"术、音乐、绘画和雕塑的东西，则被划归到低下的技艺中。它们涉及物质工具、勤加练习和外在结果。比如，在对音乐教育的探讨上，他提出这样一个问题，即一个年轻人练习乐器应该达到什么样的程度。他回答说，练习且精通到可以帮助他欣赏音乐的程度。也就是说，当奴隶或乐师弹奏音乐时，他能理解和享受。如果旨在获得专业能力，那么，音乐就从自由的层次贬低到职业的层次。亚里士多德认为，一个人也以这样的方式教烹饪。甚至有关美术作品的自由事务也依赖于受雇的画师阶层的存在，他们使自身的人格发展服从于获得动手绘画的技能。活动越高级，其精神性质就越纯粹，而它与物质的东西或肉体的关系就越远。活动的精神性质越纯粹，就越是自立或者自足。

以上的文字让我们想到，亚里士多德甚至还对那些过着理性生活的人作出了高下之分。因为就目的而言，个人的生活是纯粹伴有理性，还是把理性作为生活本身的媒介环境，在其自由的行动中会有区别。也就是说，如果一个自由公民投身于他所属的共同体的公共生活，参与管理公共生活事务，取得了个人的荣耀和声望，可以说，他过着一种伴有理性的生活。但是，思想者致力于科学研究和哲学沉思，可以说，他在理性之中工作，当然不只是运用理性。即便是一个公民，在其公民关系方面的活动，也保留着实践的印迹和外在的或纯粹工具性的行事活动的印迹。下面的事实体现了这种影响，即公民的活动和美德都需要有他人的帮助，因为任何个人都不可能独自一人开展公共生活。可是，在亚里士多德的哲学中，所有需求、欲望都隐含着物质的因素，包含不足、匮乏，它们的完满有赖于在它们自身之外的某种东西。然而，对一种纯粹理智的生活而言，个人可以只依靠自己在自身中生活。他从别人那里得到的帮助是偶然的，不是内在固有的。在认识中，在理论生活中，理性得到充分的显现。事实上，不考虑任何应用，为认识而认识，唯有这样的认识才是自立的或自足的。因此，只有不考虑公民义务的践行、纯粹培养以自身为目的的认知能力的教育，才是真正的自由教育。

2. 当前状况

　　如果上述观念确实代表了亚里士多德本人的观点，这多少是个有趣的历史典藏。它可能被当作缺少同情心或理智上有突出禀赋的人炫耀学识的例证而遭到摒弃。但是，亚里士多德只是以不带困惑，不带常伴随内心困惑而出现的不真诚的态度描述了他当时的社会的生活。毋庸置疑，从亚里士多德那个时代以来，现实的社会状况已发生了天翻地覆的变化。然而，尽管发生了这些变化，尽管合法的农奴制已被废止，民主思想随着科学和一般教育（包括书籍、报刊、游历、社交以及学校）的推广得以传播，社会却仍然存在着明显的分裂，即分裂为有学识的阶层和没有学识的阶层、有闲阶层和劳动阶层。这使亚里士多德的观点极大地启发人们批判当下教育中文化与效用分裂的局面。在教育学的探讨中显现出来的理智的且抽象的区分背后，依稀可见社会的分离，即有些人的工作只涉及最低限度的自我指导的思想和审美欣赏，而另一些人却较为直接地涉足智力的事情，涉足对他人各种活动的控制。

　　亚里士多德曾说："不管什么职业、艺术或研究，只要使自由人的身体、灵魂或理智不适合优秀品性的使用和践行，都应被看作是机械的。"这当然是无可厚非的。如果人们坚称，现在名义上也是这样声称的，所有人而不是少数人是自由的，那么，亚里士多德这一言论的力量就被大大地强化了。如果大多数男人和所有女人基于他们身心的自然本性被视为是不自由的，只有对他们进行适当的训练，使他们获得机械技能，而不管这种训练将来对他们共享有价值的生活的能力的深远影响，那么，这种观点既不存在理智上的困惑，也不存在道德上的不真诚。亚里士多德接着说："所有以金钱为目的的职业与贬低身体条件的职业一样，都是机械的，因为它们剥夺了理智的闲暇和尊严。"显然，这句话也是正确的，我们之所以说它是正确的，因为有酬劳的职业实际上剥夺了理智得以实行的条件，从而也剥夺了理智的尊严。如果说亚里士多德的这些陈述错了，那就错在他把某个历史阶段的社会习俗等同于自然的必然性。但是，如果说人们对心灵和物质、心灵和身体、智力和社会服务的关系可能持有比亚里士多德更好的观点，那么，也只有当这种观点促使旧有观点在实际生活和教育中被淘汰时才得以成立。

亚里士多德认为，纯粹的技能的展现和外在产品的累积相较于理解力、欣赏的共鸣和观念的自由发挥，是次等的、从属的。在这个方面，他总是正确的。如果说其中有错，那就错在他认为，在制造商品、提供服务的效率和自我指导的思想之间的分裂是必然的，即在重要的知识与实际的成效之间存在着天然的分裂。如果我们只是改正他在理论上的谬误，认可、包容形成他的观念的社会状态，情况很难有什么改善。如果人们认为，从农奴身份到自由公民身份转变的最重要的成果，只是人类生产工具的机械效率有了提高，那么，与其说他们在这一转变中得到了什么，不如说失去了什么。同样的，如果人们欣然接受那些直接利用自然的人所处的缺乏才能的不自由的状态，而把起控制作用的智力留给离群索居的科学家和行业首脑所专享，那么，他们把智力看作以行动控制自然的官能，不是有所得，而是有所失。只有当人们摆脱下述状态——教育实践中持续不断地训练大多数人从事只涉及纯粹的生产技能的工作,而训练少数人通晓作为修饰和文化点缀的知识——时,才能公正地批判把生活区分为各种分离的功能、把社会区分为彼此分离的阶层的现象。简言之,如果人们只是在这些表示自由、理性和价值的理论象征之间摇摆变动,就没有能力超越古希腊的生活哲学和教育哲学。如果人们在情感上转变态度,认定劳动是高贵的,认定为他人服务的生活比疏远冷漠的自足自立的生活更加崇高,他们同样无法超越古希腊的生活哲学和教育哲学。尽管理论上和情感上的这些转变很重要,但其重要性首先在于对发展一个真正民主的社会,即所有人分担有用的服务并享有相称的闲暇的社会的考量。人们需要改革教育,但并不只是由于文化、自由心灵和社会服务这些观念的转变;而是因为他们需要通过改革教育,使全部的社会生活发生转变。“大众”在政治上和经济上日益得到解放,这也体现在教育上,它带动了公共的、免费的公立学校的教育体系的发展。由此,以为学识应该被极少数天生注定支配社会事务的人所垄断的这种观念被破除了。然而,革命尚未结束,仍然有一种盛行的观念,认为真正的文化教育或自由教育是不可能的,至少不可能直接与工业事务有任何共同之处;认为适合大众的教育一定是实用的或者实际的教育,而这个意义上的“实用”和“实际”,恰恰与培育鉴赏力、解放思想是相悖的。

由于上述原因,现实的教育体系成了一个不融贯的混杂体。人们保留了一定的课业和方法,假设它们在追求自由上具有特殊的意义,而“自由的”一词的主要内容则是对实际目的没有用处。这种情况主要体现在所谓高等教育——大学教育和升大学的预备教育之中。但是,它已渗入基础教育,而且在很大程度上掌控了基础教育的进程和目标。当然,从另一方面看,它对忙着营生的大众和在现代生活中拥有越来越高地位的经济活动也作出了某些让步。这些让步既体现为各行业、工程、手工训练和商业开办的专业学校和课程,以及职业教育和职前教育预备课程;也体现在重视讲授基础科目,比如"3R"(读、写、算)的教育精神中。结果造成这样一种体系,即"文化的"和"实用的"科目共存于一个无机结构的混合体中,其中"文化的"科目的主要目标不是对社会有用,而"实用的"科目的主要目标也不是解放想象力或思考力。

这种以往遗留下来的情况下,甚至在同一课业内部都存在着奇特的合成,即既对实用性作出退让,又保留着只为闲暇做准备才具备的特征。在课业的动机中,可以找到"效用"的因素;而在教学方法中,则可以找到"自由"的因素。与彻底地拥护这两种原则之中的任何一种比较起来,这种混杂的结果可能更不合心意。比如,学校起初四年或五年的课业几乎完全由阅读、拼写、书写和计算所构成,这样安排的动机,是因为阅读、书写和精确计算的能力是进一步学习必不可少的。这些课业或者被当作谋得赚钱工作的手段,或者是之后进一步求学的工具,根据学生以后是否留在学校里继续求学而定。这种态度充分表现在人们强调操练和实践,以获得习惯性的技能上。如果人们看一下古希腊的学校教育,就会发现,从早期开始,获得技能就在极大程度上次要于获得具有审美和道德意义的文学内容。古代教育注重的不是获得工具以备随后使用,而是当下的教材。然而,把这些课业同实际应用脱离开来,把它们简化为纯粹的符号工具,表明自由的训练与实用相分离的观念仍然留存下来了。彻底采用效用的观念,会使教育把课业与直接需要这些课业以及使它们在当下直接起作用的情境联系起来。想要在这种课程中找到一门课业,既在这两种对立的理想之间作出妥协,又不会由此产生恶果,简直是不可能的。自然科学因其实际效用而备受推崇,却只作为专门的成就来教授而脱离应用。另一方面,尽管音乐和文学基于其文化价值而在理论上获得了正当性,但在教学中却侧重培养专业技能。

如果我们所做的妥协少一些,产生的混乱就会少一些。事实上,如果我们更为仔细地分析文化和效用各自的意义,可以发现,构建一套既实用又自由的课程并不怎么困难。只是由于迷信,人们才会相信这两方面是敌对的,即一门科目由于其实用因而是缺少文化素养的;当它不是实用的时,反而是有文化素养的。人们会发现,如果教育旨在功利的结果,牺牲想象力的开发、品味的提升和理智洞察力的提高这些具有文化素养的价值,那么,也会在同样程度上使所学东西的用途变得狭窄起来。这不是说所学的东西完全不可以用,而是说它只适用于受他人监管的日常活动。狭隘有限的技能的实用性不可能超出其自身,实际上,随着知识深入和判断完善而取得的任何技能都易于在新的情境中投入使用,并为个人所控制。古希腊人之所以视某些活动为卑微的,不只因为它们具备社会的和经济的效用,而且因为这些与谋生直接相关的活动,在古希腊时期并不能表示一个大脑经过特殊的训练,又不是出于对它们的意义有个人的欣赏而得以开展。务农和经商都是凭借经验的职业,从事这些职业的目的并不涉及农业劳动者和技工的心智,在这个范围以内,这些职业是狭隘粗鄙的——但仅限于这个范围。如今,理智和社会的情境已发生改变,在大多数经济行业中,原来基于习俗和常规的许多产业要素现在已基于科学研究之上。当今最重要的职业都依赖于应用数学、物理学和化学。经济产品既影响了人类生活的地区，也影响了它们的消费。这些地区被无限拓展，以至于无限地拓宽了地理和政治考察的范围。柏拉图之所以反对出于实际目的地学习几何学和算术，是因为当时这些科目的实际用途极少，不仅内容贫乏，而且其性质注重功利。后来，由于它们的社会用途越来越多、越来越广，它们的自由的或"理智的"价值与它们的实际价值达到了同样的水准。

毋庸置疑，妨碍我们充分认识和利用上述两种价值一致性的因素，正是目前许多工作得以开展的条件。机器的发明扩充了闲暇的总量，以至于个人在工作中也有了闲暇。精通技能并养成确定的习惯，可以使心灵得到自由，从而进行更高层次的思考，这恐怕是老生常谈了。在工业中引进机械的自动的运作，也是同样的道理。机械的自动的运作可以使人的心灵解放出来，思考其他问题。但是，如果人们把靠双手工作的人的教育限定为若干年的学校教育，致力于使他们学会运用基础性的符号，却以牺牲科学、文学和历史的训练为代价，那么，就没有使他们的心灵为利用这个教育机会而做好准备。更值得注意的是，绝大多数工人对自己工作的社会目标没有深入的理解，也没有直接的个人兴趣。也就是说，他们实际上实现的结果不是他们行动的目的，而纯粹是他们雇主的目的。他们是为了挣得工资，而不是自由和理智地从事自己所做的事情。正是这一事实，使他们的行动变得不自由，也使任何旨在为这些工作提供技能的教育沦为缺少文化素养和不道德的。活动之所以不是自由的，是因为人们并非自由地参与进去的。

然而，如果我们牢记工作更重要的特征，那么就有机会实现这样一种教育,它调和自由教养与社会有用性的训练,调和自由教养与有效而又恰当地分担生产事务的能力。这样一种教育,趋向于自行消除现有经济状况的弊端。尽管人们在外在行为上的表现像从前那样,但通过积极关注支配自己活动的目的,他们的活动去除了外在的强迫性和卑微性,由此而变得自由或自发了。在所谓政治上,民主的社会组织为人们直接参与管理做好了准备;在经济上,管理仍然是外在的和专制的。因此,出现了内在的精神行动和外在的身体行动之间的分裂,传统上的自由观念与功利观念之间的分裂就反映了这一点。如果一种教育旨在统一社会成员的倾向,那么,应该为社会的统一多发挥作用。

概要

上一章探讨过教育价值的分离,在这些分离中,文化与效用之间的分裂是根本性的。尽管这种分离常常被视作本质性的、绝对的,实际上却是历史性的、社会性的。对这种分离的明确表述,源自古希腊;而且以如下事实为基础,即只有少数人才能过真正的人性的生活,而他们是依赖别人的劳动成果维生。这一事实影响了关于理智与欲望、理论和实践关系的心理学学说,还在政治理论中把人类区分为两类人:一类人有能力过理性生活,由此拥有自己的目的;另一类人只有欲望和劳动的能力,依靠别人给他们提出目的。假如人们用教育的术语来表达心理学和政治学上的两种划分,就产生了自由教育与实用的、实际的训练之间的分离。自由教育专注于为认识而认识的自足自立的闲暇生活,而实用的、实际的训练是为了机械地从事某些活动,毫无理智和美学的内涵可言。尽管当下的状况在理论上是多样化的,在实际上也有了许多改变;但是,旧有的历史状况的因素依然存在着,维护着这种教育上的分离,当然,同时并存的还有许多妥协性的方案。在一个民主社会中,教育的问题在于消除二元对立,设立一套课程,使思想引导所有人的自由实践,并使闲暇成为承担服务职责的回报,而不是成为免除这一负担的理由。

第二十章

智性科目和实践科目

1. 经验与真正的知识的对立

就像谋生与闲暇是对立的,理论与实践、智力与操作、知识与行动也是对立的。显然,后面这些对立源自引起前面那个对立的社会条件。但是,由于它们明显地关涉到教育中的某些问题,因而值得对知行关系和所谓知行分裂的问题进行认真的探讨。

主张知识比实践活动拥有更崇高的源头和更具精神性的价值的观念由来已久。从这个观念得到明确的论述算起,它的历史可以追溯到柏拉图和亚里士多德论述的经验与理性的概念。尽管这两位思想家在许多方面想法相左,却一致同意把经验等同于单纯实践性的事务。由此,物质利益成了其目的,身体则成了其器官。此外,知识与实际无涉,它只为自身而存在,而且以非质料的心灵作为自己的来源和器官,知识只关涉到精神或理想的兴趣。同样的,经验则涉及匮乏、需求和欲望,它从来就不是自足自立的。另一方面,理性认知自身是完整而宽泛的,所以实践生活处于变动不居的状态中,而理智的知识关心的则是永恒的真理。

上述针锋相对的情况关系到如下的事实,即雅典哲学始于以习俗和传统作为知行标准这一做法的批判。在寻找新标准以取代习俗和传统标准的过程中,雅典哲学发现了理性,把它作为信念和活动的唯一合适的向导。既然习俗和传统被等同于经验,那就可以立即推论出:理性高于经验。而且,由于经验不满足于它所处的从属地位,因而它是理性权威的强劲的敌人。既然习俗和传统的信念约束了人,那么,只有把经验本身不稳定、不充分的性质展现出来,理性为确立自己合法的、至高无上的地位所作的努力才能大获全胜。

柏拉图主张哲学家应该成为王，我们可以把这一见解理解为：应该由理性智力而非习惯、嗜好、冲动或情绪来调控人类事务。前者确保统一性、秩序和法则，后者意味着多样性、不协调性，以及从一种状态过渡到另一种状态的非理性的变动。

要找出把经验等同于纯粹由习俗的规范所体现的不令人满意的状况的根据，并不困难。不断增多的贸易和游历、殖民化、移民以及战争，开拓了理智的视野。人们发现，不同的共同体的习俗和信念之间的分歧十分明显。雅典内部一度骚乱不断，这个城邦的命运似乎已交付给派系斗争。随着视野的开拓，人们的闲暇时间相应增多，得以见识到很多新的自然事实，而且引起他们的好奇和思考。在这种状况中，他们很容易提出有关自然领域和社会领域中是否有任何持久的、普遍的东西存在的问题。理性是人们理解普遍原则和本质的官能，然而，感官却是他们感知变化的器官——这种变化不同于持久的和统一的东西，是不稳定的和多样化的。感官作用的结果被保留在记忆和想象之中，应用于由习惯提供的技能就形成了经验。

由此，经验存在于各种不同的工艺中，尤其在和平与战争的技艺中最为淋漓尽致地被展现出来。皮匠、长笛手、士兵所具备的技能，都是经过经验的规训才获得的。这意味着，身体器官，尤其是感官反复接触事物，其结果被保留下来，并得到巩固，直到确保人们有能力进行预见和实践。这就是"经验的"一词的本质含义。经验所指的这种知识和能力，不以对原则的洞悉为根据，而只表达出许多单独试验的结果。它表达了如今所说的"试错法"所传达的观念，尤其强调试验多多少少具有偶然性。就控制和管理的能力而言,这种方法相当于凭借经验的程序,即日常程序进行运作。如果新的状况与过去相似,这种方法可能还是有效的;如果完全不同,它就可能失效。即使在今天,人们说一个内科医生是经验主义者,意思就是他缺少科学训练,只是按照过去实践中偶然混合而成的东西来开展工作。正因为"经验"缺少科学或理性,因而很难保持其最佳水平。作为经验主义者,一个医生很容易堕落为庸医。因为他不知道自己的知识起止于何处,所以一旦出现常态以外的状况,他就开始假装,即"虚张声势"——无根据地断言并凭借运气对付他人。而且他还认为,由于他懂得了一件事,也就了解了其他事——犹如雅典历史所表明的,寻常的手艺人认为,由于他们已经知道如何从事自己买卖中的具体事务,因而也能成功地应付家务、教育以及政治。因此,与理性所把握的现实不同,经验始终游荡在假装、冒充、似是而非的边缘,漂浮在表象上面。

哲学家们立即对这一情况作了总结。感官是与嗜好、需求和欲望联系在一起的,它们把握的不是事物的现实,而是事物与人们的愉悦和痛苦、需求的满足、身体的快感之间的关系。它们对身体来说是重要的,而身体只是更高级的生活确定的基础。由此可见,经验明显地具有质料的特征,它只与涉及身体的物质事物有关。相反,理性或科学把握的则是非质料的、理想的、精神性的东西。正如淫荡的、肉欲的、肉体的、世俗的兴趣这些词所提示的,在经验中存在着道德上危险的某些东西,而纯粹理性和精神则意味着道德上值得嘉许的东西。此外,经验与变化、不可名状的转变以及千变万化的东西有着剪不断的关系,从本性上看,经验的质料是变化万端而不可靠的,是变动不居而杂乱无章的。一个依赖经验的人,并不知道自己真正依赖的是什么,因为对各个人来说,经验是迥然不同的,也是不断地变化着的,更不要说它在不同国家之间的差异了。经验与"多",即许多个别事物的关联,会产生相同的效果,也容易产生冲突。

只有单个的、统一的东西,才能确保融贯与协调。在经验中,会出现个体自身的观点与行为之间的矛盾、不同个体的观点和行为之间的矛盾。任何信念的标准都不可能在经验中产生,诚如形形色色的地方性习俗所表明的,鼓动各种各样对立的信念正是经验的本性。其逻辑结果是:由个体经验在具体时间和地点形成起来并引导他确信善和真的信念,只对他自己来说,才是有效的。

最后,实践必定是归于经验范围的。行事源于需求,其目的是引起改变。生产或制作就是改变某物,消费也是改变某物。由此可见,在变化和多样性中,所有不得人心的特征都与行事有关,而认知却与它的对象一样永恒。认知,即从理论上理智地去把握一个事物,摆脱其变动性、偶然性和多样性。真理是感官世界的骚乱不安所触及不到的,它应对的是永恒而普遍的东西。经验世界只有遵从它的理性法则,才能受到控制,变得稳固而有条不紊。

如果说,所有这些差异都明确地、自始至终地持续存在着,当然是不可能的。但是,它们都深深地影响了人们后来的思考和他们对教育的看法。与数学和逻辑科学比较起来,人们轻视物理科学,轻视感官和感官的观察。人们以为,知识越是探讨完美的符号而非具体的东西,才越显出自己的高贵和价值;他们蔑视个别事物,除非它是从普遍的东西中推理出来的。人们也漠视肉体,把技艺和手艺贬低为理智的工具,而所有这一切皆因他们对经验和理性各自价值的评估,或对实际的和理智的各自价值的评估而得到了庇护和认可,这两种说法的结果是一样的。中世纪哲学延续并加强了这一传统,认识现实意味着处于与至高无上的现实或上帝的关系中,从而享有那种关系的永恒福佑。对至高无上的现实的沉思,是人类的终极目的;而人类的行动,则遵从这个目的。对经验来说,尽管在实际生活中与平凡、世俗、现世的事务打交道是必要的,但与知识的超自然对象相比,则不甚重要。假如人们在这一动机之上增添源自罗马教育和希腊哲学传统中尚文特征的力量,并结合划分贵族阶层和低等阶层科目的那种偏好,那么,他们就不难理解,不只是各种教育哲学理论,包括在高等学校中坚持"智性"科目而忽视"实践"科目的倾向,具有多么强大的力量。

2. 近代的经验和知识理论

以后我们将讨论到,作为知识的一种方法,实验的发展使上述的观点有可能且有必要发生根本的转变。但是,在讨论这个问题之前,我们不得不关注一下 17 世纪和 18 世纪兴起的经验和知识理论。大体而言,这种理论差不多完全逆转了有关经验和理性关系的古典学说。在柏拉图那里,经验意味着习惯或者对过去诸多尝试之纯粹结果的保留,理性则意味着关于改革、进步以及提升控制力的原则。热衷理性的根据意味着破除习俗的制约,直达事物的本来面目。在近代改革者们那里,情况倒转过来了。理性、普遍原理、先天观念所表示的或是各种空洞的形式,必须由经验和感官的观察结果来填充，从而获得意义和有效性；或是各种僵硬固化的偏见、权威强加的教条，它们借着威严尊贵的名义乔装矫饰，得到庇护。正如培根所说，人们亟须突破如下的观念，即"预想的自然"和完全强加于自然的人类见解的束缚，而且应该诉诸经验以发掘自然的底蕴，求助经验表示对权威的反抗。它意味着向新的印象敞开，对发现和发明热切渴望；而不是沉迷于系统地收集和整理传统的观念，并通过这些观念之间的关系来"证明"它们。正是因为事物以其本来的面貌闯入了心灵，它们才从先有观念的遮蔽中被解放出来。

　　这一转变包含两个方面。一方面，经验丢失了它自柏拉图时代以来就有的实践的含义，它不再意指行动的方式和受行动影响的方式，而变为指称某种理智的、认知的东西的名称。它意味着对质料的理解，而质料应该使理性的运用得以稳定并受到检验。受近代哲学中经验主义及其反对者的影响，经验只被视为认知的一种方式。唯一的问题是这个方式有多好，结果出现了比古代哲学还激进的"理智主义"，即对孤立的知识所拥有的强烈的、几近排他的兴趣。在古代哲学中，实践从属于知识，而现在它更多地被视为知识的后续或后果。教育上的结果只是确认了这一点：除非积极作业能被用于纯功利的目的，即通过练习而养成某些习惯，它们才可以被引入学校，否则就要从学校中被剔除。另一方面，这种对经验的兴趣，即把经验当作在对象、自然的基础上构建真理的手段的观念，使人们把心灵视为纯粹接受性的。心灵越是被动，对象就能越如实地在心灵上留下印象。因为可以设想，一旦心灵插手认知过程，就有可能污染真正的知识，从而妨碍自身的目标。心灵的理想状态是最大限度的接受性。

因为对象在心灵上留下的印象一般被称为感觉,经验主义也就成了感觉主义,即把知识等同于对感觉印象的接受和组合的学说。经验主义者中最有影响力的代表人物是约翰·洛克,他承认有一定的心理官能的存在,从而使这种感觉主义有所缓和。这些官能,如洞察或辨别、比较、抽象、概括,能够把感觉材料整理成确切而有条理的形式,并依靠自己的力量发展出新的观念,如道德和数学的基本概念(见第77页)。但是,洛克的继承者们,尤其是18世纪下半叶,法国的继任者们却把他的学说推向极端。他们把洞察和判断视为另一些特别的感觉。洛克则坚持主张,按任何观念内容而言,心灵是一张白纸,或者是一块生来没有任何印刻的蜡版(一块白板);但是,他也赋予心灵处理接收到的各种感觉材料的活动力,而他的法国继任者们则消除了这些能力,认定它们来自所接收的印象。

诚如我们以前已注意到的,把教育作为社会改革方式的新兴趣推进了上述观念(见第114—115页)。心灵本来的状态越是空虚,人们就越有可能更多地把他们所想施加的正当影响带给它。爱尔维修可能称得上是最偏激而坚决的感觉主义者,他宣称教育对任何事情都做得到——教育是无所不能的。在学校教育里,经验主义在反对单纯书本学习方面发挥了立竿见影的作用。如果知识源于自然对象对人们所造成的印象,不通过对象对心灵形成印象,就不可能产生任何知识。字词、语言符号如果不能展现与它们相关联的对象,那就只不过传达了对它们本身的形状和颜色的感觉而已——这当然不是一种教育性的知识。要对抗完全基于传统和权威的各种学说和见解,感觉主义是极为便利的武器。对于所有这样的学说和见解,它确立了一个检验标准:既然人们从真正的对象那里接收观念和信念,那么,这些真正的对象在哪里?如果不能找到这些对象,那就只能把观念解释成错误的关联和结合所造成的结果。经验主义也强调第一手的要素,印象必须被加之于我,加之于我的心灵。人们离这种直接的、第一手的知识越远,错误的来源就越多,所得到的观念就越含糊。

然而,正如我们可以预料的,哲学在积极的方面是有弱点的。自然对象和直接亲知的价值并不依赖理论的真假,即便有关它们如何产生作用的感觉主义理论相当错误,只要它们被引入学校,就会发生作用。对此,是没有什么可以抱怨的。但是,对感觉主义的注重,影响了人们运用自然对象的方式,阻碍了他们全面地获得自然对象中的益处。"实物教学"容易把单纯的感官活动孤立起来,使之作为独立存在的目的本身。对象越被孤立,感觉的性质越被孤立,作为知识组成单位的感官印象就越清晰。这个理论不仅把教育引向机械孤立的方向,把它简化为对感觉器官的身体上的操练(这与任何身体器官的操练类似,实际上也是如此),而且完全忽略了思维。按照这一理论,感官观察不需要与思维有关联,实际上严格地说,思维在感官观察后才有可能存在,因为思维是不带有任何判断地对已接收的感觉因素进行结合和分解。

因此,事实上,至少在婴儿早期以后,人们几乎从未系统地尝试过任何完全基于感觉基础的教育方案。这种教育方案有明显的不足,采用它只是填补"纯理性的"知识(也就是说,凭借符号传达的有关定义、规则、划分和应用模式的知识)的一种策略,以便使空洞的符号更能吸引人的"兴趣"。作为教育上的知识哲学理论,感觉论的经验主义至少有三个重大的缺点:(a) 这一理论的历史价值在于其批判性,它对眼下有关世界和政治制度的通行信念有消解作用,对各种顽固不变的教条有毁灭性的批判作用。然而,教育的任务是建设性的,而非批判性的。它所承担的责任不是剔除和修改旧的信念,而是要使新的经验一开始就尽可能正确地被编织进理智的习惯中。感觉主义极为不适合这一建设性的任务。心灵或理解力是指对意义的回应,而不是对直接的身体刺激的回应(见第28页),意义只对应于某个语境才存在,而这正是把知识视为感官印象的结合的任何方案所不容的。就这个理论在教育上的应用而言,它要么导致对纯粹的身体刺激的夸大,要么导致对各种孤立的对象和性质的堆积。

(b) 直接印象的优势在于,它是第一手的,但也有范围上有限性的缺陷。人们对家庭环境中自然事物的直接亲知,使他们对有关感官没有触及的地球上另一些地方的东西的观念有了真实感,而且引起了他们理智上的求知欲,这是一回事。然而,作为地理知识的最高要义,这种直接亲知是极其有限的。同样,豆子、鞋钉、计数器可能是有助于认识数字关系的辅助工具,但当它们没有被用于辅助思维即理解意义时,它们就成了数学理解力发展的桎梏。它们把理解力的发展禁锢在具体的物质象征物的低层次上,就像用手指作为计量符号,妨碍了计算和数学推理的进展一样。因而个体必须从具体的象征物发展到抽象符号——即只有凭借概念思维才能领会其意义的那种符号,人类才能发展出专门的符号作为计算和数学推理的工具。一开始就过分地关注感官的物理对象,势必会妨碍这一发展。

(c) 感觉论的经验主义的根基是完全错误的有关精神发展的心理学理论。经验确实关系到活动,而且是与事物有交互作用的本能性的、冲动性的活动。即使是婴儿"经历"过的东西,涉及的也不是某个对象施加给他的、被动接受的性质,而是持握、扔掷、敲击、撕扯等活动对对象所造成的结果,以及对象的结果对活动的方向所产生的影响(见第135页)。从根本上看(我们将会更细致地了解到),古代观念把经验看作实践的事情,比现代观念把经验看作以感觉为手段进行认知的模式更加真实准确。忽略经验深层的、积极的和运动的因素,是传统经验主义哲学的致命缺陷。人们有一种自然趋向,即在与对象打交道的过程中,凭借它们的用途来了解其性质。如果实物教学的方案忽略甚至排斥这种自然趋向,也就显得更为单调和机械的了。

由此可见,即使近代经验主义所蕴含的经验哲学在一般理论上受到的赞扬比实际上更多,它仍然无法提供一个有关学习过程的可取的哲学理论。它给教育带来的影响,只限于把一个新的因素注入旧有的课程,附带也改变了旧有的科目和方法而已。它更多地引导人们直接观察事物或通过图画、图示描述的方式来观察事物,削弱了语言式符号表达的重要性;但它自身的眼界太有限,因而需要增补感官知觉之外的相关信息和更能直接吸引思维的事情。所以,它实际上并没有缩小信息性的和抽象的或"理性的"科目的范围。

3. 作为实验的经验

我们已经说明,感觉经验主义既不体现近代心理学所支持的经验观念,也不体现近代科学程序所提示的知识观念。就前者而言,感觉经验主义忽略了积极回应的首要地位。积极回应不仅会利用事物,而且会通过理解利用事物所造成的结果来认识事物。实际上,只要花五分钟时间不带偏见地观察一个婴儿获得知识的方法,就足以颠覆如下观点,即婴儿是被动地接收有关声音、颜色、硬度等孤立的、现成的性质的印象的。因为人们发现,婴儿会通过摸拿、伸手触碰等活动对刺激作出反应,从而了解对感觉刺激作出动作的回应会导致什么结果。人们也会发现,婴儿认识到的并不是事物孤立的性质,而是与这个事物相关的可预期的行为,是一个活动可能使人和事物发生什么样的改变。换言之,他认识到的是各种关联,甚至连红颜色、高音调这样的性质也必须借助于它们所引起的活动,以及这些活动所产生的结果而得以区分和辨别。人们正是通过积极的试验,认识到哪些东西硬、哪些东西软,以及它们各自起作用的方式、可以用它们做什么、不能做什么等等。同样,儿童认识其他人,也是通过发现他们要求对方有什么回应活动,以及他们对对方的活动如何应答的方式来实现的。一方面,事物改变着人们的行动,促进其中的某些行动而阻止另一些行动,对他们做了什么(不是在被动的心灵上烙上性质的印象);另一方面,人们能对事物做什么,从而引起新的变化。这两者结合起来,就构成了经验。

科学方法引发了滥觞于17世纪关于世界的知识的变革,也给人们带来了相应的知识,而这方法是在精心控制的条件下进行的实验。借助皮匠在皮革上打洞,或者使用蜡、针、线之类的活动,人们获得了对世界的充分知识。显然,在古希腊人的眼中,这种做法是荒谬的。要追求真正的知识,必须诉诸超越经验的理性概念。对他们来说,这差不多是自明之理。但是,实验方法的引入恰恰表明，在被控制的条件下进行操作，正是人们获得和检验各种有关自然界的富有成果的观点的方式。换言之，掌握自然科学今后赖以发展的原则，旨在获得知识，而不是为了获得与贸易有关的成果，或执行把酸溶液倒在金属上的操作。感官知觉的确是不可或缺的，但与科学的传统形式相比，人们已不再那么信赖以自然或习惯的形式显现出来的感官知觉了，不再认为在感官面具的掩饰下，感官知觉含有某种"形式"或普遍的"种"，而理性思考能够扯下这个面具。相反，首先要做的是改造和扩展感官知觉的材料，把望远镜和显微镜以及其他各种实验仪器运用于特定的感官对象。在引发新观念（各种假说、理论）的前提下，为了达到这一目的，需要具备比古代科学掌握的观念更为一般的观念（比如那些数学观念）。但是，这些一般概念本身不再被用来提供知识，它们是构成、操控和解释实验探索的工具，是系统阐述实验结果的工具。

由此而来的逻辑结果是一种新的经验和知识的哲学，即不再把经验放在理性知识和解释的对立面的哲学。经验不再是对过去的、多少出于偶然而完成的事情的总结，而是对所完成的事情的自觉的控制，使发生在人们身上的事情和人们对事物所做的一切尽可能清楚地被提示出来（对意义的提示）；同时，经验又是考验这些提示的有效性的工具。当尝试或者实验不再受冲动或习俗的遮蔽而盲目不辨，而是受目标的引导、受措施和方法的指引时，它就成为合理的，即理性的。当人们经受事物的结果不再是偶然的事情，当这种结果变为他们之前有目的的尝试的后果时，它在理性上就变得十分重要，即有启蒙和指导意义。人类过去的境况曾为经验主义和理性主义的对立提供了意义和辩护，而如今的境况已不再支持这种对立了。

这一变化对纯粹的实践科目和纯粹的智性科目之间的对立的影响,是显而易见的。这两种科目之间的区分不是本质固有的,而取决于某些可调控的条件。只要实践活动是例行的,在权威的指示下进行的,只考虑外在结果的,它们就必定是狭隘的、微不足道的。然而,幼年和青少年阶段,即学校教育的阶段,正是可能以不同的精神开展实践活动的时期。我们前几章讨论过思维以及有教育意义的教材从孩童般的工作和游戏到逻辑地组织起来的教材的演变,在这里重复这些讨论是不合适的。但是,这一章以及上一章的讨论为那些结论增添了新的意义。

(1)经验本身主要由人与自然、社会环境之间的各种积极关系所构成。在某些情况下,活动中掌握主动权的一方在环境这边,人的努力会遭到一定的阻止和偏差。在另一些情况下,周围事物和人的表现有助于个体顺利地实现自己各种积极的趋向,所以,个体最后获得的就是他自己一直致力于达成的那些结果。个人身上发生的事情和他所作出的回应之间构建起联系,他对他的环境所做的事情与环境对他的回应之间构建起了联系。正是在这些层面上,他的行为和周围的事物获得了意义。他学习理解自己,理解人与物的世界。有目的的教育或学校教育应该向学生提供这样的环境,使这类交互作用促成学生获得那些极为重要的意义,而那些意义反过来又成为进一步学习的工具(见第十一章)。正如我们已经多次指出的,校外活动通常是在并非出于提高学生的理解力,并塑造学生有效的理智倾向而作出慎重调整的条件下开展的。就这些活动的结果所触及的范围而言,它们是至关重要的,但也受到各种情况的制约。有些能力尚未得以发展或受到指导;有些能力受到偶尔的或反复无常的刺激;还有些能力被塑造成常规的技能习惯,却牺牲了未来目标以及丰富的首创性和创造力。学校的职责不是把青少年从注重活动的环境转移到对学问亦步亦趋的环境中,而是要把他们从相对偶然的活动环境(这些活动与学生的洞察力和思维只有偶然的联系)转移到根据学问的引导而选定的活动环境中去。略微审视一下那些在教育中已经显示出其有效的、经过改善的方法,就可以发现,它们或多或少已经有意识地抓住了这一事实,即"智性"科目非但不是对立于积极作业的,反而代表了实践事务的理智化。当然,我们要更努力地把握这一原则。

(2) 社会生活在内容上产生的变化,使人们在对学校游戏和工作智性化的活动类型的选择上获得了极大的空间。如果有人发现,在古希腊和中世纪的社会环境中,大多数人把实践活动视为常规而外在的,甚至本质上卑下的活动类型,那么,对教育者认定这种实践活动不适合培养智力而对它们置之不顾的做法,他就不会感到惊讶了。但是,在今天,甚至连家务、农业和制造业、运输以及交往等都涉及应用科学,情况就另当别论了。确实,在从事这些职业的人们中间,许多人并不明白自己的行动依赖于智性内容。然而,这一事实只是增加了一个理由来解释,学校教育为什么应该利用这些作业,使下一代人能够获得目前普遍缺少的理解力,从而理智地而非盲目地继续从事他们的事务。

(3) 然而,实验科学的进展导致了传统上知和行的分裂,并给纯粹"智性"科目的传统声望以沉重的打击。如果这一进展已经证明了什么,那就是除非作为行事的结果,否则就不可能有所谓真正的知识和富有成效的理解。对知识和理解能力的发展来说,分析和重新整理事实是必不可少的;而分析和重新整理事实以及正确的分类方法,不可能完全在心理上即在头脑中获得。如果人们想要发现什么,就不得不对事物做些什么,不得不改变条件。这是实验室方法给人们的教训,也是所有教育都必须记住的教训。实验室就是要发现在何种条件下,劳动会变成理智上富有成效的,而不只是外在地会产生结果而已。如果实验室的结果只是获得额外的专门技术——这种情况之所以屡屡发生,因为实验室在很大程度上仍然只是一种孤立的资源,学生常常到了年龄太大、无法充分利用它时才去求助这种资源。甚至到那个时候,实验室的周围还充斥着其他科目,在这些科目中,传统的方法仍然割裂了理智与活动的关系。

概要

希腊传统习俗和信念对生活的调控日渐失效,诱发希腊人进行哲学思考,从而导致他们叛逆地批判习俗,并在生活和信念上竭力寻找另一种权威的来源。他们渴望生活和信念的权威有理性的标准,并把不合要求的习俗与经验等同起来,因而导致了理性和经验的截然对立。理性越是受到称颂,经验就越是遭到轻视。既然经验被视为人们在具体的、变化的生活情形中所做的和所遭遇的事情,那么,行动也就在哲学上被贬低。在比较高等的教育中,这一影响力与其他影响力结合在一起,对所有最少运用感官观察和身体活动的方法和主题都赞赏有加。近代人开始反对这一观点,并求助于经验,批判所谓纯粹理性概念,因为理性概念要么需要具体经验的结果来充实自己,要么用理性来掩饰使偏见和阶级利益变成惯例的种种观念。然而,各种各样的境况使人们忽略了,经验本质上是主动的和感性的东西,不应把经验认作纯粹的认识,等同于对孤立的"感觉"的被动接收。由此可见,新的理论所引发的教育改革主要局限于消除以前各种方法中的本本主义,而没有实现彻底的教育改革。

同时,心理学、工业方法和科学中实验方法的发展,使另一个更合适的经验概念变得可能。这个新概念复兴了古代人的经验观点,即认为经验首要地是实践的,而非认知的——是关乎行动和承受行动的结果的问题。然而,人们改造了古代理论,因为他们意识到可以指导行动,从而把思维所提示的东西纳为己用,形成可靠的、受到检验的知识。由此,"经验"不再是经验性的,而变成实验性的;理性不再是疏离的、理想化的官能,而是使活动的意义变得丰富的重要资源。在教育上,这一变化体现在科目和教育方法的方案上,这在以前的章节中已经论述了。

第二十一章 自然科目和社会科目：自然主义和人文主义

我们在前面已提及自然学科和文学科目因为在课程中的地位而引发的矛盾。迄今为止提出的解决方案,实质上都是机械的折衷,即把这个领域分成以自然为主题的科目和以人为主题的科目。这一情形也向人们呈现出从外部调整教育价值的另一个例证,并使人们把注意力集中在自然和人类事务的关系的哲学上。一般来说,教育上的分裂在二元论哲学中有所反映,心灵和世界被视为两个独立存在的领域,彼此之间有一定的接触点。从这个观点看,每个存在领域都应该有独立的、与之相关的一组科目,人们甚至应该以怀疑的眼光看待那种以为科学科目的发展标志着唯物主义哲学逐步侵占精神领土的想法。任何教育理论,如果它要构想一个比现行教育方案更加统一的方案,那么,必然要面对人与自然的关系这一问题。

1. 人文主义学科的历史背景

值得注意的是,古希腊哲学未曾以现代形式表达这一问题。的确,在苏格拉底看来,自然科学似乎是无法进行研究的,也不如人们设想的那么重要。人们需要了解的,主要是人的本性和目的。所有具有重要意义的东西——道德的和社会的成就都基于这种知识。但是,柏拉图认为,关于人和社会的正确知识取决于有关自然的本质特征的知识。他的主要论著《理想国》既是关于道德、社会组织的著作,也是关于形而上学和自然科学的著作。因为柏拉图赞同苏格拉底关于正当的道德成就取决于理性知识的观点,所以,他就不得不探讨知识的本性。因为他认同知识的终极目标是发现善或人的目的的观念;然而他又不同意苏格拉底关于我们所知道的一切就是自己无知的观点,所以,他把对善的探讨与对自然本身的善或目的的思考结合起来。在他看来,企图撇开为自然提供法则和统一性的支配性目的而去认识人的目的,是不可能的。因而他把文学科目(以音乐的名义)置于数学、物理学以及逻辑学和形而上学之下,是完全符合他的哲学的。但另一方面,尽管自然知识本身不是目的,却是使心灵认识到存在的至高目的——人类(包括群体和个体的行动法则)的必要阶段。按照现代的说法,自然主义的科目是必不可少的,但它们是出于人文的和理想的目的而存在的。

如果还有什么要说,那就是亚里士多德在自然主义的科目这个方向上的更加深入的探讨。他使公民关系从属于纯粹理智的生活之下(见第 307 页)。人的最高目的不是人性的,而是神性的——参与纯粹的理智,这才构成神圣的生活。这样的理智关注普遍的、必然的东西,因而是在永恒的自然界中,而不是在人世间短暂的事物中发现了更加合适的主题。如果人们接受了古希腊哲学家在生活中所代表的东西,而不是他们说的话,那么,他们可以作出如下的总结:古希腊人热衷于自由地探询自然的事实,享受对自然的审美乐趣;过于深刻地意识到社会在何种程度上是植根于自然、遵从自然法则的。因此,他们不会把人与自然对立起来。然而,在古代社会的后期生活中,有两个因素合起来提升了文学和人文学科。一个因素是文化中不断增长的怀旧和舶来的特征,另一个因素是罗马生活对政治的和修辞学的偏好。

古希腊的文明成就是原生的,亚历山大时期和罗马人的文明则是从外邦的文明源头继承而来的。因此，亚历山大时期和罗马人的文明只是回顾、吸纳前人留下的东西，而不是直接从自然和社会中寻找材料和灵感。要说明这种做法对教育理论和实践造成什么样的结果，没有比引用哈奇（Hatch）的话更合适的了："希腊一方面失去了政治上的权力，另一方面却在其辉煌的文学中拥有无法剥夺的财富……她转而诉诸文学，这是何等自然。文学研究理所当然地反映在演说上，这也是十分自然的……希腊世界中的许多人，看重并通晓以往世代的文学创作，看重有教养的演讲习俗。从那时起，有教养的演讲习俗就被称为教育……我们自己的教育就植根于它。它首创了一种风气，直到如今仍然盛行于整个文明世界。我们之所以热衷于研习文学而非自然，因为希腊人曾经是这么做的，因为罗马人和外省人在教育他们的子嗣时，聘请了希腊教师，遵从了希腊人的道路。"①

所谓罗马人偏好实用的倾向，也在同一方向上产生了作用。罗马人研究被记载下来的希腊人的观念时，不只是在文化的发展上走了捷径，也取得了契合他们行政天赋的那种材料与方法，因为他们的实践天赋没被引向对自然的征服和统治，而是被引向对人的征服和统治。

在上述引文中，哈奇先生认为，我们之所以研习文学而非自然，是因为希腊人和受他们教育的罗马人是这么做的。他有这样的观点，是因为他把相当一部分历史视为理所当然的了。究竟是什么纽带联结了相互隔绝的几个世纪？这个问题提示我们：野蛮

---

① 《希腊理念和惯例对基督教教会的影响》(*The Influence of Greek Ideas and Usages the Christian Church*)，第 26—28 页。

的欧洲不过是在重复罗马的情况,只是规模更大、程度更强烈而已。欧洲不得不效仿希腊-罗马文明,但它只是借用而不是发展那种文化。它从外族的记载中寻找的,不只是一般的观念和这些观念的艺术表达,还有外族的法律模式;而那个时期处于统治地位的神学热越发强烈地依靠传统,教会依靠的那些权威都来自外国文字创作的文献。种种因素综合起来,导致了学习与语言训练的等同,导致了饱学之士的语言而不是母语成了文学语言。

此外,直到人们认识到这种教材让他们必须求助于辩证法,才能够完全了解这一事实。从文艺复兴时期开始,经院哲学经常被人们当作贬义词来使用,但其全部含义只是指学院的方法或学院中学者所使用的方法。实质上,它只是把适合教授权威性真理的教学方法系统化了。只要学习的材料是文学典籍而不是同时代的自然和社会,那么,方法就必须进行调整,以适合定义、说明和解释既定的材料,而非适合探究、发现和发明。所谓经院主义,实质上就是:如果教材是现成的,而不是由学生自己去发现的,那就一以贯之地去规划和应用这种教育方法就行了。只要学校仍然以照本宣科的方式进行教学,仍然依赖权威和习得的原则而非依靠发现和探究的原则,这种教学方法就是学院式的——至多只是缺了经院主义的精确逻辑和制度体系。这种学校教育,除了在方法和教学过程中比较宽松外,唯一与学院哲学方法不同的是:现在,地理学、历史学、植物学和天文学也成了学生必须精通的权威性文献的一部分。

结果,希腊传统被湮没了。在希腊传统中,人文兴趣被作为对自然的兴趣的基础,而对自然的知识则被用来支持人性化的目标。现在,生活从权威那里而不是从自然那里获得支持,自然甚至成了被怀疑的对象。对自然的沉思是危险的,因为它使人不再依赖蕴含以往生存规则的文献记载。此外,自然也只有通过观察才能被认识,这不得不诉诸感官,而感官与纯粹非质料的心灵相反,不过是质料性的。扩而言之,自然知识的效用纯粹是物质的、世俗的,与肉体上的、暂时的福利相关,而文学传统关心的则是人的精神和永恒的幸福。

2. 近代科学对自然的兴趣

15世纪欧洲发生的一场运动被冠以很多不同的名称:学识的复兴、文艺复兴等等,它的特征是对当下的生活具有新的兴趣,从而对人与自然的关系发生了新的兴趣。这场运动旨在反抗占据支配地位的、超自然主义的兴趣。在这个意义上,它是自然主义的。人们可能高估了回归希腊的古典异教文学对这种思想转变的影响。毋庸置疑,这一转变是那个时代条件下的产物,但受过教育的人们心中满是新的观点,他们热切地诉诸希腊文学,以寻求意气相投的支持和拥护。在很大程度上,这种对希腊思想的兴趣不是为了文学本身,而是出于文学表达的精神。精神自由和对自然秩序、自然之美的意识赋予希腊人的表达以活力,而且启发人们以一种相似的、不受约束的方式去观察和思考。16世纪的科学史显示,崭露头角的自然科学在很大程度上是借助对希腊文学的兴趣作为起点的。诚如文德尔班(Windel band)所言,新的自然科学是人文主义之女。那个时期最受欢迎的,就是关于人是微观世界、宇宙是宏观世界的观念。

上述事实重新提出了如下的问题，即自然与人的关系后来又是如何被分隔开来的，而语言、文学和自然科学之间又如何出现了明显的区分。对此可以举出四个理由：(a) 旧有传统牢牢地植根于各种体制中。政治、法律和外交始终是权威文献的支脉，直到物理学、化学和生物学的方法取得长足进展以后，各门社会科学才得以发展。在很大程度上，历史学的发展也是如此。此外，用以开展实际语言教学的方法也有了很大发展，学术传统的惯性也支持这些方法。比如，对文学，尤其是希腊文学的新兴趣，起初并没能在以学院方式组织起来的大学中谋得一席之地，因而当它找到进入大学的途径时，就与旧有的学问携起手来，最大限度地削弱了实验科学的影响。担任教学的一些人很少接受科学训练，而科学上有才干的一些人在私人实验室里，通过某些院、校来开展工作；但这些院、校不是教学组织，只是促进研究而已。最后，蔑视物质性事物、蔑视感官和双手的贵族传统依然拥有很大的影响力。

(b) 随之而来的新教改革进一步提高了人们对神学讨论和争辩的兴趣，而争辩双方都求助于文学记载。于是，任何一方都不得不训练人才，培养他们去研究和诠释传统的教义。为了替自己所选择的信仰进行辩护，当时迫切需要训练人才，让他们与对方抗衡，培养他们有能力开展宣传并防范对方的冒犯。当时，对这种训练的需求是如此之大，甚至可以说，到 17 世纪中叶，大学预科和大学里的语言训练都被复兴神学的兴趣所独占，被当作宗教教育和基督教会争辩的工具来使用。由此可见，我们在当今教育中发现的语言教育的传统不是直接源于文艺复兴，而是源于对神学目的的服从。

（c）关于自然科学本身的一些想法，使人与自然的对立更加尖锐。弗兰西斯·培根为自然主义与人文主义兴趣的结合，提供了几近完美的范例。科学既然采取了观察和实验的方法，也就必须放弃试图"预先推想"自然的想法，即把已有的成见强加给自然，成为自然的谦虚的解释者。通过理智地遵从自然，人们可以学会在实践上掌控自然。"知识就是力量。"这一警句表明，人们试图凭借科学以控制自然，并利用自然的能量来达到自身的目的。培根抨击旧有的学问和逻辑学一味论辩，只关心在争论中取胜，却不注重对未知事物的发现。通过培根的新逻辑中所阐释的新方法，开拓性的发现的时代即将拉开帷幕；而这些发现将孕育发明的成果，服务于人类。人们打算放弃试图支配他人的种种念头和做法，为整个人类的利益而共同承担控制自然的任务。

培根大致上预告了未来发展的方向，但他的"预料"是超前的。他没有意识到，在很长一段时间内，新科学都是为追求剥削的旧有目的服务的。他以为新科学马上会把新的目的提供给人类，但是相反，它却被一个阶级所掌控，成了牺牲另一个阶级以实现自己扩张目的的手段。正如他所预见的，工业革命随着科学方法的革命而发生，但这场革命历时多个世纪才创造出一种新精神。新科学的应用，导致封建主义的灭亡；因为正是这种应用，使权力从拥有土地的贵族手里转到制造业中心。然而，取而代之的是资本主义，而非社会人文主义。在生产和商业的发展过程中，新科学似乎不蕴含任何道德教训，只有关于如何通过生产和节约来谋取私利的经济技巧方面的教训。物理科学的应用（其应用成果最为显著），十分自然地强化了人文主义者的主张，即科学就其趋向而言,是物质主义的。它为人性在挣钱、存钱和用钱之外的特殊兴趣留下了空间,语言和文学则宣称要代表人类道德的和理想的兴趣。

(d) 此外,哲学声称自己是以科学为基础的,是科学纯粹意义的公认代表,但它要么具有二元论的性质,以心灵(人的特征)和物质(构成自然)之间的尖锐对立为特征;要么完全是机械的,把人类生活的显著特点贬低为幻觉。在前一种情况下,哲学认可某种学科作为精神价值的特有承载者的主张,间接地强化了这些学科自诩的优越性,因为人类总是认为自己的事务具有首要的价值。在后一种情况下,由于物理科学被视为人类更高级的兴趣的敌人,因而激起了人们质疑物理科学的价值的反应。

古希腊和中世纪的知识已经认可世界的质的多样性,并把自然过程视为有目的的,用专业的话来说,就是目的论的。新科学被诠释为对实际的或客观的存在物的所有性质的现实性的否认。声音、颜色、目的、善恶都被视为是纯粹主观的,即留在心灵上的印象,因而客观存在被视为只有量的方面——例如运动中这么多的质量体,唯一的区别就是空间上这一点比那一点集中了更大的质量体、运动的速率在某些地方比另一些地方更大等等。由于缺少质上的差别,自然界也就缺少了重要的多样性。人们强调的是一致和统一,而非多样和差异;他们的理想就是发现一个可以适用于整个宇宙的数学公式,一切表面上看起来多种多样的现象都可以从中派生出来。这就是机械哲学的含义。

显然,这样的哲学并不体现科学的真正的要义,机械哲学把技术当作事物本身,把科学仪器和专业术语当作现实,把科学方法当作自己的主题。的确,科学论述被限定在人们能够预测和控制事件发生的各种条件内,忽略了事件的性质,因而它具有机械的、计量的特征。但是,尽管科学忽略了事件的性质,但它既没有把这些性质从现实中剔除出去,也没有把它们归入纯粹精神的范围。科学只是提供有利于目的的手段。因此,虽然科学的发展能够使人类把自己的目标置于前所未有的牢固的基础之上,也能够使人类的活动变得丰富多彩,从而大大地提高人类控制自然的力量;但是,声称自己规定了科学的意义的哲学,却把世界贬低成物质在空间中的单调的、机械的分布。因此,近代科学的直接结果就是强化了物质和心灵的二元论,从而把自然学科和人文学科设立为两个相互分离的阵营。既然好和坏的区别与经验的性质息息相关,那么,一旦科学哲学的理论把经验的性质从现实的内容中剔除出去,它就必定忽略对人类来说最有趣、最重要的东西。

3. 当下的教育问题

实际上,经验不应该被划分为人类关切的事务和纯粹机械的物理世界。人类的家园是自然界,人类的目的和目标的达成有赖于自然的各种条件。脱离这些条件,人类的目的和目标就成了空洞的梦想、无聊的幻觉。从人类经验的立场看,也就是从教育尝试的立场看,在自然与人之间作出的任何恰当的区别,都是人们在制定和达成实际目标过程中不得不应对的各种条件和这些目标本身的区别。生物发展的学说表明,人是自然的一部分,不是加入自然进程的外来者。由此,它支持了这种哲学。科学的实验方法表明,知识的产生有赖于人们在处理自然对象的过程中揭示出来的、关于这些对象的社会功用的观念,并以此利用物质能量,而这种哲学也因为科学实验方法而得到了加强。各门社会科学——历史学、经济学、政治学、社会学的每一次进步都表明,只有当人们运用自然科学所特有的采集数据、构成假说、在行动中检验假说的方法时,只有人们出于提高社会福利的目的而采用物理学和化学所确证的专业知识时,各种社会问题才能够得到明智的处理。应对诸如癫狂、不节制、贫困、公共环境卫生、城市规划、自然资源保护、在不打击个人积极性的同时建设性地利用政府职能机关推进公共事业等等复杂问题的先进方法表明,各种重要的社会事务都直接依赖于自然科学的方法和结果。

由此可见,对于人文学科和自然学科,教育应该从两者彼此依赖的紧密关系着手,它的目标不应该把探索自然的科学和记载人类兴趣的文学分离开来,而应该使自然科学与诸如历史、文学、经济学、政治学的各种人类科目相互汲取养料。从教学方法上看,上述方法比一方面把各门科学作为专业信息和技术性的物理操作来教授、另一方面把人文学科当作独立的科目来教授的做法更为简单,因为后一种做法在学生的经验中制造了人为的分裂,而学生在校外遇到的是与人类行动相关的各种自然的事实和原则(见第38页)。当学生参与社会活动时,必须了解与活动相关的材料和进程。在学校中,如果这些活动的开展一开始就割断了这一关联,那就打破了学生精神发展的连续性,使学生感到自己的学业缺乏现实性,也剥夺了他们对学业产生兴趣的正常动机。

毋庸置疑,教育的机会应该面向所有的人,如果他们有获得专业能力的意向,并立志投身于科学,以此作为自己的实际职业,那么，他们就有受教育的机会。然而，在目前的情况下，学生的选择常常是这样的：要么从学习以往的专门化成果开始，从而使学习材料与他的日常经验相分离；要么从混沌的自然研究开始，学习材料是随意提供给学生的，没有任何特别的引导方向。引导大学生学习相互分离的科学题材的教学习惯也被扩大到高中，但是，这种习惯更适合于想在某个领域里成为专家的人。高中生学到的是相同的东西，只是内容上更浅显易懂，其中的困难被去除了，主题被降低到他们所具有的能力的水平上。采取这种做法的原因在于遵照传统，而非有意识地坚守某种二元论哲学。但是，结果却是一样的，就好像它的目的本来就是要灌输这样一种观念，即探讨自然的科学与人类不相干，反之亦然。显然，给那些没打算成为科学专家的人讲授科学，教学效果比较差，这是因为，假如一个人刚开始学习时就采用专门组织起来的教材，这种分裂是不可避免的。即使所有学生都是潜在的科学专家，上述做法是否最有效，仍要存疑。如果说，大部分人学习科学只是出于科学对他们心理习惯的影响——使他们更敏锐、更开明，更容易尝试性地接受并检验被提议或提出的观点——只是为了更好地理解他们的日常环境，这当然是欠考虑的。以这样的方式培养的学生通常不求甚解，所学得的知识过于浅薄，谈不上是科学；然而，这些知识对日常事务来说，又因其太专业而完全不适用。

运用日常经验以确保科学材料和方法的发展，同时保持这一发展与常见的人类兴趣之间的联系，这在今天要比过去容易得多。在今天的文明共同体中，全体成员的日常经验与工业的程序和成果密切相关。反之，这些工业的程序和成果也是科学付诸实际运作的实例，比如固定式和牵引式蒸汽发动机、汽油发动机、汽车、电报和电话、电动机直接进入大部分人的生活。实际上，从很小的时候起，学生已经了解这些东西了。不仅他们的家长的职业有赖于科学的应用，而且家务、保健、街景都体现了科学的成果，引起了人们对相关科学原理的兴趣。显然，教授科学的方法的起点不是传授学生标有科学字样的东西，而是应当利用学生所熟悉的事务和用具来指导学生观察和实验，直到他们通过自己熟悉的实际操作来理解它们，从而达成对某些基础原理的认知。

人们也许会提出这样的观点，即通过对科学实际有效的应用，而不是通过抽象理论来学习科学，有损于科学的"纯粹性"。这种观点源自一个误解。实际上，在最广泛的意义上，任何科目都是文化性的。对各种意义的领悟，有赖于对各种关联和语境背景的理解。与在物理或技术语境中认识科学事实或法则的情形相同，在人类语境中认识它时，也会扩展它的意义，赋予它更大的文化价值。如果所谓"经济上的"是指具有金钱价值的，那么，科学事实或科学法则在经济上的直接应用就是附带的、次要的，只是科学的现实关联的一部分。重要的是，人们在科学事实的社会联系中——在它对生活发挥的功能中来掌握它。

另一方面，"人文主义"实际上意味着对人类的兴趣明智的意识。社会兴趣，就其最深层的意义而言，是一种道德的兴趣，它对人类来说最为重要。关于人类的知识、人类过去的信息、对人类文献记录资料的通晓，可能像具体的物理资料的累积一样，是专业的。人们可能在许多事情上忙碌着：忙着挣钱，忙着在实验室操作以掌握纯熟的技能，忙着整理大量有关语言的事实或文学作品的年代表。如果这样的活动没有发挥扩展生活的想象力的作用，那么，它们就处于儿童忙着劳作的那个层次上，也就是说，这种活动只有表面意义而没有活动的精神。它很容易沦落为"守财奴的积蓄"，守财奴为自己拥有的东西而自鸣得意，而从不为他在生活事务中发现的意义而自豪。任何研究，如果是为了加强人们对生活价值的关注而去从事它，如果它使人们对社会福利更为敏感，使人们拥有更强的能力来提高社会福利，那么，它就是人文研究。

古希腊的人文精神是天生的、热烈的，但其范围是有限的。所有在古希腊文明圈以外的人都是野蛮人，若非他们是可能的敌人，否则简直可以忽略不计。尽管古希腊思想者的社会观察和思考十分犀利，但在他们的著述中，没有一个词不是表示古希腊文明的自闭和自足的。毋庸置疑，希腊的未来掌握在受希腊人轻视的外人手中。在希腊共同体内部，热烈的社会精神受到如下事实的制约：较高的文化奠基在奴隶制和经济上的农奴制的基础之上——诚如亚里士多德所说的，这些阶级对城邦的存在是必要的，但不是组成城邦的真正成分。科学的发展引发了工业革命，导致不同民族通过殖民化和商业而相互密切接触。虽然某些民族可能看不起其他的民族，但是，没有一个国家能够幻想自己的发展完全取决于自身。同样的，这场革命彻底地废除了农奴制，创造出一个或多或少有组织的工厂劳动者的阶级，他们拥有得到认可的政治权利，要求在工业操控中扮演负责任的角色——这些要求得到许多富人的赞同，因为自打破阶级障碍以来，富人们和贫穷阶级之间更为紧密地联系起来。

这一事态表明，旧有的人文主义视野由于遗漏了经济的和工业的条件，因而是片面的。在这种状况下，文化必然代表着直接控制社会的那个阶级的理智的和道德的观念。如前所述（第314

页），这种文化的传统就是贵族式的，它强调的是阶级之间的划分，而不是大家的共同利益。它的标准是过去的标准，因为与其说它的目标是拓展文化的范围，不如说是保留既得的文化。

把工业和任何与维持生计相关的问题更多地纳入考虑而产生的改变，往往被指责为是对过去文化的抨击。但是，视野更广的教育观会把工业活动理解为：使理智资源更多地为大众所用，使拥有优质资源的文化成为更牢固的中介力量。简言之，如果人们一方面考虑到科学和工业发展之间的密切关联，另一方面考虑到文学、审美教养和贵族式社会组织的密切关联，他们就能了解科学技术学科与雅致的文学学科之间的矛盾。如果我们的社会真正要变得民主，就必须克服这种教育中的分裂。

概要

人和自然哲学的二元论反映在自然学科和人文学科的分裂上，伴有把人文学科变为对过去的文献记载的趋向。这个二元论不是希腊思想的特征（与我们提到过的其他观念一样），它的出现，一部分是由于罗马文化和野蛮的欧洲文化事实上不是本土的产物，而是直接或间接地源自希腊；一部分是由于政治和教会的状况侧重于依靠过去的知识权威来传播文学资料。

起初，近代科学的兴起预告了对自然和人类亲密联系的复归，因为它把自然知识视为确保人类进步和幸福的手段。但是，直接地应用科学是为了某个阶级而非人们共同的利益，而有关科学学说的公认的哲学表达,要么倾向于把科学作为纯粹物质性的,把人作为精神性的、非物质性的;要么倾向于把心灵贬低为主观的幻觉。相应地,教育上的趋向则是把各门科学视为单独的学科,它们由关于物质世界的专门知识构成,同时保留了旧有的文学学科作为与众不同的人文学科。我们关于知识的演化和基于这种演化而拟定的学科的教育方案所作的阐述,其目的是克服这种分裂,认可自然科学的教材在人类事务中所占据的地位。

第二十二章　个体与世界

1. 作为纯粹个体的心灵

对于导致工作与闲暇、知与行、人与自然之间的分裂的影响力，我们前面已经论及。这些影响力使教育的教材被割裂为相互分离的不同学科，彼此对立的各种哲学理论也体现出这些影响，它们表现为身体与心灵、理论知识与实践、物理机制与理想目的的对立。在哲学方面，这些不同的二元论在个体心灵与世界、不同个体的心灵之间的彻底分裂上达到了顶峰。尽管这一哲学立场与教育过程的关联，并不像前面三章中探讨过的要点那样显而易见，但仍然有一些与这个哲学立场相对应的教育问题需要加以探讨。比如，人们认为，在教材（对应世界）与教育方法（对应心灵）之间存在着对立；再如，人们倾向于把兴趣当作某种纯粹私人的东西，认为它与学习的材料之间没有任何内在的关联。在这一章里，除了附带地说明教育的影响外，我们还要阐明，心灵和世界的二元论哲学暗含着关于知识与社会兴趣的关系、个体性或自由与社会控制以及权威之间的关系的错误观念。

把心灵与个体的自我等同起来，把个体的自我与私人的心灵意识等同起来，差不多是现代的事情了。在古希腊和中世纪，通行的规则是把个体视为普遍而神圣的智力发挥作用的途径。在真正的意义上，个体并不是认知者，认知者是经由个体发挥作用的"理性"。个体如果冒险介入，对真理只会有害无益。假设是个体，而不是理性去"认知"，那么，妄想、错误和意见必定会取代真正的知识。希腊人对生活的观察是敏锐而机灵的，思考自由到近乎可以不承担责任地进行臆测的程度。在这样的情况下，作为认知结果的理论是在缺少实验方法的基础上产生的,而离开这一方法,个体就无法从事真正的认知活动,其认知活动也无法受到他人探索结果的检验。事实上,只要免去受他人检验的责任,人们的心灵在理智上就是不可靠的;所得出的结果之所以得到认可,常常依赖于这些结果在审美上的一致性,具有合人心意的品质,或者由于作者的声望所致。在野蛮时期,人们认为重要的知识来自神启,因而个体对于真理保持较为谦恭的态度;个体的心灵只是在知识得到权威认可之后,才加以研究。除此以外,就没有其他事情可做了。除了有意识的哲学探讨以外,在其他通过习俗传达信念的活动中,任何人都不会把心灵与个人的自我相等同。

在中世纪存在着一种宗教个人主义,当时生活中最关注的事情是个人灵魂的救赎。在中世纪后期的唯名论哲学中,这种隐藏着的个人主义得到了有意识的表述。唯名论哲学认定,知识结构是通过个人自身行为和各种精神状态在个体内部被构造出来的。16 世纪以后,经济和政治个人主义的兴起与新教的发展,为强调个人有权利和责任获得知识做好了准备,使人们认为知识完全是凭借个人亲身经验而获得的。因而,作为知识的来源和拥有者,心灵被视为是纯粹个人的。我们发现,教育方面的改革者们,如蒙田、培根、洛克,他们都强烈地抨击一切靠传闻获得的知识,并且主张:即使信念恰好是真的,如果它们不是从个人经验中逐渐形成起来并受其检验,也就不成其为知识。在生活的所有领域中反抗权威,为了行动和探询的自由而历经种种磨难,甚至进行激烈的斗争,都加强了个人的观察和观念,以至于心灵被隔绝起来并与它要认知的世界相脱离了。

这一隔绝现象体现在认识论,即有关知识的理论这一哲学分支的高度发展上。把心灵与自我等同起来，并把自我视为某种独立的、自足的东西，从而在认知的心灵和世界之间划出了一道鸿沟，引发了知识究竟何以可能的问题。如果有一个主体（认知者）和一个客体（被认知的事物）彼此彻底分离，那么就有必要构建一个理论，以说明这两者是如何关联起来而产生正当有效的知识的。这个问题，连同另一个相关的问题，即世界作用于心灵和心灵作用于世界的可能性问题，几乎成了哲学思想的首要问题，从而形成了各种理论。有的认为，人们无法认识世界的真实面貌，能够认识的只是世界烙在他们心灵上的印象；有的认为，不存在超出个人心灵的世界；也有的认为，知识只是心灵自身状态的结合。这些理论都是当时哲学回应这一问题的结果。我们当下关注的不是这些理论是否为真，而是事实上这些让人绝望的解决方案得到了普遍认可，这一事实表明，心灵在何种程度上被置于现实世界之上。人们越来越多地把"意识"一词用作心灵的同义词，并假设存在着一个独立于任何自然和社会关系的、由有意识的状态和进程构成的内在世界；与其他任何事物相比，这个内在世界能更真切和直接地被认知。显然，这种假设也证明了上面叙述过的同一个事实。总而言之，实践中的个人主义，即为了行动中更多的思想自由而奋斗，被阐释为哲学上的主观主义。

2. 作为改造的中介力量的个人心灵

显然，这场哲学运动错误地理解了实际运动的重要意义。与其说哲学运动是实际运动的副本,不如说是对它的曲解。实际上,人们并没有做出力图摆脱与自然、与他人关联的这种荒谬行为,而只是在自然界和社会中争取更大的自由。他们试图拥有更强大的力量,以便引起物质世界和人类世界的变化。试图扩大运动的范围,以容纳更多的包含在运动中的自由观察和观念;试图不与世界隔绝,而以更密切的方式与世界关联起来;试图直接地,而非依靠传统来构建关于世界的信念。他们也试图与自己的同伴更亲近地联合起来,相互影响,为了共同的目标而把各自的行动联合起来。

就他们的信念来说,他们认为,大量曾被以为是知识的东西都只是过去累积下来的意见而已,其中极大部分是荒诞可笑的;其中正确的部分,人们只是根据权威而承认它们,但并不真正理解它们。人们必须自己进行观察,自己构造理论,并亲身检验这些理论。这种方法是取代迫使人们把教条奉为真理的做法的唯一方法,后者就是使心灵简化为只有默认真理的形式上的作用。正是这种被称为实验的归纳的认识方法,取代了演绎的认识方法。在某种意义上,人们处理当下的实际事务总是使用归纳法。建筑学、农业、制造业等必须基于对自然对象的活动的观察,在某种程度上,关于这些事务的观念必须受其结果的检验。但是,甚至在这些事务中,仍然存在着对习俗的过度依赖和非理智的盲从。这种观察-实验的方法局限于这些"实践性的"事务上,而实践与理论知识或真理之间依然存在着显著的区别(见第二十章)。自由城市的兴起,旅游、勘探和商贸的发展,商品生产和经营生意的新方法的进展,迫使人们必须依靠自己的资源的力量。作为科学的改革者们,如伽利略、笛卡尔和他们的继任者们,都以相似的方法来探知自然事实。对发现的兴趣取代了对公认的信念加以系统化并进行"验证"的兴趣。

的确，不管这些信念得到哪些权威的支持，对这些运动的合理的哲学解释都应该强调个人在获得知识和亲身检验信念方面的权利和责任。然而，它本来不应该导致个体与世界的分离，进而导致个体之间的相互分离。它应该发现，这种分裂和连续性的断裂事先已取消了它的尝试获得成功的可能性。实际上，个体成长于社会媒介环境之中，而且必须始终成长于社会媒介环境之中。他的各种回应之所以逐渐变得理智或获得了意义，仅仅是因为他在一个有公认的意义和价值的媒介环境中进行生活和活动（见第38页）。在社会交往中，在分享体现各种信念的活动中，他渐渐拥有了自己的心灵。可见，主张心灵是自我完全单独拥有的东西，这种观念是违背真理的。有关事物的知识在个人生活中体现出来的程度，就是自我拥有心灵的程度。自我并不是靠自己就可以重新打造知识的孤立的心灵。

但有一个区别，即客观的、非个人的知识与主观的、个人的思维的区别是有效的。在某种意义上，知识是人们认为理所当然的东西，是已经决定或已受决定、已被解决和已在掌控中的东西。人们没有必要去思索自己已经充分了解的东西。通俗地说，知识是确定、无疑的，这不只是一种确定的感觉。它表示的不是某种情绪，而是一种实际态度，即不作保留、绝不含糊的准备就绪状态。当然，人们也可能弄错了，在某个特定时间被视为知识——事实和真理——的东西可能并非如此。然而，在某个特定时间内，一切无疑问地被认定的东西、一切在个人与别人及自然打交道时被视为理所当然的东西，都被称为知识。相反地，正如我们所知道的,思考是从怀疑或不确定性开始的,它标志着探究、追求和寻找的态度,而不是成竹在胸和已经拥有的态度。真正的知识在其批判的过程中得以改进和拓展,而人们对事物坚定的信念也会发生相应的变化。

显然,近几个世纪是具有代表性的改进和变革信念的时期。人们并不是真正摒弃前人传承下来的关于生存现实的种种信念,从他们个人的、特有的感觉和观念出发重新开始。即使他们有过这样的想法,也不可能做到。如果摒弃传承下来的信念是可能的,其结果只能是普遍的蠢行。人们从被视为是知识的东西出发,批判地考察它所依赖的根据,并注意例外的情况。他们使用的新的机械设备揭示与以前相信的东西不一致的资料。他们运用想象构想出一个与先祖们所信赖的世界完全不同的世界。这项工作是零碎的、逐步展开的,一次处理一个问题。然而,所有改进的结果综合起来,就构成了对以前各种世界观念的革命。目前的局面已改进了以前的理智习惯,因而比割断一切联系的情况有效得多。

这一情况提出了个人或自我在认知中所充当的角色的定义,即对公认信念的重新定向或重建。每一个新观念,每一个与当前通行的信念所承认的事物概念不同的概念,都必定源自个人。毫无疑问,新观念一直在萌生,然而受习俗控制的社会并不鼓励新观念的发展;相反,它总是因为新观念与当前通行的东西有偏差而试图扼制它们。如果一个人看待事物的方式与其他人不同,那么,在这个共同体中,他就是一个可疑的角色。如果他固执己见,通常是致命的。即使社会对信念的审查不再那么严苛了,社会条件也不允许配备解释新观念所必不可少的工具,从而无法为怀有新观念的人提供任何物质上的援助和回报。因此,这些新观念仍然只是幻想,是梦幻的空中城堡或盲目的思索。近代科学革命中出现的观察和想象的自由来之不易;必须为之奋斗;许多人为了追求理智的独立,历经磨难。然而,大体说来,现代欧洲社会首先认可了个人离经叛道的行为,接着至少在某些领域有意地倡导这种行为。于是,发现、研究、新的探究和发明要么成了社会时尚,要么成了一定程度上可以容许的东西。

可是,正如我们注意到的,哲学上的各种知识论并不满足于把个体的心灵看作重建信念所依赖的支点,从而保持个体与自然界、人类世界的连续性。它们把个体的心灵视为独立的实体,每个人的心灵都是完整的,是独立于自然从而也独立于其他心灵的。因此,对发展来说,正当的、理智的个人主义是必不可少的,它对以往信念的批判改进态度被明确地表达为道德的和社会的个人主义。如果心灵活动从习俗的信念着手,力图达成对这些信念的变革,从而反过来获得人们的普遍信赖,那么,个人与社会之间就不会相互敌对了。在观察、想象、判断和发明中,个人理智上的变化完全是社会发展的中介力量,就好比遵从习惯是社会保存的中介力量一样。然而,一旦人们认为知识的起源和发展都源自个人,也就会忽视甚至否认维系个人与他同伴的精神生活的那些纽带。

如果个体化的精神活动中的社会性质被否认,那么要找到把个体与他的同伴联系起来的关系就成了难题。有意识地分割不同的生活中心,使得道德的个人主义被建立起来了。它起源于这一观念,即每个人的意识完全是私人的,是一块自我封闭的陆地;它内在地独立于其他所有人的观念、愿望和目的。当人们行动时,他们置身于一个共同的、公共的世界。这种以独立而自觉的心灵为基础的理论引发了以下的问题:如果各种感觉、观念、欲望都是互不相干的,那么,如何基于社会的或公共的利益来控制源自它们的那些行动呢?如果存在一个以自我为中心的意识,那么,如何可能产生为他人着想的行动呢?

以这些前提条件为起点的道德哲学提出了处理这些问题的四种代表性的方法:(1)一种方法代表旧有权威地位的残留,因为事情的进展使退让和妥协势在必行。个体离经叛道的特征依然遭到质疑,即原则上,如果个人按照这一特征行事,脱离外部权威的引导,就会表现出不安、反叛,甚至堕落。事实上,与抽象的原则不同,理智的个人主义在某些专业领域,如数学、物理学、天文学和源自于这些学科的技术发明的领域,还是被容许的。然而,人们拒绝承认同样的方法适用于道德、社会、法律和政治事务。在这类事务中,先祖的启示、直觉或智慧所揭示的某些永恒真理作为信条,仍然占有至高无上的地位,为个人的观察与思考设定了不可逾越的界限。社会遭受的苦难,被视为误入歧途的个人企图僭越这些界限所造成的结果。在自然科学和道德科学之间存在着中介性的生命科学,迫于既定事实的压力,这一领域才为探索的自由作出让步。尽管过去的历史已经证明,借助于探索过程中建立起来的责任感,人类利益的可能性扩大了,得到了更多的保障;但是,关于真理,"权威"理论还是拥有一片神圣的领土,因为必须让真理得到保护,免受各种信念变化的侵蚀。在教育上,人们并不鼓励个人有什么特异之处,也不重视永恒真理,而是注重课本和教师的权威性。

(2)另一种方法有时被称作理性主义或抽象的理智主义。这种方法设定了一种形式逻辑的功能，以区别于传统、历史和其他具体题材。这一理性功能被赋予直接影响人们行为的力量，因为它的处理对象都是一般性的、非个人的形式。因此，如果个人按照逻辑研究的结果行动，那么，他的活动必定与外在世界相容。毫无疑问，这种哲学有它的作用。对那些身后只有传统和阶级利益的理论展开反对性、破坏性的批评时，它是一个极为有力的要素——它让人们对探讨的自由习以为常，对信念必须遵循理性标准的观念习以为常。通过使人们习惯于论辩、探讨和劝导这些方式，它从根基上破除了偏见、迷信和蛮力，使阐述具有清晰性和条理性。然而，它的影响力更多地发挥在对旧有错误的破除上，而不体现于对人们新的关系和联合的构建上。这种哲学由于认定理性是脱离题材而自身完满的东西，因而其本性是形式的、空洞的，且对历史上的体制怀有敌意；由于它轻视习惯、本能和感情这些在生活中起作用的因素的影响力，因而在提出具体目标和方法方面常常显得孱弱无能。不论纯粹的逻辑在安排和批判当下题材方面有多么重要，它自身并不能编造出新的题材。在教育上，与此对应的就是依靠一般现成的规则和原则达成共识，而不考虑学生相互之间是否真的赞同对方的观点。

（3）当上述理性主义哲学在法国发展时，英国的思想却呼吁个体明智的利己主义，从而确保由独立的意识流引起的各种行为的外在一致性。法律的安排，尤其是刑罚执行和政府条例，是为了防止个人的行为由于只顾及自己的感觉而干扰了别人的感受。教育就是要向个体灌输这样的意识，即不干涉他人，并在一定程度上积极地关注他人的福利，这对于保障他自身的幸福是必不可少的。但是，这里侧重的是交易，因为它是使个人与他人在行为上协调一致的手段。在商业中，每个人追求自身需求的满足，但他只有向他人提供商品或服务，才能获得自身的利益。因此，在追求提高自身意识的个人愉悦状态这个目标时，也促成了他人意识的提高，促进了人们对有意识的生活价值的领悟；并使他们认识到，各种制度的安排，归根到底，是按照它们对加强和扩展自觉的经验的范围所作出的贡献大小来加以评判的。在使工作、工业和机械设备免受来自闲暇阶级统治下的共同体的轻视这一点上，上述观点发挥了很大的作用。这一哲学思想在上述两方面促进了更广泛、更民主的社会关注，但是它受制于自身基本前提的狭隘性，其基本前提是：每个人的行动都只考虑自身的愉悦和痛苦，而所谓宽宏大量、富有同情心的行为都只是取得和确保自身舒适的间接手段而已。换句话说，任何学说，如果把精神生活视作一种自我封闭的东西，而不设法重新指导和适应公众关心的共同事务，那么，内在于该学说中的结果就显现出来。这种哲学使人们的联合变成纯粹外在的算计，卡莱尔（Carlyle）以满含轻蔑的言论评价了这种哲学，认为它是无政府主义加警察的学说，只认识到人们之间的"现金关系"。在教育上，与这种学说对应的再明显不过的做法是：对使人愉悦的奖励和令人痛苦的惩罚手段并用。

（4）典型的德国哲学另辟蹊径。它实质上发端于笛卡尔和法国后继者们的理性主义哲学。可是，如果说法国思想主要发展理性观念，用以反对个体的神圣心灵这一宗教概念，那么，德国思想（如黑格尔的思想）则努力把这两者综合起来。理性是绝对的，自然是理性的实体化，历史是理性在人类中的展开过程。个体只有吸收了自然和社会体制中的合理内容，才是合乎理性的。因为绝对理性，不像理性主义中的理性那样，是纯粹形式的和空泛的，而是绝对的,所以它必然在自身内部囊括所有的内容。因此,真正的问题不是调控个体的自由,以实现社会秩序与和谐,而是通过发展与客观理性的国家机构中体现的普遍法则相符合的个人信念来实现个人自由。虽然这种哲学常被称作绝对唯心主义或客观唯心主义,但至少出于教育的目的,把它称为制度的唯心主义更好(见第74页)。这种哲学把各种历史制度设想为内在的绝对心灵的体现,从而把它们理念化了。毋庸置疑,对于19世纪初的法国和英国哲学摆脱孤立的个人主义来说,这种哲学提供了很大的帮助。它也被用来帮助国家机构更有建设性地处理公共事务。它使运气、纯粹个人的逻辑信念和一己私利发挥作用的余地变小;它运用智力来影响实际事务的进展;它主张由国家出面组织教育,以满足社团式的国家的利益;它支持和促进探索所有自然和历史现象的自由。但是,在一切根本的道德问题上,它倾向于恢复权威的原则。与前面提及的任何一种类型的哲学比较起来,它更有益于促进组织的效能;但是,它没有为这种组织进行自由的实验性的修正做好任何准备。政治上的民主制提出个体有参与调整社会结构的要求和意愿的权利。这对于这种哲学来说完全是陌生的。

3. 教育中的对应物

我们没有必要具体考虑这些不同类型的哲学显现出来的缺点在教育上所对应的问题。只要指出,一般来说,学校始终是这样一种公共机构，它淋漓尽致地展现出人们所设想的纯粹个人主义的学习方法与社会行动之间的对立、自由和社会管制之间的对立，这就足够了。这种对立反映在学习的社会氛围和动机的缺失，以及由此在学校管理上形成的教育方法和管理方法的分裂上，也反映出学校为个人多样性的发展所提供的机会是微乎其微的。如果学习进展到互通有无的积极任务的阶段，社会控制便进入学习过程。如果没有这个社会因素，学习就成了把呈现出来的材料传送给纯粹个人意识的过程，而且完全没有理由可以解释，为什么学习应该为精神和情感倾向提供一个更加社会化的方向。

支持和反对学校自由的对立阵营，都倾向于把这种自由与不受社会指导相等同，或与纯粹身体活动的无拘无束相等同。但是，对自由的需求，本质上就是对这些条件的需求；而正是这些条件，能够使个体为群体的利益作出特有的贡献，并且使个体在参与群体活动的过程中，把社会指导视为自己的精神态度，而不求助于权威性的命令。被人们称作规训和"管理"的东西，实际上只与行为的外在方面打交道。凭借反应，自由也被赋予同样的意义。但是，如果人们意识到每个观念都意味着行动中表达出来的心灵的性质，他们所设想的这些观念之间的对立就消除了。自由本质上表示思维，而这种思维是个人在学习中所发挥的功能。自由意味着理智上的首创性、观察的自主性、开明的发明、对结果的远见，以及按照结果作出调整的弹性。

但是，因为这些都属于行为的精神方面，所以，个体性或曰自由要得以施展，还离不开身体的自由活动。强迫学生保持身体上的安静，不利于他们了解问题、为界定问题而进行必要的观察，以及为检验所提出的观念而从事实验。关于教育中"自我活动"的重要价值，我们说过很多了；但这个概念常被局限于纯粹内在的东西，似乎自由与感觉和运动器官无涉。那些处于符号学习阶段的人，可能不太需要可观察的、外显的活动，但在进行深思熟虑的活动之前，却需要明了问题或观念的含义，需要有考察和试验的机会来检验个人关于事物的观点，从而发现仪器和材料究竟有何用处。而所有这些都与严格有限的身体活动相矛盾。

个体活动有时被认为是让学生亲历亲为，靠自己单独工作。为了确保学生安静地、聚精会神地投入活动，必须不让他去关注其他人正在做什么。就像成人一样，儿童也应该有冷静独处的时间。但是，这种单独工作的时间、地点和工作量是细节问题，而不是原则问题。与他人一起工作和个人独立工作两者之间，并不一定是必然对立的。与此相反，如果缺乏与他人交流的刺激，个体有些能力就无法被激发出来。有一种观点主张孩子必须独自工作，不可以参与群体活动，以便获得自由并充分发挥自己的个体性，这种观点完全是以空间距离权衡个体性，把个体性看成是一种形体上的东西。

在教育中备受重视的个体性因素具有两重意义。第一，只有当个人有自己的目的和问题并独自进行思考时，才在精神上成为个体。"独自思考"这一习语，实际上是同义反复。如果个人不是自己进行思考，那就不是在思考。一个学生只有通过自己的观察和反思，形成并检验自己的提议，才能扩充和修正他所知道的东西。思考如同食物的消化，都是个人的事。第二，人与人之间的观念立场、对目标的偏好和着手做事的模式都各不相同。一旦人们出于所谓同一性的考虑而抑制这些多样性，试图设定学习和背诵方法的单一模板,必定会造成学生精神的混乱和人为造作。这样一来,学生的原创性会逐渐受到破坏,对自身精神活动的品质的信心会慢慢受到削弱。他们不断地被教导应该温顺地听从他人的主张,如若不然,他们的思想就是荒诞不经。在今天,这种局面引起的伤害比以前处于习俗信念统治下的共同体受到的伤害更为严重,因为学生在校内采用的学习方法与校外凭借的学习方法之间的反差更为明显。人们不会否认,当个体得到允许继而受到鼓励去利用、回应题材的独特性时,科学发现开始获得系统性的进步。如果有人提出异议,认为在校学生不具备这样的原创能力,因而他们只能利用和复制见多识广的人的东西,那么,我们的回答就有两个方面:(1)我们关注的是在态度上而不是结果上加以度量的原创性,而态度上的原创性相当于个人基于自身的个体性所作出的积极的回应。没有人会期待年轻人作出类似于自然与人文科学所分别体现的事实与原则这样原创性的发现,但是,从学习者本身的角度看,当他有真正的发现时,学习也就开始了,这种期望并不是不合理的。尽管高年级的学生仍然是不成熟的,但从他们自己的立场看,只要有真正学习的地方,就会有所发现。(2)在熟悉他人早已了解的教材的一般过程中,甚至年幼的小学生也会作出异乎寻常的反应。无论在他们钻研问题的方式中,还是在外界事物打动他们的过程中,有些东西是新鲜的,甚至经验最丰富的教师也无法完全预料到。这一切常被当作无关紧要的东西而遭到漠视,人们坚持让学生完全以前辈人所构想的方式来复述材料,结果使个体性中与众不同的本能的原创性东西未被使用,也未得到应有的指导。于是,对教师来说,教学不再是一个有教育意义的过程,而只要懂得如何提高自己现有的教学技巧就行了。他不会得到新观点,也无法体验理智上的交流促进关系。因此,教与学双方都绷紧了神经,变得传统而又古板。

随着学生越来越成熟、越来越了解所规划的新课题的背景,多少有点任意的自然实验的范围就逐渐缩小了,他被规定必须以某些特定的方式进行活动。在他人眼中,这个学生在身体方面完全处于安静的状态,因为他的精力都集中在神经系统及与此相关的眼睛和发声器官上。这种态度似乎是一个受过训练的人专心致志的表现,但不应该就此认为,它为那些追求理智道路的学生树立了学习的榜样。甚至对成人来说,这种态度也不涵盖整个精神力量的活动过程。实际上,它标志着一个居间的阶段,尽管这个阶段随着对科目掌握程度的加深而被延长,但它总是介于一个较早的、更为普遍和显著的机体行动阶段与一个较晚的、把所领悟的东西付诸使用的阶段之间。

但是,当教育认识到学生在习得知识的过程中心灵与身体是统一的时,就不再坚持要求确定的外在的自由,而只要把教与学所涉及的自由等同于把个人已知和确信的东西扩展、提炼为思维就够了。如果人们把注意力集中在如何获得适宜而有效的思维环境的必要条件上,那么,自由也就自然地被顾及到了;如果个人提出自己觉得好奇的、真正的问题,希望获得信息以解答这个问题,同时又能自如地支配使这些兴趣发挥作用的手段,那么,他在理智上就是自由的。他所拥有的富有创意和想象的洞察力将被调动起来,控制他的冲动和习惯,他将用自己的目的来指导行动。否则,他的谦虚温顺、全神贯注、背诵熟记的外在表现都只是体现理智上的服从。假如要使大众适应这样的社会,其中多数人并不被期待有自己的目标和想法,而只听命于少数权贵,那么,这种理智上的服从就是必不可少的。显然,这种理智上的服从并不适合于民主制的社会。

概要

真正的个人主义乃是作为信念标准的习俗和传统的权威减弱后的产物。除了偶尔的例外,如古希腊的思想巅峰时期,真正的个人主义差不多在近代才得以充分地表现出来。并非个体的多样性不常见,而是传统习俗控制下的社会压制了这些多样性,或至少是不利用、不发扬这些差异性和多样性。但是,出于各种理由,在哲学上,新的个人主义没有被阐释为是对以前公认的信念力量发展的修正和转变,而被阐释为主张每个个体的心灵自身是完整的,是与其他事物相脱离的。这种情况,在哲学的理论层面上,引发了认识论的问题,即个体对世界的任何认知关系的可能性问题;在哲学的实践层面上,引发了社会指导的问题,即个人意识出于普遍的或社会的利益而进行活动的可能性问题。尽管人们为解答这些问题而提出的各种哲学理论并没有直接影响教育,但它们提出的基本假设已经体现在学习与管理、个性自由与受制于人际关系的常见的分裂现象之中。至于自由,要牢记的重要的事情是:自由是一种精神态度,而非外在活动上的无拘无束,但是,如果探究、实验、应用等活动都不是充分自由的,这种心灵的品质是难以发展起来的。一个以习俗为基础的社会,只会在符合惯例的界限内利用个体的多样性;在每一个阶级内部,一致性都是首要的理想。一个进步的社会珍视个体的多样性，因为正是在这些多样性中，它发现了发展自身的途径。所以，一个民主的社会，必须合乎它的理想，在它的教育措施中顾及到理智的自由，使各种天赋和兴趣得以施展。

第二十三章　教育的职业方面

1. 职业的意义

当前,各哲学理论的争论焦点集中在探讨职业因素在教育中的适当地位和功能上。人们可能会怀疑这样的论述,即它主张哲学基本概念的显著差别体现在下面这个主要问题上——哲学观念的一般术语与职业教育的实际情况之间的距离。但是,教育中存在着劳动与闲暇、理论与实践、身体与心灵、精神与世界等各种对立,审视这些对立所依据的理智预设,就可以发现,归根到底,它们体现为职业教育与文化教育的对立。从传统上看,自由文化一直与闲暇、纯粹沉思的知识,以及不涉及积极地运动身体器官的精神活动等概念联系在一起。近来,文化脱离了社会指导以及社会服务,更多地与个人的教养以及一定的意识状态和态度的培养相关联。一方面,它逃避了社会指导;另一方面,它缓和了对社会服务的需求。

这些哲学上的二元论与职业教育问题的关系错综复杂,我们有必要对职业的意义作出全面的界定,以便不至于使人认为,聚焦于职业教育,不是纯粹与金钱挂钩,就是考虑实用。职业是对人生活动的指导,由于这些活动会产生结果,对其他人也是有益的,因而具有外在的可见的意义。职业生涯的反面,既不是闲暇,也不是文化。就个人而言,其反面是漫无目的、变化莫测和缺少经验的累积;就社会而言,其反面是闲散浮夸和寄生于他人生活。作为一个具体的术语,职业意味着连续性,它不仅包含专业性和商业性的职业,也包含任何类型的艺术才能、专门的科学能力以及实际的公民权的发展,更不用说动手操作或从事获利的事务了。

我们不仅不能把职业的概念限定在直接生产有形商品的行业中,还应该避免这样的观点,即认为职业的分类是排他性的,每个人只有一个职业。显然,这种狭隘的专门化是难以成立的,没有什么比企图教育人们只执着于从事一种活动的做法更荒诞可笑的了。首先,每个人必定拥有各种职责,在每一个职责中,他都应该发挥明智的作用;其次,任何职业一旦与其他兴趣相脱离,也就失去了它的意义,不过是终日忙忙碌碌而已。(1)没有人纯粹只是一个艺术家而别无所能,如果他接近这种状况,就是发展上有欠缺的人,是一个畸形的人。在人生的某个阶段,他必定是家庭的一员;必定有朋友和同事;必定要么自食其力,要么被人养活。由此,他就有了职业生涯,也许是某个政治集团的成员,诸如此类。我们自然会挑选一个最能显示他与众不同的职责作为他的职业,而不会把他与别人共同的职责作为他的职业。然而,在考虑教育的职业时,我们不应该太拘泥于文辞,无视甚至实际上否定他的其他许多职责。

(2)以艺术为职业不过是个人在各种不同的职业活动中着重把艺术专业化了,因而在人文意义上,他在这个职业中的效能完全取决于它与其他职务之间的关联。如果个人的艺术造诣不只是技术上的机巧,他就必须拥有经验和生活。他不可能在自己的艺术中找到艺术活动的主题材料,这些主题材料必定是表达出他在其他关系中所遭受的痛苦和享受的快乐的东西——而这又取决于他的兴趣的敏锐和共鸣。艺术家的例子所说明的道理,对其他专门职业也适用。按照通常的习惯性原则,每种与众不同的职业大多变得霸道和排他,只专注于自己的专门方面。这样做的代价是牺牲意义,偏重于技能或技法。所以,教育的职责是扼制而非促进这种趋向,从而使科学探索者不只是科学家,教师不只是教书匠,教士不只是穿着教士服装的人,以此类推。

2. 职业目标在教育中的地位

我们要谨记,职业具有多种多样彼此关联的内容,任何具体的职业都反映出错综复杂的背景。现在,我们就来探讨个人较为与众不同的教育活动。(1)职业是唯一能够平衡个体与众不同的才能与他的社会服务之间关系的东西。发现一个人所适合的工作并使他有机会从事这个工作,这是开启幸福之门的钥匙。没有什么比寻觅人生真正的事业而未果,或发现某人漂泊不定或迫于环境而从事不感兴趣的职业更为悲惨的了。合适的职业,无非是指一个人工作时以最低程度的摩擦而获得最大限度的满足,个人的才能得到充分的发挥。在同一个共同体的其他成员看来,如果这个人的这种行动合适,他们就可以享有所能提供的最优服务。比如,从纯粹经济学的角度看,人们都相信,奴隶劳动归根到底是不经济的,因而产生不必要的损耗,因为奴隶的精力没有充足的刺激来引导;而且,由于他们被局限在规定的岗位上,其大量才能无法完全为共同体所用,在这个意义上,奴隶劳动是纯粹的浪费。奴隶制清楚地表明了,如果个人没有在他的工作中发现自我,那会发生什么。当然,假如人们蔑视自己的职业,尽管怀有文化在本质上对每个人来说都是平等的传统理想,他也无法完全发现自我。柏拉图主张（见第 108 页），教育的职责在于发现每个人适合做的事，训练他精通自己的长处，因为这种个人发展以最和谐的方式满足社会需求。由此，柏拉图提出了教育哲学的基本原则。柏拉图的错误不在于其定性的原则，而在于他对社会所需的职业范围的理解有很大的局限性；正是这种局限性，使他一叶障目，没有注意不同个体的才能有无限多样性。

（2）职业是有目的的连续性活动。由此可见，与其他任何方式比较起来，依靠职业而实行的教育在其自身融入了更多有益学习的因素。它把人的本能和习惯调动起来，发挥其功效；它有预期的目的，也有有待于实现的结果，反对被动的接受。因此，它呼唤思想，要求始终保持有目的的观念，以便使活动不至于沦为常规的或任意的。因为活动从一个阶段向另一阶段的发展必定是渐进的，每个阶段就必须通过观察和技巧来攻克障碍，发现并调整执行的手段。简言之，如果人们是为了实现活动，而非外在的结果，从事一种职业，那么，这种职业就符合我们前面在关于目标、兴趣和思维的讨论中所设立的那些要求（见第八、十、十二章）。

一种职责也必须是对资讯和观念的组织原则，即知识和理智发展的组织原则。它为贯通各种细节提供了一个主轴，从而使不同的经验、事实和资讯秩序井然。律师、医生、某个化学分支的实验室研究员、家长，以及关注所属社区的公民，各自拥有不断起作用的刺激，使他注意并关注一切关涉到他的事务的东西。他以自己职业的动机为出发点，不自觉地设法获取一切相关的资讯，且紧握不放。职业发挥的作用，既像有吸引力的磁石，又像有黏着力的胶水。这种组织知识的方式是有活力的，因为它考虑到了各种需求。它在行动中得以展现，受到调节，因而决不会停滞不前。任何出于纯粹抽象的目的而对事实所作的划分、选择和安排，都无法在稳固性或有效性方面与受制于职业的需要而加以组织的知识相提并论。相比之下，前一类知识是形式的、表面的、冷冰冰的。

（3）为职业开展的唯一恰当的训练，是通过职业本身来训练。本书以前阐述过一个原则（见第六章），即主张教育过程应该是教育自身的目的；而对未来各种责任所做的最充足的准备，就是最充分地利用当下的生活。这个原则也完全适用于教育的职业方面。对人类而言，任何时候占主导地位的职业就是生活——理智和道德的发展。由于童年和青少年时期相对地没有经济压力，这个事实便祖露无遗。预先为个人确定某种未来的职业，并使教育为这项职业做好充分的准备，这种做法有损于他当下发展的可能性，也有损于为未来合适的职业做充分的准备。重复一下我们常常提到的现象，即这种训练可能发展出一种按部就班的机械的技能（其实不一定能做到这一点，因为它可能使人厌恶、反感和不上心），这将会牺牲诸如敏锐的观察和连贯、细致的计划等特质，而正是这些特质，使职业在理智上得到回报。对于独裁统治的社会来说，约束自由和责任感的发展往往是有意为之的；少数人编制计划，下达指令，其他人则遵从指令，而且被有意地束缚在有限的、规定好的奋斗道路中。不管这种方案多么有益于提高某个阶级的声望和利益，它都明显地约束被统治阶级的发展，也使统治阶级通过经验来学习的机会变得僵化而有限。它在这两个方面都束缚了整个社会的生活（见第313页）。

唯一的替代方案是：所有早期的职业准备都是间接的而非直接的，即都是通过开展那些由学生当时的需求和兴趣所指示的积极作业而得以进行的。只有通过这种方式，教育者和受教育者才能真正发现个人的天赋,揭示出个人在今后生活中应从事哪个专门的职业。此外,对个人的才能和天赋的发现,将成为伴随个人成长持续不断的过程。有的观点主张,如果人们预先考虑了将来成年生活时的职业,那就是一日选定、终生受用的事情了。显然,这种观点是传统而专断的。比如,一个人发现自己对有关工程的东西感兴趣,既有理智上的兴趣,也有社会的兴趣,并决定以此为业。这不过是大致勾勒出自己将在哪个方向发展,以便进一步成长。这是用来指导进一步活动的粗略框架,好比哥伦布抵达美洲海岸时发现美洲一样。上面所说的那个人发现一个行业后,仍然需要进一步展开更细致、更广泛的探索。如果教育者认为职业指导可以引导人对职业作出决定性的、不可逆的、彻底的选择,那么,教育和所选定的职业都有可能是僵化的,妨碍进一步发展。在这个程度上,已选择的职业将使有关的那个人始终处于从属的地位,为实现他人的才智做嫁衣;而那些有才智的人的职业,却可以更灵活地得以开展和重新调整。尽管对日后新的职业选择来说,通常的语言习惯无法用灵活调整的方式加以指称,但实际上只能如此。如果成人必须警惕自己的职业可能限制自己,不让自己僵化,那么,教育者更应该注意,为青少年做职业准备必须让他们持续不断地调整目标和方法。

3. 当下的机遇和危险

教育过去在实际上一直比名义上带有更多的职业性。(1)对大众的教育特别具有功利的性质，它更应该被称为学徒训练或单纯从经验中学习，但绝非教育。学校致力于读、写、算的教学，读、写、算的能力是各种劳动的共同要素。在他人的指导下，从事某种专门行当的工作，这是校外的教育。这两方面彼此促进。学校工作就其有限的、形式的特质而言，与我们明确称谓的学徒训练相同，它也是承担一种职业的学徒训练的一部分。

（2）在相当大的程度上，统治阶级的教育本质上是职业性的——只是他们的统治和欣赏的事业恰好不被称为专业而已。因为被称为职业或雇佣工作的，只是那些涉及体力劳动的事务，这种劳动是为了维持生计，或取得报酬，或对特定人群提供私人服务。比如，在很长的一段时间内，内科医生和外科医生的行业几乎与男仆或理发师的职业归属于同一个层次——部分原因是这种职业在很大程度上与身体有关，部分原因是它涉及为酬劳而向特定的人提供个人服务。但是，如果我们进一步斟酌这些原因，就会发现，指导社会事务的职责，不管是政治上的还是经济上的，不管是在战争时期还是和平年代，都像其他事情一样，是一种职业。以前，在教育没有完全受控于传统的地方，高等学校基本上被用来为这一事务做准备。此外，显摆炫耀、修饰门面、提高声望的社交和款待，以及金钱消费，都已变成确定的职业。高等教育机构不知不觉中被用来推进对这些职业所做的准备。甚至在当前，所谓高等教育也主要是为某个特定的阶级（这个阶级的人数比它过去少得多）富有成效地开展这些事务而做准备的。

在其他方面，尤其是在最前沿性的工作中，这种教育在很大程度上是针对教学和专业研究的职业训练。按照某种流行的看法，如果教育主要是为培养追求奢侈的闲人、教师、文学工作者、领导做准备的,它就应该被视为非职业的,甚至是特别有文化素养的。就间接地培养人适应创作活动的文学训练来说,无论是著书、写报刊社论,还是撰写杂志文章,都特别受这一看法的牵制。许多教师和作家撰写论著捍卫文化的、人文的教育,反抗专业化的实用教育,却没有意识到,他们自己所受的教育,即被他们称作自由的教育,主要是针对他们的特殊职业进行的训练。他们已经习惯了把自己的事业看成本质上是有文化素养的,而忘记了其他职业也有文化素养的可能性。毋庸置疑,这些差别基于这样一个传统,即个人的工作只有在对某个特定的雇主,而不是对最终的雇主即共同体负责的情况下,才被认可为职业。

然而,当前有意识地强调的职业教育,倾向于把过去隐含的职业内涵明确地有意地展现出来。它之所以这么做,主要有以下几点理由:(1) 在民主社会中,一切与体力劳动、商业以及为社会提供有形的服务有关的工作越来越得到尊重。从理论上看,我们期待人们不分性别去做这些事情,作为他们对社会支持的回报——包括理智上和经济上的支持。劳动是光荣的,服务是受人称道的道德理想。虽然还有人赞赏和羡慕那些追求闲散奢侈生活的人,但更好的道德情操却谴责这种生活。与以前相比,今天的人们更普遍地认同投入时间、利用个人才能来承担社会责任。

(2) 在过去一个半世纪里,那些工业性的职业变得惊人的重要。制造业和商务不再局限于国内、当地或多少有点附带性的行业,而是一举成为遍及世界的行业。越来越多的人把最好的精力投入这些行业中。制造商、银行家以及行业界领军人物事实上取代了世袭拥有土地的名流们,跃升为社会事务的直接指点者。重新调整社会这个问题,公然成了工业性的、与资本和劳动力相关的问题。显而易见,工业进程具有越来越大的社会重要性,这必然使学校教育对工业生活的关系问题变得十分重要。既然社会发生了天翻地覆的变化和调整,从各种社会条件中承袭下来的教育就不可能不受到挑战,不可能不面临新的问题。

(3)工业不再是本质上经验性的、凭经验推测的和通过习俗传承下来的程序,这一事实已经被反复指出了。今天的工业技术是科技,即以数学、物理学、化学、微生物学等发现所生产的机械装置为基础。经济革命提出了许多有待解决的问题,对机械的应用引起了更多理智上的尊重,从而推进了科学的发展。而工业,也从科学那里得到了益处作为回报。因此,与以往比较起来,工业性的职业获得了更多的理智内容和更大的文化可能性。这样一种教育势在必行,即使工人们知道,他们职业的科学的和社会的基础,以及他们职业的意义。如果没有接受过这种教育,工人必定会被贬低为他们所操控的机械的附庸。在旧的社会体制中,手艺行业的所有工人的知识和见解基本上是相同的。至少在一个狭窄的范围内,个人知识和技巧被发展起来了,因为工作是由工人直接使用工具来完成的。今天,操作者必须调整自己以适应机械,而不是使工具适应自己的目的。尽管工业上的智力的可能性变得越来越多样化,但对于普通大众而言,与面向地方市场的手工制造时代比较起来,现在工业提供的教育性资源更少。因而,实现工作中内在的智力可能性的重任就抛回到学校中去了。

(4)在科学中,知识的追求变得更有实验性,而更少依赖文学传统,更少与推理的辩证法以及符号相联系。因此,与以前相比,工业性职业的教材不仅呈现出更多的科学内容,而且提供人们更多的机会来了解产生知识的方法。当然,工厂中的一般工人为直接的经济压力所迫,以至于无法像实验室的工作者一样,拥有产生知识的机会。但是,在学校里,学生的主要任务是学习深刻的见解;在一定条件下,学生也可以与机械和工业工序打交道。工厂和实验室满足了这些条件,两者的分离在很大程度上是传统造成:实验室的优势在于允许人们彻底地探索某个问题所显示出来的任何理智上的兴趣;而工厂的优势,则侧重于科学原则的社会效应,并促使学生产生更为真实的兴趣。

(5) 学习心理学,尤其是儿童心理学的发展,是与工业在生活中与日俱增的重要性同步的。因为近代心理学强调探究、实验和"尝试"等无需经过学习的原始本能具有根本上的重要性。近代心理学表明,学习不是被称为心灵的东西的现成的运作,心灵是把各种原始才能组织成有意义活动的结构。诚如我们所知(见第247页),年长的学生的工作相当于年幼学生的游戏,这是对未经训练的、粗糙而天然的活动在教育意义上的发展。此外,从游戏过渡到工作的过程应该是渐进的,不涉及态度上的剧烈变化,而是把游戏的要素引入工作之中,并为加强控制而不断地加以改进。

读者可能会注意到,上述五个论点实际上重复了本书前面的要点。无论是在实践上还是在哲学上,改善当前的教育状况关键在于逐渐改革学校的教材与方法,从而象征性地模拟社会上各行各业的作业,揭示它们理智上和道德上的内容。这一改革应该弱化纯书面的方法——包括课本和辩证法,把它们降低为学生连续累进的理智活动发展过程中必要的辅助手段。

然而,我们的探讨强调了下面这个事实,即如果人们试图依照现在各行各业的运行方式,为学生提供技术上的预备,教育改革是无法成功地实现的;更不用说,企图在学校里照搬现行的工业状况,这让教育改革更加举步维艰。问题不是要使学校成为制造业和商业的附庸,而是要利用工业的各种因素,使学校生活变得更加活跃、更富有当代意义,以及更多地与校外经验相关联。要解决这个问题实属不易,因为教育长期维护为极少数人服务的旧传统的危险始终存在,而它对新的经济条件的适应,多少奠基于对行业制度中那些不合理的、未社会化的、未经改造的方面的默认上。说得具体一些,就是说,假如从理论和实践上把职业教育阐释为行业教育,即作为获得将来专门职业的技术性效能的手段,那将是危险的。

由此可见,教育将成为让现行的社会工业秩序得以永久地保存下去的工具,而非改革它的手段。用正规的方式设定改革的目标并非难事,那是这样一个社会:其中每个人都有一些事情要做,以便使其他人的生活更有价值;也消除了相互之间的隔阂,使维系彼此关系的纽带变得更加牢固。这里所说的改革,意指这样一种事态,即每个人对工作的兴趣都不是受强制的,而是出于理智的——是以工作与自己的天赋相投合为基础的。毋庸赘言,我们还远未达到这样的社会状态;在真实的和定量的意义上,我们也无法实现这种状态。但是,迄今已实现的社会变革,在原则上与它的发展方向是一致的。与以前相比,现在有空前丰富的资源可用于达成这种社会状态。只要有理智的意愿希望达成这种社会状态,那么,在实现过程中就没有不可攻克的障碍。

最重要的是,实现这种社会改革的成败取决于我们采取何种教育方式,因为这种改革本质上是精神倾向的改革——一种教育性的改革。这并不意味着我们能够撇开工业和政治条件的改革,用直接的指示和敦促去改变人的性格和心灵。尽管这个观念相悖于我们提出的性格和心灵是对参与社会事务的回应的态度这一基本观点,但可以在学校中打造我们期望达成的那种社会模型,从而塑造学生的心灵,逐渐改变成人社会某些顽固的特征。

从情感上看,如果我们说现行体制最大的恶不是贫困,也不是它所导致的苦难,而是很多人从事的职业对自己没有吸引力,他们从业只是为了金钱上的报偿。这种说法听上去不免太刺耳了,但这是因为这样的职业时常引起人们的反感和憎恶,使人想要怠慢和逃避。他们工作时情绪不定、心不在焉。另一方面,有些人不仅物质生活富足,而且居高临下地——如果不是专断地——控制着多数人的活动,他们脱离于平等的、普遍的社会交往。他们放纵和炫耀;他们试图通过使人印象深刻的权力、巨大的财富和享乐,来消除与别人之间的隔阂。

构思狭隘的职业教育方案很有可能永远保留这一区分,因为这个方案采用社会预定论的教条主义立场,认为一些人应在与当前一样的经济状况下继续靠挣工资维持生活。此外,这个方案旨在为这些人提供所谓行业的教育——改善他们的技术效能。无论如何,人们往往不具备精湛的技术,但确实希望自己拥有精湛的技术——不只是为了以更少的成本生产更好的商品,更是为了在工作中找到更大的快乐,因为没有人会喜欢做自己力所不及的事情。但是,只局限于对当下工作的精通,与推而广之地了解工作的社会意义的能力比较起来,两者有天壤之别。同样的,实行他人计划的效率和制定自身计划的效率之间也有天壤之别。眼下的雇主阶级和受雇阶级在理智和情感上都有自己的局限性。受雇阶级在乎的是职业带来的金钱回报,而雇主阶级的眼界被束缚在利益和权力上。一般说来,雇主阶级的兴趣更多地涉及理智上的启示和对条件的考察,因为这涉及对多种因素进行指导和组织,而对工资的兴趣只关系到某些直接的肌肉动作。然而,只要他们的工作没有考虑到社会意义,他们的智力依旧束缚在技术性的、非人性的、不自由的轨道上。加之如果激励他们的动机不过是对私人利益或个人权力的欲望,那么,这一局限在所难免。实际上,富于社会同情心和人道主义倾向等优点,往往是由于在经济上处于困顿;而处于这种境况的人,没有遭受过片面地控制他人事务的可怕做法的影响。

假如职业教育的方案以现行的工业体制为出发点,很可能承载并保持这种体制的弱点和阶级分层的特征,从而蜕变为实行社会预定论的封建教条的手段。那些处于随心所欲地位的人,会要求一种自由的、文化性的职业,一种适合于他们直接关心的青少年有指导能力的职业。把教育体系分裂开来,为那些处境没那么幸运的其他人提供特定的行业预备训练,这就等于把学校看成将旧有的劳动与闲暇、文化与服务、心灵与身体、受管理阶级与管理阶级的划分移植到名义上的民主社会中去的一个机构。这样一种职业教育,必然会低估所处理的材料与程序之间的科学的、历史的、人性化的关联。试图把这些关联囊括进狭隘的行业教育中,是徒劳无功的;关注这些关联,是不"实际的"。这些关联是留给那些可以自由掌握闲暇的人的——闲暇是以优越的经济资源为基础的。这些关联甚至有可能威胁到统治阶级的利益,因为它们可能引起那些在他人指挥下工作的人的不满,从而产生"僭越身份"的野心。但是,如果一种教育认可职业有充分的理智的和社会的意义,那么,它就必须既包含对当下状况的历史背景的教育,也包含有关科学方面的训练,以提供处理生产材料和生产工具的智力和开创性,还包含对经济学、公民学和政治学的学习,以便使未来的工作者触及当代的种种问题和由此而提出的各种改善方法。最重要的是,它将训练未来的工作者适应不断变化的情况的能力,从而使他们不轻率地对强加给他们的命运逆来顺受。这一理想不仅要与现有的教育传统的惯性相抗争,还要与占据工业支配地位的那些人的反对相抗衡,因为那些人意识到,这种教育制度的普及将威胁到他们利用别人来实现自身目的的能力。

但是,恰恰是这一事实,昭示了一个更公正、更开明的社会秩序,因为它证明社会改革有赖于教育改革。因此,这个事实也激励那些坚信更好的社会秩序的人们去承担推进这样一种职业教育的责任;这种职业教育不会迫使青少年屈从于当下教育制度的要求和标准,而是利用科学和社会的因素,培养他们有勇有谋,并培养他们智力的实践性和执行力。

概要

职业就是指向他人提供各种形式的服务,为实现结果而运用个人力量的连续不断的活动。职业与教育的关系问题,把之前探讨过的关于思维与身体活动的关系、个体的自觉发展与联合生活的关系、理论素养与有明确结果的实践行为的关系、谋生与有价值的闲暇享受的关系等等各种问题聚集在一起。总体来说,人们不认可教育的职业方面(除了基础教育中有实利性的读、写、算的教学),是对过去贵族理想的留恋。但是,当前有一场以职业训练为目的而进行的运动,随着这场运动的实际开展,这些观点会得到强化,从而具备适合现行工业体制的形式。这一运动将把传统的自由教育或文化教育提供给少数经济上有能力享受这种教育的人,而把受制于人的、为各种专门职业做准备的、有技术性的行业教育传授给大众。当然,这一方案只是意味着永久性地保留旧有的社会阶级划分,并把与之相应的理智与道德的二元论一起保留下来。然而,这充分表明,当下的社会条件已不再支持它继续存在下去,因为今天的工业生活极度依靠科学,并极为密切地影响着社会交往的各种形式,因而我们有机会运用它来发展人的心智和性格。此外,工业生活在教育上的正当应用,可以影响人的智力和兴趣,并连同立法和行政一起,改变当下工业和商业秩序中让人厌恶的那些社会特征。工业生活在教育上的正当应用,将使与日俱增的社会同情感转化为有建设性的力量,不变为多少有些盲目的博爱情操。工业生活在教育上的正当应用,将使那些从事工业职业的人有能力参与社会控制,成为掌握工业命运的主人,工业生活在教育上的正当应用将使他们了解机器生产和分配制度的专门的和机械的特征的意义。上述情形主要是针对比较缺少经济机会的人来说的。对于共同体中拥有特权的那部分人来说,工业生活在教育上的正当应用,将提升他们对劳动力的同情心,使他们形成一种心灵倾向,从而发现实用性活动中的文化要素,并增强他们的社会责任意识。换句话说,目前职业教育之所以具有至关重要的地位,是因为这个议题要集中考虑两个根本性的问题:一个问题,即究竟是把自然纳入人类的活动中,还是排斥在这种活动之外,才能更好地锻炼人的智力呢? 另一个问题,即究竟在利己主义条件下,还是在社会的条件下,才能更好地获得个体的文化? 本章对此没有作具体的探讨,因为以上结论不过是概括了前面第十五至二十二章的观点。

第二十四章

教育哲学

1. 回顾与评论

　　我们是在讨论教育哲学,却至今未对哲学作出明确的定义,也未清楚地思考过教育哲学的本质。为了讨论哲学这个主题,我们现在得简要地总结一下隐含在以前讨论中的逻辑顺序,从而引入相关的哲学主题。此后,我们将用更专业的哲学术语,对不同的教育理想在实际运作中所隐含的不同的知识论和道德论进行简要的探讨。

　　从逻辑上看,前面的章节可以划分为三个部分。(1)开篇几章探讨的是作为社会需求和社会功能的教育。这些章节旨在勾勒出教育作为使社会群体得以延续生存的进程及其所具有的一般特征。这些章节把教育展现为通过传递的过程不断更新经验的意义的过程。从某个角度看,这种传递过程是偶然地发生在成人和青少年日常陪伴或交往中的;从另一个角度看,它又是精心地被建立起来的,以维持社会的延续。人们发现,这一过程既涉及对未成熟个体的控制和发展,也涉及对他所归属的群体的控制和发展。

　　由于没有具体考察所涉及的社会群体的性质,也没有考察这些群体通过教育企图永久保存下来的是何种类型的社会,因此,这种考察只是形式性的。现在,我们把这个一般性的讨论应用到特殊的社会群体中,而且应用到那些追寻进步意愿的社会群体中,它们与那些热衷于保持既有习俗的社会群体不同,旨在取得更加多样化的、彼此分享的兴趣。这样的社会在性质上是民主的,因为它们允许自己的成员拥有更多的自由,而且有意识地要求个体确立自觉的社会化的兴趣，而不是盲目地信赖在某个上等阶级统治下运作的那些习俗的力量。在这里，这种契合民主共同体发展的教育将作为用以深入细致地分析教育问题的标准。

（2）这种对教育的分析，基于民主标准，蕴含着持续改革或重组经验的理想；而这种理想，在本质上既增进经验的公认意义或社会内容，也提高个体为这一改革保驾护航的能力（见第六至七章）。接下来，我们运用这一教育分析的特点，勾勒出教材和方法各自的特征，并界定它们之间的统一性；因为基于这种教育的研究和学习方法，就是自觉地接受指导的、重组经验教材的活动。从这一点上看，关于学习方法及教材的主要原则已被确立起来了（第十三至十四章）。

（3）在这个阶段中，除了出于采用对比的方式阐释这些原则的目的，并偶尔做些批判以外，我们的讨论始终把民主标准及其在当下社会生活中的应用当作是理所当然的。在这之后的一些章节（第十八至二十三章），我们考察了当前在实行民主标准中所面临的种种障碍。结果发现，这些障碍源于下面这种观点，即经验是由各种相互隔离的领域或兴趣所构成的，其中每个领域或兴趣都有其自身单独的价值、材料和方法，每个领域或兴趣都相互制约；而且当任何一个领域或兴趣受到其他领域或兴趣的适当限制时，在教育中就会出现"力量的制衡"。有鉴于此，我们进而分析了作为上述隔离的基础的各种设想。在实践方面，造成这些隔离的原因是社会被划分为过于泾渭分明的各种阶层和群体，从而妨碍了丰富而灵活的社会互动和交往。我们发现，这些社会连续性的断裂，在各种二元论或对立中获得了理智性的表达，例如劳作与闲暇的对立、实践活动与智力活动的对立、人与自然的对立、个体性与团体性的对立、文化与职业的对立等等。在这一讨论中，我们发现，这些不同的论题在各种古典哲学的体系中已有相应的论述；而且，这些论题涉及哲学的首要问题——心灵（或精神）与物质、身体与心灵、心灵与世界、个体与他人的关系等问题。我们发现，隐含在这些分裂之下的心灵是不涉及身体状况、身体器官、物质工具和自然对象的活动的。一个哲学流派由此而认识到心灵在控制环境的活动中的来源、地位和功能。至此，我们绕了一圈，又回到本书第一部分的那些观念上，比如，人类各种冲动和本能与自然能量有生物学上的连续性；心灵的发展依赖于参与拥有共同目标的联合活动；自然环境凭借运用社会媒介而发挥其影响；个体多样性的运用对于追求和规划社会的发展是必要的；方法和教材在本质上是统一的；目的和手段有内在的连续性；心灵具有感知和检验行为意义的思维能力等等。以上观念是符合于把智力作为在行动中有目的地对经验材料进行重组的哲学的，但它们与前面提及的任何二元论哲学则是相抵触的。

2. 哲学的本质

我们接下来的任务是提出和明确表述蕴含在这些思考中的哲学观念。尽管我们还没有对哲学下定义，但根据哲学所应对的问题，实际上已经对它作了描述。我们也已指出，下面这些问题起源于社会生活中的各种争端和困境：心灵与物质的关系、身体与灵魂的关系、人性与自然性质的关系、个体与社会的关系、理论

（或认知）与实践（或行事）的关系等等。系统地探索这些问题的哲学体系，也记录了同时期社会实践的主要特征和困境。各种哲学体系清晰地意识到，人们基于自己当前经验的特征，已开始思考自然、人自身和被认为可以囊括或统摄自然和人自身这两者的现实。

因此，人们正是通过主题对象和方法的全体性、普遍性及终极性这些概念，对哲学作出一般性的界定。就主题对象而言，哲学是试图进行理解的一种尝试，即把世界和生活中的各种细节结合起来，组合成单一的、无所不包的整体，这个整体要么是统一体，要么如二元论体系所主张的，把许多具体的情况简化为少数几条根本性的原则。就哲学家和认可哲学家结论的人的态度而言，他们试图形成尽可能统一的、融贯的和完整的经验观。这种做法在"哲学"——爱智慧——这个词中已见端倪。不管什么时候，只要人们严肃地把哲学作为思考对象，就肯定哲学是某种可以影响生活品行的智慧。以下事实可以表明这一点，几乎所有的古代哲学学派都是系统化的生活方式，接受它们教义的人都恪守某些独特的行为模式；中世纪哲学则与罗马教会神学息息相关，哲学时常与宗教兴趣结合在一起，而在民族危难之际，哲学则与政治斗争结合起来。

哲学与人生观直接而密切的关联，把哲学与科学清清楚楚地区分开来。从科学上看，特定的事实和规律会影响人们的行为；这些事实和规律提示人们应该做什么、不应该做什么，还提供相应的执行手段。如果科学不限于报告关于世界的特定事实的发现，而是对世界采取不同于要做的个别事情的普遍性的态度，那么，它就被同化进了哲学；因为哲学的基本倾向所表示的，不是对这个或那个事物的态度,甚至也不是对已知事物的总和的态度,而是对决定行为的思考所采取的态度。

因此,哲学不可能简单地从主题对象方面加以定义。出于这个原因,对诸如一般性、全体性和终极性这类概念,最容易从它们所包含的对世界的倾向这个角度加以把握。在真实的和定量的意义上,这些术语都没有被应用在知识的主题对象上,因为在这里,完整性和最终性都无法被考虑。作为不断发展变化着的过程,经验的本质无法容纳这种完整性和最终性。在相对宽泛的意义上,这些术语适用于科学,却不适用于哲学;因为很明显,人们不是通过哲学,而必须诉诸数学、物理学、化学、生物学、人类学和历史学等来揭示世界的真相。对世界进行归纳总结,肯定哪些东西是站得住脚的,它们又是什么,都可以由具体的科学来加以说明。但是,当人们询问,科学成果要求他们对待世界应有哪种固定行动倾向时,他们就提出了哲学的问题。

从这个立场看,"全体性"并不意味着一项计算数量总和的无望的任务。毋宁说,它意味着对所发生的各种事情的回应模式的一致性。一致性并不意味着字面意义上的等同;因为既然同样的事情不会发生两次,那么,完全精确地重复同一个反应就是不可能的。全体性意味着连续性——延续以前的行动习惯,同时进行必要的调节适应,以保持其生生不息、持续发展。与其说它意指一个现成的全面的行动方案,毋宁说它意味着在大量多样性的行动中维持平衡,从而使每个行动彼此间对意义有取有予。无论是谁,只要他思想开明,对新观念有敏锐的觉察力,并具有专注的精神和强烈的责任感,努力把这些新观念联系起来,就可以说,他有哲学的倾向。哲学的普及意义之一,就是面对困境和失败,人们能够沉着忍耐。哲学甚至被认为是一种百折不回地承受苦难的力量。与其说忍耐是哲学的一个普遍属性，毋宁说是在向斯多葛学派的哲学思想致敬。可是，只要哲学的整体性特征是拥有甚至是从使人反感的经验变迁中学习知识或提炼意义的能力，并在继续学习中展现其所学的东西的力量，那么，它的合法性在任何方案中都能得到辩护。我们可以用类似的说法来阐明哲学的普遍性和终极性。从字面上看，它们是荒唐可笑的；它们意味着不可理喻；然而，最终性并不表示经验已结束或耗尽，而是意味着它已渗透到意义更深的层面上，即潜入表层以下，发现事件或对象之间的关联，并持之以恒地这么做下去。同样的，哲学上的一般性是就哲学反对把任何事物看成是相互分离的这个意义来说的，这种哲学态度试图把行为置于形成它的意义的语境中。

把哲学与思维关联起来以显示与知识的差别，这种做法是有帮助的。有理有据的知识就是科学，它表现的是已被理性确定、安排和处理好的对象。另一方面，思维是以未来预期作为参照的，它是由悬而未决的问题引起的，旨在克服心中的疑虑。哲学思考的是已知事物对我们要求什么，索要的是何种回应态度。它是有关可能的东西的观念，而不是对既定事实的记录。因此，如同所有的思维一样，哲学也是假设性的。它提示了有待完成、有待尝试的事情。它的价值不在于提出解决方案（这只有用行动才能达成），而在于详细地说明各种困难，并提出应对这些困难的各种方法。哲学大致上可以被描述为自觉的反思性思维——这种思维已经概括了它在经验中的地位、功能和价值。

更具体地说，"全体的"态度源于在行动中综合人生各种彼此矛盾的兴趣的需要。如果各种兴趣极为浅显，以至于很容易滑向对方,或者因为它们没有充分适当地被组织起来,因而才未相互抵触,在这种情况下,就难以感觉到对哲学的需求。比如,当科学兴趣与宗教兴趣相抵触时,或者当经济利益与科学或审美兴趣相抵触时,或者当保守的对秩序的热衷与对进步的、自由的兴趣针锋相对时,当制度主义与个人主义争执不下时,就会刺激人们去寻找某种更全面的观点,这种观点可以调和各种争端,恢复经验的一致性或连续性。这些冲突通常可以由个体自己加以解决。各种目标冲突的范围有限,个人自己能通过粗略的调整加以解决。这类朴素的哲学理论是真实的,也往往是十分有效的;但是,它们不可能造就任何哲学体系。只有当有关行为理想的不同主张影响到整个社会,要求调整的呼声也十分普遍时,这些哲学体系就出现了。

人们常常把下面一些特征作为反对哲学的理由。比如,个人思索在哲学中发挥的作用、各种哲学流派的众说纷纭,以及哲学一直忙于应对那些纯属表达不同但实质上几乎完全相同的问题。毋庸置疑,所有这些特征多少体现出历史上诸多著名的哲学理论的特点。但是,把这些特征作为反对哲学的理由,等于是在反对人类的本性,甚至反对塑造人类本性的世界。如果生活中确实有许多不确定的因素,那么,哲学理论就必须反映这种不确定性。如果对困境的起因出现不同的诊断,并对处理这个困难提出不同的建议,也就是说,如果各种兴趣的冲突或多或少地表现在不同的人群上,那么,哲学理论就必定会出现各执一词、相互抵触的局面。希望在已经发生的事情上达成一致性和确定性,只要有足够的依据就可以了,因为事情本身就是确定不移的。但是,如果说在一个复杂情况中出现了不确定的因素,讨论就是不可避免的,因为事情本身仍然是模糊不清的。人们并不期待衣食无忧的统治阶层和为生存而奔波劳碌的被统治阶层能够拥有相同的生活哲学。如果有产者和无产者对世界有相同的看法，那么，要么这些看法是不真诚的，要么是不严肃的。如果一个共同体投身于工业生产，积极从事商业贸易，那么，它看待生活需求和可能性的观念，就不太会与拥有高雅审美文化、没有野心把自然力转化为机械力的国家一致。一个历史连绵不绝的社会群体，与另一个历史受到过断裂冲击的社会群体，在精神上回应危机的方式是迥然不同的。即使面对相同的数据资料，它们也会用不同的方式进行评估。然而，不同类型的生活中所出现的不同的经验，恰恰阻止了相同数据资料的呈现，从而显现出不同的价值体系。就问题的相似性而言，这些更多的是表象而非事实，因为人们把古老的探讨转换成了对当代困惑的表述。然而，在某些根本方面，类似的生活困境时常重现，这种变化仅仅是因为社会背景的不同，包括科学的进步而发生的。

事实上，在社会实践中，人们普遍感到有各种困惑，由此产生了哲学问题；但这个事实被掩盖起来了，因为哲学家成了专业群体，他们使用一种与表达直接困惑的词汇不同的专门语言。但是，只要一个体系具有影响力，人们总能发现围绕它出现的各种利益冲突，因而需要一个社会性的调整方案。正是在这一点上，哲学与教育之间的紧密联系展现出来了。实际上，教育有利于从深入到人类意义的层面上，而非在技术层面上进行哲学探讨。研究哲学"本身"的学者总是处于这样一种危险中，即把哲学视为非常敏锐或严肃的理智运用，视为哲学家们所说的、只与他们有关的东西。但是，如果人们从哲学问题所对应的精神倾向，或者从这些问题在教育实践中造成的不同影响出发去研究问题,那么,这些问题所表达的生活情境就显现出来了。如果一种哲学理论对教育上的尝试没有影响,它必定是虚假的。教育观念使人们能够直面哲学问题,就在它们产生、发展或得到阐释的地方,就在对它们的认可或拒斥产生实际影响的地方。

如果我们愿意把教育视为对自然和人类同胞的根本理智和情感倾向的形成过程,那么,甚至可以把哲学定义为教育的一般理论。除非哲学仍然要保持其符号性的、言语性的、少数人抒情式的或者纯粹是武断的信条,否则,它对过去经验的审视及其价值体系必会影响行为。虽然公众性的煽动、宣传、立法和行政行为在引发哲学所认可的变化方面是有成效的,但只是在教育的层面上,即它们改变人们精神的和道德的态度的层面上。这些方式至多涉及如下的事实,即它们被用于那些习惯多半已定型的成人身上,而青少年的教育则有更加公平和自由的适用空间。另一方面,如果哲学没有承担起应有的职责,从而对学校教育在当代生活中的地位展开广泛而富于同情的考察,使学校教育的目标和方法富有活力,那么,学校教育的职责便会蜕变为常规的经验性的事务。

实证科学实际上总是隐含着共同体试图加以实现的各种目的。不考虑这些目的,那么无论实证科学的发现是被用来治疗疾病,还是散播疾病;是增强谋生的手段,还是制造军事物资来杀害生命,就都是无关痛痒的了。在所有这些事情中,假如社会对这件事情更感兴趣,科学就会展现出实现这件事情的方法。由此可见,哲学具有双重任务:一方面,就科学的现状批判现有的各种目标,从而指出在人们掌握新资源以后,哪些价值已经过时,哪些价值由于缺乏实现的手段而只是情感性的;另一方面,阐明具体科学的结果会对未来社会发展产生什么样的影响。如果教育上没有相应地倡导应该做什么、不应该做什么,那么,哲学就不可能成功地完成上述任务。因为哲学理论并没有阿拉丁神灯可以召唤,以便用它来实现哲学在理智上设立的那些价值。在机械技艺中,各门科学变成利用事物的能量来实现公认目标的各种方法。通过教育的技艺,哲学可以按照严肃而审慎的生活概念来构成利用人类精力的各种方法。教育是这样一个实验室,它使哲学上的特性变得具体,并使这些特征得到检验。

富有启发意义的是,欧洲哲学源于各种教育问题的直接压力(在雅典人中)。早期哲学史是由小亚细亚和意大利的古希腊人所谱写的,就其主题范围而言,与其说它是哲学史上的一个章节(假如按人们今天理解哲学的方式来使用该词),毋宁说它是科学史上的一个章节。因为它以自然为主题,探索事物是如何被构成并被改变的。以后,以智者派著称的、喜欢游历的教师们才开始把自然哲学家的成果和方法应用到人类的行为上。

当作为欧洲第一批专业教育者团体的智者派,在德性、政治术、城市管理和家庭经营上指导年轻人时,哲学开始探讨个体与全体、个体与某个普泛的阶层、个体与某个群体的关系;探讨人与自然、传统与反思、知与行的关系。他们询问:在任何层面上都被认作优异东西的德性,是否可以习得? 究竟什么是学习? 如果说,学习与知识有关,那么,知识又是什么? 究竟如何去获得知识? 是借助感官,还是借助某种形式的学徒训练,或者借助接受过初级的逻辑规训的理性? 既然学习就是开始认知,那么,它就涉及从无知到智慧、从匮乏到充盈、从不足到完美的过程,用希腊哲学的方式说,就是从非存在到存在的过程。这一转变何以可能? 变化、生成、发展是否真的可能? 如果可能,又如何进行? 假设这些问题得到了解答,那么,教导与德性、知识和德性又是什么关系呢?

上面最后一个问题导致有关理性与行为、理论与实践的关系问题,因为德性无疑是存在于行动中的。难道认知即理性活动,不是人类最高贵的特质吗? 难道纯粹理智活动本身不是最优异的东西吗? 相比之下,和睦友好的德性和公民生活是否次之? 或者从另一方面看,自我标榜的理智知识使人的品行败坏,损害共同体生活中维系人们关系的社会纽带,它是否就不只是空洞徒劳的伪装? 难道由于唯一的道德生活源于对共同体习俗的遵从,所以唯一的真实的生活也源于此? 难道由于新的教育设立了与共同体既定传统相抗衡的标准,它就成了好公民身份的大敌?

经过两三个世代,这些问题与教育之间的原初的关系被割断了,它们常常被人们分离开来,单独地加以探讨;即,它们被视为哲学上一个独立的研究分支。然而,欧洲哲学思潮是作为教育程序的理论而出现的,对哲学与教育的紧密关系来说,这一事实本身就是有说服力的证据。"教育哲学"并不是把现成的观念外在地应用到具有不同起源和目标的实践体系中,而只是针对当代社会生活的各种困境,明确和系统地提出合适的精神和道德习惯的塑造问题。因此,我们能给出的最富有启发意义的哲学的定义是:哲学是关于教育的一般性理论。

由此可见,哲学、教育以及社会理想和方法的改革都是密切相关、共同向前发展的。如果当前特别需要的是教育改革,如果这一需要使重新思考传统哲学体系中的基本观念变得迫在眉睫，那么，这是因为，伴随着科学进步、工业革命和民主的发展，社会生活发生了翻天覆地的变化。这一变化的发生不可能不要求相应的教育改革，并促使人们去思索：究竟有哪些观念和理想隐藏在这些社会变化中？它们要求对从古老的文化中传承下来的观念和理想进行什么样的修改？我们在本书中多次提及，并在前几章中明确地探讨了这些问题，因为它们对身心关系、理论与实践的关系、人与自然的关系、个体与社会的关系等都有重大的影响。在末尾几章，我们将首先从知识哲学上，然后从道德哲学上总结前面的讨论。

概要

我们进行了回顾，阐明了隐含在以前讨论中的哲学问题，并把哲学定义为关于教育的一般性理论。我们把哲学阐述为思维形式，就像所有思维一样，哲学起源于经验题材中不确定的东西，旨在探寻种种困惑的本质，建构解决困惑的假说，并在行动中检验这种假说。实际上，哲学思维具有如下的特性，即它所应对的各种不确定因素普遍地存在于社会条件和目标，以及系统化的兴趣与制度性的要求之间的矛盾中。要想重新调整、协调各种对立倾向，唯一的方法是改变情感和理智的倾向，因而哲学是对生活中各种兴趣的明确阐述，以及使这些兴趣达成更好的平衡的观点和方法。只有通过教育这一过程，人们所需要的改革才有可能得以实现,而不至于停留在对所希望的东西的假设上。鉴于此,我们完全可以理直气壮地说:哲学是一种精心地指导实践的教育理论。

第二十五章

各种知识论学说

1. 连续性和二元论的对立

在之前的论述中，我们已经批判过一些认知理论。尽管这些理论各不相同，但是，在一个基本方面，它们是一致的，即与我们确定地主张的理论相对立。后者主张连续性；前者主张或暗示某些基本区分、分裂或对立，用专业术语说，就是各种二元对立。我们发现，这些区分的来源在于划分出各个社会群体和一个群体中各个阶层泾渭分明、固定不变的界限，比如在富人和穷人之间、男人和女人之间、贵族和庶民之间、统治者和被统治者之间的那些壁垒。这些壁垒意味着缺乏顺畅而自由的交往。这一缺乏相当于设立了不同类型的生活经验，每一种生活经验都有其分离的主题对象、目标和价值标准。如果哲学是对经验的如实表达，那么，每一个这样的社会状况必然在一个二元论哲学中得到系统的阐述。如果它超出了二元论范围——就像许多哲学理论在形式上表现的那样——那么，它只能求助于超越经验中所能发现的任何东西之上的东西，飞跃到某种先验的领域中去寻找。这些理论的结论是：把事物的此岸世界作为纯粹表象，与一个难以达到的现实的本质划清界限，因此，它们一方面在名义上否认二元论，另一方面却在事实上恢复了二元论。

这些区分持续存在着，而其他区分又不断增加，就此而言，每一种区分都在教育制度上留下它的印记，直到整个教育方案成为多种目的和程序的积淀物。其结果是，各种彼此分离的因素和价值之间出现了我们描述过的制衡局面（见第十八章）。当前的讨论，只是用哲学术语来阐述认知理论中所涉及的多对对立的概念。

首先是经验认知和更高等的理性认知之间的对立。经验认知和日常事务有关，为那些没有专门的理智追求的普通人的目的服务，在他们的需求与当下环境之间构建某种切实有效的联系。这种认知即使没有被轻视，也被贬低为纯功利性的、缺少文化意义的。理性知识被认为最终以理智方式触及现实、以自身为目的而为人所追求，且以纯理论的洞察力为终点，没有因为被应用在行为中而受到贬低。从社会层面看，这一区别所对应的是劳动阶层的智力和衣食无忧的饱学之士阶层的理智之间的划分。

从哲学上看，这个区别变成特殊与普遍的划分。经验是一个由多少独立的个体构成的集合体，对每个个别事物的了解都必须分别进行。理性处理的是普遍性、一般原则和规律，而这些东西都是在各种杂乱的具体事物之上的。在教育的积淀物中，一方面，人们认为学生理应学习许多具体的、独立的信息知识；而另一方面，人们又认为学生理应熟悉一定的规律和一般关系。地理学，作为常见的教学科目，印证了前者；数学，超过基础的计算，则印证了后者。对一切实际目标而言，它们象征了两个单独的世界。

"学识"一词的两种含义提示了另一个对立。一方面，学识是指已知的东西的总和，是通过书籍和学者流传下来的。它是某种外在的东西，是知识的累积，好像人们在仓库里储存商品一样。真理存在于现成的某处，因此，学习就是个体吸收所储存东西的过程。另一方面，学识意味着个体在学习时所从事的某种事情。这是积极的、由个人亲历亲为的事情。在这里，二元论就是知识作为某种外在的东西，或者就如人们常称谓它的，是某种客观的东西,对立于认知作为某种纯粹内在、主观和心理的东西。一方面,存在着现成的真理体系;另一方面,存在着具有认知能力的现成心智——只要它有意愿运用这个认知能力,而奇怪的是,它常常不愿意这么做。我们经常谈及的教材和方法相分离,就是这个二元论对应在教育上的产物。从社会层面看,这个划分与依赖权威的生活和个体可以自由发展的生活之间的区分有关。

另一个二元对立就是认知中主动性和被动性的对立。对于纯粹经验性的物质的东西,人们往往认为是通过接受印象而认知它们的。物质以某种方式通过感觉器官而被印刻在心灵上,或者被传达到意识中。相反,人们认为,理性知识和有关精神性东西的知识源于心灵内部所发动的活动;而且,如果这种活动远离一切感官和外在对象的污染,就能开展得更好。在教育上,这种对立明确体现为,感官训练、实物教学课和实验室实习,与书本中以及通过精神力量不可思议的运作——人们是这样认为的——而获得的纯粹观念之间的区别。从社会层面上看,它反映了那些受制于事物的直接关系的人和自由地进行自我培养的人之间的区别。

还有一个当前流行的对立被称为是理智和情感之间的对立。人们认为,情感是纯粹私人的、个人的,与纯粹智力在理解事实和真理过程中发挥的作用无关——理智的求知欲这一情感可能除外。理智是纯粹的光;而那些情感,只是干扰性的热。心灵向外转向真理;情感则向内关注个人的利弊得失。因而在教育上,如人们已经注意到的,我们一贯贬低各种兴趣;同时,在实践上,对待多数学生,我们依靠外在的、不相干的奖惩来诱导有心灵的人(如同他的衣服上有一个口袋),把他的心灵应用在有待认知的真理上。由此,我们看到专业的教育者谴责诉诸兴趣的方法,与此同时，他们又极其严肃地主张必须依靠考试、分数、升降级、奖赏以及经久不衰的奖惩措施。这一状况造成了对教师幽默感的损伤，而人们尚未对它引起应有的重视。

在这一切分裂中，以知和行、理论和实践、作为活动目标和精神的心灵和作为活动器官和手段的身体的分裂为巅峰。我们不再赘述已经说过的，这种二元论起源于将社会划分为两个阶层，其中一个为了维持物质生存而进行体力劳动，另一个则免受经济的压力而投身于表达技艺和社会指导。我们也不必重复论及教育的恶果来自这种分裂。我们将愿意寄希望这样一些力量，这些力量趋于让人清楚地看到，这个二元论概念是站不住脚的，并趋于用连续性的概念来替代它。(1)生理学以及与之相关的心理学的发展，已经展现了精神活动和神经系统活动的关联。但是，人们对这一关联的认识，常常在这里戛然而止。旧有的灵肉二元论，已经被大脑和身体其余部分的二元论所取代。然而，事实上，神经系统只是保障身体的所有活动共同合作的一种专门机制。它不是作为一个源于驱动反应器官的认知的器官，脱离于身体活动，而是使身体的所有活动相互作用和反应的器官。大脑本质上是接受来自环境的刺激和对环境产生的反应进行相互调节适应的一种器官。值得注意的是，这种调节适应是相互的；大脑不仅让机体活动在对感觉到的刺激作出回应时，能作用于环境中的任何对象，而且这一回应决定下一个刺激将是什么。例如，看一看木工在使用木板工作或者蚀刻师在刻画版面时发生了什么——或者任何一个连贯活动中发生了什么。每一个驱动反应都通过调节来适应感觉器官所表现的情况，与此同时，这些回应决定了下一个感觉刺激。概括一下这个例子，可以发现，大脑是不断重组活动以保持活动连续性的机制；也就是说，基于已经完成的活动的要求来更正未来的行动。木工活动的连贯性，区别于常规的完全重复同一个动作的活动，也区别于没有任何积累的任意活动。木工活动是连续、连贯或者集中的，这依赖于前一个行为为之后的行为铺平了道路，而这些行为又都考虑到了已经实现的后果——这是一切责任的基础。任何人，如果他认识到认知和神经系统之间的关联，认识到神经系统和重新调整活动以适应新状况之间的关联，认识到这些事实的全部力量，他就不会怀疑认知和重组活动有关联，认知不是脱离一切活动、完全依靠自己的事情。

（2）生物学的发展用它对进化演变的发现，证实了这一教训。因为这个进化学说的哲学意义，正是它注重较为简单的和较为复杂的有机结构一直到人类的连续性。有机结构的发展始于那样一些结构，其中环境和有机体的调整比较明显，而且可以被称为心灵的东西停留在最低限度上。随着活动越来越复杂，智力在空间和时间上整合了更多的因素，从而发挥的作用越来越显著，因为它要预测或规划的未来的跨度更大。这对认知理论所产生的影响，就是它替代了主张认知只是世界的纯粹旁观者或观察者的活动的观念，这个观念与认为认知是完全自在自存的观念有关。因为有机体的发展学说主张，生物是世界的一部分，分担着世界的兴衰和命运；而且，只有当它在理智上认同自己与周围的事物是等同的，它才能在不确定的依存关系中保障自己的稳妥，并预测未来会产生什么后果，从而相应地规划它自己的活动。如果活生生的、经验着的存在者亲自参与所属世界的活动，那么，知识就是一种参与的形式，它的成效有多高，其价值就有多高。知识不可能是一个无关的旁观者的毫无根据的观点。

（3）实验方法作为获取知识和保证它是知识而非纯粹的意见的方法——发现和证明的方法。这种实验方法的发展是引起知识论转变的另一股强大的力量。实验方法包括两个方面：(a)一方面，它意味着如果我们的活动实际上没有对事物产生某种物理改变，且这些改变符合和证明了我们所抱有的概念，那么，我们就没有权利称任何东西为知识。如果没有这些具体的改变，我们的信念就只是假说、理论、提议、猜想，而且持有这些信念是暂时的，用作有待检验的实验的一些提示。(b)另一方面，思维的实验方法意味着思维是有用的，它根据对当下条件的充分观察而作出对未来结果的预料，在这个意义上说，它是有用的。换句话说，实验法不等于不假思索的反应。这样一种过度活动——对已经观察到且现在所预期到的东西而言，这种活动是过度的——确实是我们所有行为中不可避免的因素；但是，如果我们没有注意它的结果，没有利用这些结果在未来类似的情况中作预测和计划，那么，它就不是实验。我们越能领会实验方法的意义，在尝试应对我们所面对的物质资源和阻碍时就越会优先运用智力。我们称为魔法的东西，涉及野蛮人实验方法的许多东西；而对野蛮人而言，他所考验的是他的运气，而非他的观点。相反，科学的实验方法是对观点的考验；因为即使事实上——或者直接当下——它没有成功，它仍是理智的、有成效的；只要我们的努力是经过仔细斟酌的，那么，即使在失败中，我们也有所学习。

虽然实验方法作为一种实践的策略由来已久（从一有生活就开始了），但作为一种科学的办法——作为形成知识的系统手段还是全新的。因此，人们一直没有充分认识到它的全部范围，这一点不足为奇。人们认为，在大多数情况下，实验方法的重要价值只是某种技术的、纯粹物质的事情。要让人们认识到它对形成、检验社会和道德事务的观点具有同样的重要性，显然尚需时日。人们仍然想要有信条的支撑，期待由权威所确立的那些信念的支撑，帮助他们从思维的困扰以及依靠思想指导行动的责任中解脱出来。他们容易把自己的思维局限于考虑在各种抵触的教条体系中应该认同哪一个。因此，正如约翰·斯图亚特·穆勒（John Stuart mill）所说，学校更适于培养信徒，而非探索者。但是，实验方法每一次影响力的擢升，必定有助于取消以文学的、辩证的以及权威的方式形成信念的做法，这些做法过去一直统治着学校，而它们必然让位给那些以增加时间跨度、扩展事物空间范围的目标为导向，让学生积极关注事物与人的方法。认知论归根到底必然来自实践，实践是获取知识最为行之有效的方法；接着，用这一理论来改善不那么有效的方法。

2. 认知方法的各种学派

各种各样的哲学体系都有它们不同的典型的认知方法的概念。其中有一些被称为经院主义、感觉主义、理性主义、理念论、实在论、经验主义、先验主义、实用主义等。其中不少已在有关某教育问题的讨论中受到批判。我们这里所关注的问题，涉及这些认知方法和已被证明是获得知识最有实效的方法之间有什么区别；因为考虑到这些区别，可以更清晰地表明知识在经验中的真正位置。简言之，知识的功能就是让一个经验能自由地被运用于其他经验。"自由地"一词划分出知识原则和习惯原则之间的界限。习惯意味着一个人通过其经验有所改变,这个改变形成一种倾向,让他将来以这样的倾向更简单、更有效地行动。因此,习惯也具有让一个经验被运用于后来经验的功能;在一定范围内,它顺利地一展所长。但是,如果缺少知识,习惯就无法考虑情况的变化,为新情况的产生留有余地。预知变化不在它的意料之中,因为习惯假设新情况和旧情况本质上相似。因此,它往往让人误入歧途,或者阻碍个人顺利地执行他的任务,就像如果机器运作中出现了意想不到的情况,仅仅以习惯为基础的机修技术就不够用了。但是,如果一个人精通机器,他就知道该怎么做。他知道一个既定习惯在什么条件下起作用,而且能够引入改变,让这些改变来调整习惯,使它契合各种新的情况。

换句话说,知识是了解一个对象的各种关联,那些关联决定它在一个既定情形中的可用性。我们以一个极端的情况为例:野蛮人对一颗发光的彗星的反应,与在其他威胁到他们生命安全的事件发生时所习惯作出的反应是一样的。他们设法用尖叫、敲锣、挥动武器等方式来吓唬野兽或敌人,他们也试图使用同样的方法来吓跑那颗彗星。在我们看来,这个方法显然是可笑的——如此可笑,以致忽视了那些野蛮人只是求助习惯,却也暴露了习惯的局限。我们没有类似的行为方式,仅仅因为我们没有把那颗彗星当作是一个孤立的、不相关的事件,而是在它和其他事件的关联中理解它。不妨说,我们把它放在天文学体系中,我们对它的各种关联作出回应而不只是回应直接当下发生的事情。因此,我们对它的态度要随意得多。可以说,我们可以从任何一个由彗星的关联所提供的视角去对待它。如果我们认为是明智的,我们可以使用任何一种适合于任何与之相关的事物的习惯。因此,我们通过创意、灵巧和机智,间接而非直接地理解一个新的事件。理想的完美的知识可以表现这样一种互相关联的网络,其中过去的任何经验都能提供一个有利的立足点,从而处理新经验中所面对的问题。总而言之,脱离知识的习惯给予我们单一确定的处理方法,而知识则意味着可以在广泛得多的习惯范围内进行选择。

过去的经验对于后来经验在两个方面具有更为普遍而自由的可用性,我们可以作一个辨析(见第 94—95 页)。(1)从较为切实可见的一面看,是控制力的增强。我们无法直接掌控的东西,可以间接地处理它;或者,在我们和不如意的结果之间设置屏障;或者如果我们不能战胜它们,则规避之。无论如何,真正的知识拥有一切附属在有效习惯上的实际价值。(2)而另一方面,它增加了附属在一个经验上的意义,即感受到的意义。我们所任意地或以常规方式回应的情形,只有最低限度的有意识的重要性;从它那里,我们在精神上得不到任何东西。但是,一旦知识在决定新经验的过程中发挥作用,我们就得到了精神上的回报;即使我们在实际上并没有取得所需要的控制力,还是得到了感受一种意义的满足感,而不是纯粹身体上有所反应。

知识的内容是已经发生的东西,被视为是已经完成因而是稳定和确定的东西,而知识所指涉的是未来或预期的东西。因为知识为仍在进行的事情和有待完成的事情提供理解或赋予意义的手段。一位内科医生的知识,就是他通过亲知,以及研究他人已经确证和记录的东西,所发现的东西。但是,对他而言是知识,是因为它提供各种方法让他得以解释面前的未知事物,用相关的有联系的现象来补充一定程度上可见的事实,预知它们可能的未来,且相应地制订计划。如果人们割断了知识和它为盲目而变幻的东西赋予意义的用途之间的关联,那么,知识也就从意识中完全退出了,或者变成了审美沉思的一个对象。从审视已有知识的对称性和秩序中,可以得到许多情感的满足感,这种满足感是合理正当的。但是,这种沉思的态度是审美的,而不是理智的。它就和注视一幅绘画成品或者美妙的景象所获得的乐趣是相同的。如果它拥有同样和谐的结构,那么,不管主题对象是否迥然各异,都没有什么区别。确实,不管它是不是全然虚构的,一出幻想的戏剧,其结果都是一样的。所谓对世界有用,不是表示对过去的东西适用——就这种情况的本质而言,是不值得考虑的,而是指对牵涉到我们的、变动的情景中仍在进行的事情和尚未解决的事情适用。而事实恰恰是,我们轻易地忽视了这一特征,而把过去的和遥远的事情的叙述当作知识,因为我们假设了过去和未来有连续性。我们不能持有这样的世界概念,即主张有关世界过去的知识不能有助于预料世界的未来,为世界的未来提供意义。我们忽略考虑未来的维度,恰恰是因为它完全是内敛地暗含着的。

但是,我们提及的许多有关认知方法的哲学学派,都把这种忽略转变为一种事实上的否定。这些哲学学派视知识为本身完备的东西,而不管它是否适用于应对未来要出现的事情。正是这一忽略,造成了这些学派的不足,使它们成为被充分正当的知识概念所批评的教育方法的倡导者。我们只要想一想,为获得知识,学校有时所提供的是什么,就可以意识到:这种方法在和学生持续不断的经验的富有成效的联系中有多么匮乏——有多少人似乎相信,仅仅掌握恰好被记载于册的内容就拥有了知识。无论所学的东西对发现它的那些人,以及它在其经验中起作用的那些人而言有多么真实，都没有任何理由把它视为学生的知识。如果它不能在个人自身生活中发生效果，那么，它就像是某种有关火星或幻想国度的东西一样。

经院式方法在发展之际，是与社会状况有关的。它是一种对依靠权威而得到公认的材料进行系统化并为之提供理性支持的方法。这种题材极富意义，以至于对它的界定和系统化充满活力。在眼下的状况中，大多数人认为，经院式方法意味着这样一种认知形式，即它与任何个别的主题对象没有特殊的关联。它纯粹是为了分辨、定义、划分以及分类等活动本身而开展这些活动——经验中不带任何目标。有观点认为，作为一种纯粹心理活动的思维有它自己的形式，而这些形式适用于任何材料，就如同一个印章可以印在任何可塑物品上。这个观点成为所谓的形式逻辑的基础，实质上是普遍化的经院式方法。教育中的形式规训学说就是对应于这种经院式方法的理论。

被人称为感觉主义的知识方法理论和理性主义的知识方法理论反差鲜明，分别只强调个别性和普遍性——或一方强调赤裸裸的事实，另一方强调赤裸裸的关系。在真正的知识中，个别化功能和普遍化功能共同起作用。只要一个情形是混乱的，它就必须受到清理；它必须被条分缕析，得到尽可能清晰的界定。具体事实和性质构成了有待解决的问题的要素，而这些事实和性质，正是通过我们的感觉器官而得以细致阐述的。在它们阐明问题的层面上，不妨称它们为个别细节，因为它们是零碎的。我们的任务是发现它们的关联，从而把它们重新结合起来，对我们而言，此时它们是不完全的。我们要赋予它们意义，因此，就它们当下的情况来说，它们还缺少意义。任何被认知的东西，如果它的意义尚需得到阐明,那么,它本身就是个别的。但是,对已知的东西,如果为了使之适用于理智地掌握新的个别细节而研究它,那么,它在功能上就是普遍的。它为原本没有联系的东西建立起联系,这个功能构成了它的普遍性。任何事实,如果我们把它用来为一个新经验的内容提供意义,那么,它就是普遍的。"理性"正是运用过去经验的题材来认识一个新经验题材的意义的能力。如果个人习惯地乐于将直接吸引他感官的事件不看作是孤立的,而在它和人类一般经验的联系中加以理解,那么,这个人就是理性的。

如果不凭借感觉器官的积极回应而辨别出个别细节,就没有任何认知的材料,也没有任何理智的成长。如果这些个别细节不被置于由更广阔的过去经验提炼出来的意义的语境中——没有对理性或思维的使用,个别细节就只是一些激励或刺激。感觉主义学派和理性主义学派犯了同样的错误,都没有认识到感觉刺激和思维的功能在应用旧经验于新经验的经验重组活动中是相关的,由此才使生活连续一贯。

上述所提到的认知方法理论,可以称之为实用主义。它的本质特征是保持认知和一个有目的改变环境的活动之间的连续性。它坚持认为,知识在作为已经被掌握的某种东西这个严格的意义上,包括我们理智的各种资源——使我们的行动变得明智的一切习惯。知识,只有被纳入我们的倾向之中,使我们能够调整环境以符合我们的需求,调整我们的目标和欲望以适应我们所生存的情形,才是真正的知识。知识不仅仅是某种我们现在意识到的东西,而且构成了我们自觉地用以理解现在所发生之事的各种倾向。知识是这样一种行为:为了消除困惑,我们通过理解自身和所生活的世界之间的联系,从而使某些倾向变得有意识。

概要

  这样一些社会划分妨碍了人们自由、全面的交往，使各个阶层成员的智力和认知变得片面。一些人的经验与实用性有关，而这些实用性与他们所促进的更大的目的相分离，他们就是实际的经验主义者；一些人享受对意义领域的沉思，而不参与对那些意义的积极缔造，他们是实际的理性主义者；一些人直接接触事物，不得不调整他们的活动以及时适应这些事物，这样的人是实际上的实在论者；一些人使这些事物的意义隔离起来，把它们纳入一个远离事物的宗教或所谓精神的世界之中，这样的人实际上是理念论者；一些人关注进步，力图改变公认的信念，注重认知中的个人因素；一些人的主要职责是抵制变化，保存公认的真理，他们注重普遍性和确定性——以及诸如此类的东西。各种哲学体系以相互抵触的知识论，阐明了这些割裂的、片面的经验片段所特有的特征——这种片面性，是因为社会交往的隔阂阻碍一个人的经验通过其他不同境况的人的经验而获得丰富和补充。

  同样的，因为在原则上，民主代表自由互换，代表社会连续性，所以必然发展出一种知识理论，在知识中找到使一种经验得以可用，从而为其他经验提供方向和意义的方法。近来生理学、生物学以及各门实验科学的逻辑学的发展，为构建和阐述这样一种理论提供了具体的理智的手段。它们在教育上，则体现为学生在学校中获取的知识与在联合生活的媒介环境中所参与的种种活动或作业之间的关联。

第二十六章

各种道德理论

1. 内在性和外在性

因为道德与行为相关,所以在心灵与活动之间设立的任何二元论都必然体现在道德理论中。因为人们通过阐述哲学上的道德理论的分裂来证明道德训练中所运用的实践的正当性,并将这些实践理想化,所以,对此作一个简要的探讨是很恰当的。把塑造性格作为学校教育和规训的全面综合的目标,是教育理论中的老生常谈了。因此,我们应该警惕那些有碍于达成这一目标的关于智力与性格之间关系的观念,并且注意为成功地依照这一目标而行动所必须具备的各种条件。

我们遭遇到的第一个阻碍是:那些倾向于把活动过程分裂为两种对立的因素,即内在因素与外在因素或精神因素与身体因素的道德观念十分流行。我们已经多次指出,这一分裂是关于心灵与世界、灵魂与身体、目的与手段关系的二元对立的顶点。在道德上,这个分裂体现为行动动机与行动后果、性格与行为的彻底分裂。动机和性格被视为某种完全"内在"的东西,它们只存在于意识中,而后果和行为则被视为外在于心灵的,行为仅仅关乎实现动机的动作,后果只关乎作为结果所发生的事情。不同的学派要么将道德视为心灵的内在状态,要么将道德视为外在行为和结果,从而使内在因素与外在因素完全处于分离的状态。

有目的的行动是经过仔细斟酌的,它涉及自觉地预知目的和对事情正反两面进行内心的权衡,也涉及憧憬或渴望实现目的的自觉状态。深思熟虑地选择目标和固定的意愿倾向必须有一定的时间,而在此期间,完全公开的行动都暂缓了。如果一个人还没有拿定主意,那么,他就不知道要做什么。因而,他会尽可能地拖延明确的行动。他这一处境可以比照一下一个考虑跳过水沟的人的处境。如果他确信自己能或不能做到,就会在某一方向上采取明确的行动。但是,如果他还在考虑、不能确定,他就会踌躇迟疑。如果公开的行动方针悬而不定,他的活动在此期间就会局限于有机体内部能量的重新分配,以便为某个明确的行动方案做准备。他用双眼度量那条水沟,使自己处于紧张状态,以体会能自由支配的能量;他四处寻找其他跨越的方式,思考越过水沟的意义。这一切都意味着增强他的意识,意味着对内关注他自身的态度、力量和愿望,如此等等。

然而,显而易见,这种个人因素向自觉的认识的涌动在时间上是整个活动发展的一部分。这个活动并非起初有一个单纯的心理过程,随后突然跟着一个完全不同的身体过程。实际上,它是一个连续不断的行为,从较为不明确的、分离的、迟疑的状态进入较为公开的、确定的、完整的状态。起初,这个活动主要由有机体内一定的张力及调整过程来形成;而当这些张力和调整被综合为统一的态度时,有机体就作为整体开始行动,即实施某种明确的行为。当然,人们可以把这个连续活动中较为明确的、自觉的阶段划分出来,称其为精神的或心理的阶段;但这不过是用精神的或心理的来表示变动不居的、正在形成的活动状态,当这个活动达到完成状态时,就会释放公开的能量,改变环境。

人们有意识的思想、观察、愿望、反感之所以都是重要的,是因为它们表现的是刚产生的、早期的活动。随后,它们形成具体的、可感知的行为,以便实现目标。而有机体在早期萌发中的重新调整的重要性,在于这些重新调整是人们脱离常规习惯和盲目冲动的控制的唯一出口。它们是一种在发展过程中拥有新意义的活动,因而在通常的情况下,当人们的本能和现成的习惯受到新情况的阻碍时,都会使个人意识突显。因此,人们在着手实施明确而不可逆的行动之前,又被抛回到依靠自己来改造自己的态度上去。除非人们试图通过绝对粗暴的力量开辟自己的道路,否则,必须修正并调整自己有机体的力量,以适应所处状态的特点。由此可见,在公开的活动之前,在不确定的情境中,自觉的深思熟虑和欲求是隐含在活动中的个人有条不紊的重新调整。

但是,心灵在连续活动中的角色并不总是一以贯之的。人们对事情有不同的意愿,由于一帆风顺的活动受到阻碍而产生对特定事态的反感情绪,这样的情况可以刺激想象。构想不同的事态并不总能发挥作用,从而帮助精细的观察和回忆找到解决的方法,以便让活动继续下去。除非个人的性情倾向受过规训,否则,他容易恣意地放纵想象,因为想象的对象非但不依照活动中的各种现实可行性而受到各种条件的检查,反而因为它们产生直接的情感上的满足感而允许其发展。当人们发现自己的力量受到不适宜的自然和社会环境的阻碍而无法成功地展现时,最简单的解决方法就是打造空中楼阁,以代替实际结果,因为实际结果会引起思想的痛苦。因此,在公开的行动中,人们在心里默许并打造了一个幻想的世界。思想与行为之间的分裂,反映在那些认为心灵是内在的、行为和后果是纯粹外在的,从而把两者彻底分裂开来的理论中。

由于这一分裂也许不仅仅是个体经验中的偶然事件,社会情形完全有可能把习惯于明晰反思的那个阶层抛回到自己的思想和欲望中,却又不提供使它们得以用于改造环境的手段。在这种情况中,人们通过对相异的敌对的环境的藐视以及败坏其名声,对它进行报复。他们试图在自己的心灵中,即在自己的想象和愿望中寻求庇护和慰藉。他们赞誉自己的想象和愿望,认为它们比被轻视的外在世界更真实、更理想化。在历史上,这样的时期总是重复再现。在基督教时期起初的几个世纪中,有影响力的斯多葛学派道德体系、修道士的和普罗大众的基督教道德体系,以及其他宗教运动的道德体系,就是源自这些情况的影响而出现的。蕴含着理想的运动越是阻碍重重,对理想的内在拥有和培养就越是普遍地被视为精神上的自我独立,而这正是道德的本质。在道德上,人们把活动所属的外在世界看得一文不值,似乎一切都取决于是否拥有正当的动机,即便动机并不是推动世界的力量。18世纪末和19世纪初的德国也出现了几乎相同的情况,正是这种情况,造就了康德学派。该派声称,善良意志是唯一的道德善,这种意志被视为与行动无关的东西,也与行动在世界上所导致的改变或后果无关的、自身完整的东西。随后,它又把制度本身视为理性的体现,从而引起对现行制度的理想化。

这种纯粹的"怀有善意"的内在道德,不管产生的后果是什么,始终坚持善的倾向。它自然而然地引发了一种反作用,即人们熟知的快乐主义或功利主义。这种理论声称,在道德上,重要的不是个人意识到什么,而是他做了什么,造成了什么后果,他实际上引起了哪些改变。于是,内在道德被批评为多愁善感、独断任意、专制教条和主观任意,因为它允许人们称赞、庇护投合自己兴趣的教条、想象中的直觉,或者理想化的良心的突发奇想。按照这种道德理论，只有行为及其结果才是有价值的，它们提供了衡量道德的唯一标准。

在课堂上讲授的普通道德，很可能成为上述两种观点矛盾的折衷：一方面，某些情感的状态受到充分赏识。个体必须"怀有善意"，如果他的意图是善的，如果他拥有正当的情感意识，就可以不必对行为的结果承担一切责任。但是，另一方面，既然为了他人、为了替社会秩序提供便利并满足其各种要求，某些事情是必须做的，那么，对这些事情就必须持之以恒，而不管个体是否与自己所做的事情有关，或者是否具有从事这些事情的智力。他必须符合规则，必须坚持不懈地做，必须遵从，必须形成有用的习惯，必须学会自制——所有这些规则都表明对完成当下实际事情的重视，而根本不考虑行动时的思想、精神和欲望，也不考虑这一行动对其他较不明显的行动的影响。

我们希望前面的讨论已经详细地阐述了如何避免这两种观念的弊端。就个体来说，不论年长、年幼，如果在不能调动他的兴趣并引起反思的情况下从事逐渐累积性的工作，必定会陷入上述一个或两个观念的弊端中。因为只有在这种情形中，欲望和思维的倾向才有可能在公开、明显的行为中成为一个有机的因素。假设有一个切合学生自身兴趣的连贯的活动，这个活动需要产生确切的结果；而在这个活动的实施过程中，常规和习惯、指令和暗示、即兴的创作都变得无能为力，这时就不可避免地需要自觉的目的、有意识的欲望和审慎的反思。它们之所以变得非常必要，因为作为有特定后果的活动的精神和性质，它们不再是造就内在意识的隔绝的领域。

2. 义务与兴趣的对立

在道德探讨中,可能没有任何一种对立比服从"原则"的行为与服从"兴趣"的行为之间的对立更为常见了。服从原则的行为,就是不掺杂任何兴趣地实施行为,即根据高于所有个人考虑的一般法则来实施行为;服从兴趣的行为,就是以个人的利益为目标,自我中心地实施行为。它以变幻无常的便利之计代替坚定不移的道德法则。作为这一对立之基础的错误的兴趣观念,已经受到了批判(见第十章);但是,现在我们要探讨这个问题的道德方面。

我们可以在以下事实中找到解答这个问题的提示,即上述争论中,"兴趣"一方的支持者习惯于使用"自身兴趣"这个词。如果人们对对象或观念不感兴趣,他们的活动就会失去动力。以这个见解为出发点,得出的结论是:即使个人声称是依照原则或责任感来实施自己的行为的,但实际上,他确实这样做,是因为"其中有某种对他自己有利的东西"。这里的前提是合理的,但结论是错误的。对此,其他学派的回应是:既然人类能够无私忘我,甚至能够做出牺牲自己的举动,那么也就能够不带兴趣地行动。同样,这里的前提也是合理的,结论却是错误的。双方的错误都源于兴趣和自我关系的错误理解。

由于双方都假设自我是一个确定的、独立的量,因而在出于自我的兴趣而行动与不带兴趣地行动之间,出现了左右为难的困境。如果自我是某种在行动之先就确定的东西,那么,根据兴趣来行动就意味着试图为自我争取更多的东西——无论在名声、他人的认同、对他人的支配权、金钱利益等方面,还是在愉悦方面。

这种对人类本性的犬儒式的贬低所造成的反作用,就是主张有高贵行为的人是完全不带兴趣地行动的。但是,个人必然对自己所从事的事情有兴趣,不然,他根本不会去做。在一个判断力公正不偏的人看来,这是很明白的。在一场瘟疫中,如果一个医生冒着牺牲自己生命的危险去医治病患,那么,他必然把有效地履行这一职业看得比自己生命的安全更加符合兴趣。然而,如果说他的这个兴趣只是在掩饰他试图通过它去获得其他的东西——比如金钱、美名或美德;如果说他的这个兴趣只是实现另有用心的利己目的的手段,那就是在扭曲事实。人们一旦意识到自我不是现成的东西,而是通过对行动的选择处于不断形成中的东西,那么所有情况就清晰起来了。个人不顾自己安危而继续工作,这种兴趣意味着他在工作中找到了自我。如果他优先考虑自己个人的安全或舒适,最终放弃了这一兴趣,那就意味着他更倾向于成为那样一种自我。这里的错误在于把兴趣与自我剥离开来,肯定自我是目的,而对对象、行为和其他东西的兴趣则是实现目的的手段。实际上,自我和兴趣是同一事态的不同名称而已。对事物主动产生的兴趣的性质和程度,可以显示和衡量所存在的自我究竟是什么性质。人们应该记住,兴趣就是自我和某个对象的积极的灵活的认同。如此,所谓的困境就土崩瓦解了。

比如,不自私既不是对所做的事情兴趣不足(不然,就只是机械般的漠不关心),也不是无私,即缺少活力和特点。如果"不自私"一词被用于这一特定的理论争论之外,它可能指个人通常感兴趣的那种目标和对象。人们不妨设想一下促使他们运用这个词的那类兴趣,就会发现,那类兴趣有两个息息相关的特点:(1)慷慨的自我自觉地把自己等同于蕴含在自己活动中的所有关系,而不是在他自身与被他视为外来或无关的、因而被排斥的因素之间划出楚河汉界;(2)慷慨的自我重新调整和扩展过去有关自我的观点,吸取可感知的新结果。当医生开始自己的职业生涯时,可能没有想过瘟疫,也可能没有自觉地把自己与在这种状况下提供的服务联系起来。但是,如果他有一个正常发展的或积极的自我,那么,在他发现自己的职业涉及这样的风险时,就能欣然接受,把它视为自己活动的一部分。更宽容或更广博的自我意味着包含而不是否认各种关系,这种自我也就是一个扩充自己从而得以容纳以前尚未预知到的联系的自我。

在这种重新调整的有大有小的危机中,可能存在着"原则"与"兴趣"的过渡性的冲突。在惯常的活动中,人感到安逸,这正是习惯的本质;而重新调整习惯,总会涉及让人不愉快的努力——一个人不得不有意地坚持不懈地付出这种努力。换言之,人们倾向于把自我与自己习惯做的事情等同起来,或者对习惯的事情感兴趣。当意想不到的事情发生,人们必须改变自己不愿意改变的习惯时,他们会表现出反感或愤怒,由此而转移视线。既然一个人过去履行自己的义务时不必面对这种令人讨厌的环境,为什么不继续按以前的方式去做呢? 屈从于这样的诱惑,意味着把自己的思想狭隘化和隔绝化,把自我视为完美的。无论一种习惯在过去是多么有效,一经确定,就有可能带来这样的诱惑。在紧急状况中,根据原则行动并非是依照某种抽象的原则或普遍的义务行动,而是依照行动进程的原则而非与之相伴而来的那些境况行动。例如,医生行为的原则是激励生命的目标和精神,即关心病患。原则并不是为活动的正当性作证明的东西,因为它不过是这个活动能够持续下去的象征。如果活动的结果使人不快,那么,根据原则行动就等于彰显了行动本身的缺陷。如果一个人为自己按照原则行动而骄傲,他就有可能故步自封,不会从经验中学习更好的方式。他自以为抽象的原则证明了自己行动路线的正当性,却没有意识到原则的正当性也有待于证明。

但是,假如学校能够提供有吸引力的作业,尽管可能出现注意力的分散和令人不快的阻碍,但只要学生对不断发展着的全部作业有兴趣,就应该让他们继续下去。任何一种活动,如果它不具有不断发展的意义,那么,诉诸原则不过是口头上说说而已,或者是坚持某种固执的自尊心,或者是屈从于某些看起来重要而实际上不相干的因素。当然,在某些时刻,学生的兴趣减弱了,注意力衰退了,那就有必要对它们进行强化。然而,使个人不屈不挠地坚持下来的,不是他对抽象意义上的义务的忠诚,而是他真正对作业感兴趣。义务也就是"职责"——这些义务是个人为了实现某个职能——或者用平常话来说——个人为了做好自己的工作所必须具备的行为方式。如果一个人对自己的工作真正感兴趣,他就能够忍受一时的挫折而不气馁,迎难而上而坚持不懈,勇挑重担而不避重就轻。在遭受并战胜苦难与干扰的过程中,他会形成自己的兴趣。

3. 智力与性格

与道德讨论相伴随的,常常是一个明显的悖论。一方面,人们把道德与理性视为同一个东西。理性被阐释为产生终极道德制度的官能,比如在康德的理论中,唯一正当的道德动机就是由理性提供的。另一方面,日常生活中的理智价值常常被低估,甚至被故意地否定。道德时常被视为是与普通知识无关的事情。如果道德知识被视为是孤立的东西,那么,良心则被视为与意识完全不一样的东西。如果这一区分是有根据的,它对教育就有特别重要的意义。假如人们把学生性格的发展作为最高目标,同时把获得知识和增进理解力这些占据学生大部分在校时间的事情视作与学生性格无关,那么,学校的道德教育肯定是无望的。以此为基础,道德教育必然被简化为某种问答式的指导或者有关道德的课程。不言而喻,"有关道德"的课程,就是指他人关于美德和义务观点的课程。只有在学生恰好由于对他人的情感富有同情和敬意而受到过激励时,这样的课程才有一定的意义。如果没有这种对他人情感的考虑,这种课程对他的性格产生的影响不会超过有关亚洲山地的知识对性格产生的影响;如果只有奴性的服从,这种课程便会强化他对别人的依赖,把行为的责任上交给权威。事实上,只有在少数人以权威统治多数人的社会群体中,道德的直接指导才是有效的。这样的教学之所以变得有效,不是因为它本身的缘故,而是因为整个社会制度要强化它,而它充其量不过是其中的附带性事件罢了。在民主社会中,试图通过有关道德的课程教学获得类似的结果,只有依赖于情感的魔力。

在我们讨论的另一个端点上,矗立着苏格拉底-柏拉图的学说。这种学说把知识等同于美德——主张没有人会故意作恶,作恶只是因为对善的无知。这一学说常常受到批评,其理由是:即使某个人知道善,他仍然会作恶,这是再平常不过的事情了。由此可见,人们需要的并不是知识,而是习惯化或惯例,以及动机。

事实上,亚里士多德对柏拉图学说的批判基于下面的理由,即道德上的美德犹如技艺,比如医学,有经验的行医者比徒有理论知识而没有任何有关疾病和治疗的实践经验的人更好。然而,这个论题取决于什么是知识。亚里士多德提出的异议,忽视了柏拉图学说的要点。柏拉图认为,如果个人没有历经多年艰辛的实践磨砺和规训,就不可能获得对善的理论洞见。关于善的知识,不是得自于书本或他人,而是经过持续的教育而获得的。它是成熟的生活经验最终显现出来的至高无上的恩赐。如果不考虑柏拉图的立场,我们很容易发现,"知识"一词被用来指称相去甚远的东西:它既可以指个人的充满活力的领悟,即在经验中获得并受到检验的坚定信念;也可以指二手的、在很大程度上被符号化的认知及一般的信念等,即没有活力的遥远的知识。显然,后者并不能准确地引导人们的行为,也不可能对他们的性格产生深远的影响。但是,如果知识意味着这样一种东西,它与人们在尝试和检验之下而获得的关于糖是甜的、奎宁是苦的这类信念相同,那便另当别论了。无论什么时候,一个人坐在椅子上而不是火炉上,下雨带上伞,生病向医生求诊,或简言之,做日常生活的任何行为,都证明某种类型的知识在行为中有直接的表现。我们有充分的理由设想,同样有关善的知识会有相似的表达。事实上,如果"善"不包含在上面提及的那些情形中所感受到的满足感,那它就是一个空泛的术语。一个人认识到别人应该知道些什么,可能导致他做出某种行为,以获得别人对这种行动的称赞,或者至少给别人这样的印象,即他和他们是一致的。然而,这样的知识不可能激发个人的积极性及他对别人信念的忠诚。

因此,无须为"知识"一词的确切意义而争论不休。注意到被涵盖在同一个名称下的不同性质,认识到通过经验的迫切要求而获得的第一手知识对行为产生的巨大影响,对教育目的来说,已经足够了。如果学生只从与学校课程有关的书本中学习,而且只是为了在被人要求时复述出自己所学到的东西,那么,知识只会对某种特定的行为,即对那种听从他人指令进行重述的行为产生影响。不足为怪,这种"知识"并不能在校外生活中产生影响。但是,这不是割裂知识与行为的理由,人们不过是把这种知识的层次看得比较低罢了。对于只涉及专业的分门别类的知识,情况也是这样;它们只是在自身狭隘的层面上改变行动。实际上,学校里的道德教育是与确保知识的获取有关的——这种知识与人的各种冲动和习惯的体系相关。任何已知事实的用途都取决于它的种种关联。破坏保险箱的窃贼的爆破知识,在字面上可能与化学家的爆破知识是一样的,但他们所造成的事实是不同的,因为他们的爆破知识与不同的目的和习惯相关联,因而含义也有所不同。

我们前面有关教材的讨论,从讨论具有直接目的的直接活动,到讨论对地理和历史中所发掘到的意义的扩充,再讨论到以科学的方式被组织起来的知识,都是以维系知识和活动之间的重要联系为基础的。不管人们是否意识到,在一项有目的的、涉及与他人合作的事务中所学到和用到的东西,就是道德知识;因为这种知识培养社会兴趣,并为了使兴趣在实践中变得有效,它还提供必需的智力。正是因为课程中的各门科目代表了社会生活中的标准因素,因此具有启发社会价值的功能。单纯的学校科目只具有特殊专有的价值。如果学生在认识到这些科目所具有的社会意义的状况下去学习的,它们就培养了学生的道德兴趣,发展了他们的道德观念。另外,在学习方法这一主题下所讨论的关于心灵的种种品质,本质上都是道德的品质。思想开明、专心致志、真诚、视野开阔、一以贯之、承担自己所认可的观点的后果的责任,这些都是道德的表现形式。然而,假如人们把道德的这些特点与对权威指示的外在服从等同起来,这种习惯可能导致他们忽视这些理智态度的伦理价值,也容易把道德简化为僵硬的、机械的规则。因此,尽管这种态度造成了道德结果,但这些结果在道德上并不受人欢迎,在许多事情都有赖于个人倾向的民主社会中更是如此。

4. 社会性和道德性

在前面章节中阐发的教育观都努力避免我们曾经批判过的所有的分裂,而这些分裂实际上源自以过度狭隘的眼光去看待道德。一方面,人们不考虑从事社会所需事务的有效能力,而把道德转向情感性的伪善;另一方面,他们又过于强调习俗和传统,以至于把道德限于一系列明确指定的行为。事实上,道德与涉及人们之间关系的行为一样宽泛,甚至可以说,它潜在地包含了人们所有的行为,即便他们在实施这些行为时并没有考虑到相应的社会效应。因为依照习惯的原则,每个行为通过其所设定的某种特定的偏好和欲望,都会改变人的性情倾向。要辨别由此而得到加强的习惯何时可能对人们之间的关联产生直接而可察觉的影响,是不可能的。某些性格特征与人们的社会关系有非常明显的关联,以至于人们在强调它们——如真诚、诚实、纯洁、友善等的意义时,称之为"道德"。但这只是表明,相较于其他态度,它们具有主导性的特征,因为它们调动了其他态度。它们之所以被视为道德,并不因为它们是独立的、排他的,而是因为与人们尚未确切地认识到的其他许多态度息息相关——他们甚至还没有给那些态度命名。单独地称它们为道德,就像把骨骼认作有生命的身体。骨骼当然重要,但其重要意义在于支撑身体的其他器官,以便使它们整合起来,有效地进行活动。人们称之为美德的那些品质,也是如此。道德关系到性格整体,而性格整体又涉及个人所有的具体特点和表现。一个人有美德,并不表示他拥有被培养出来的独一无二的性格;而是表明,他能够通过生活中的一切活动与他人发生关联,从而全面且得当地成为他所能成为的人。

归根到底,行为的道德的品质与社会的品质是相互一致的。因此,衡量学校行政、课程和教育方法的标准就是它们在何种程度上受到社会精神的推动。这只是明确重申了前面几章有关教育的社会职能的重要性。对学校工作的巨大威胁,是缺少使社会精神具有渗透性的条件,这是开展有效的道德训练的敌人。因为只有满足了一定的条件,这种精神才能积极地表现出来。

(1)首先,学校本身必须拥有共同体生活所提示的一切意义。只有通过真正的社会媒介环境,即人们在这一环境中相互交流意见,形成共同的经验,才能发展社会知觉和兴趣。任何人,只要他以前与别人有充分的交往,学会了语言,就可以在相对独立的情况下获得有关事物的知识。但是,领会语言符号的意义却完全是另一回事,它涉及在与别人的关联中共同劳作和游戏的情境。本书之所以主张通过持续的有建设性的活动来进行教育,是基于这样的原因,即那些活动提供了社会氛围的契机。学校不再是离开生活而学习课程的地方,而是一个社会群体的缩影;其中,学习和成长是共享当下经验的插曲。运动场、商店、工作室、实验室,不仅指导年轻人积极的自然趋向,而且涉及交往、交流和合作——这一切都扩展了对各种联系的看法。

(2)校内学习应该与校外学习相连贯,两者之间应该有自由的互动和影响。只有个人的社会兴趣与他人有很多接触点时,这种连贯才是可能的。不难想象,一个学校应该有友爱精神和共享活动,但其中的社会生活不能代表校外世界的生活,反而像修道院的生活一样。在这样的学校里,尽管学生对社会的关注和理解得到了发展,但它们不适用于校外,也无法把它们带到校外去。城镇居民与校内师生之间的阻隔,以及学究式的离群索居的生活,都是沿着这一方向展开的。坚守过去的文化,产生怀旧的社会精神,也是如此,因为这让个体对以往的生活要比他现在的生活更自在。以文化素养自诩的教育尤其容易陷入这样的危险。由于理想化的过去庇护和抚慰着这一精神,当今的热点事务反而被认为是低下的、不值一提的。但是,在通常的情况下,学校与社会有隔阂的主要原因是不注意社会环境;在这个环境中,学习既是一种需要,又是一种回报。而这一隔阂使学校里的知识无法应用到生活中,由此,在学生性格的形成中也提供不了任何帮助。

人们之所以无法认识到教育中所有可取的目标和价值本身都是道德的,是因为一种局限的、说教式的道德观引起的。规训、自然发展、文化、社会效能都具有道德特征——它们标志着个人是教育有责任要推动的社会中有价值的成员。正如古语所说,一个人只是好人尚且不够,还必须做有用之材,即有能力作为社会成员而生活;而在与别人共同生活的过程中,他所得到的东西与他对社会所作出的贡献是相称的。个人作为有欲望、有情感和有观念的存在者,他所得所予的并不是外在的所有物,而是对自觉生活的拓展和深化——对各种意义的理解更加强烈,更加规范,更加开阔。他在物质上的所得所予,至多是发展自觉的生活的机会和手段。否则,就既不是所予,也不是所取,只是改变了事物在空间中的位置,就像用棍子搅动水和沙子一样。实际上,规训、文化、社会效能、个人提升、性格完善都只是个人分享这种平衡经验的能力发展的各个方面。教育不只是实现这种生活的手段,它本身就是这种生活。道德的本质就是保持这种教育的能力,因为只有不断地重新开始才是自觉的生活。

概要

学校中道德教育的重中之重,集中在知与行的关系上。因为假如在常规学业的课程中产生的学问对学生性格没有什么影响,那么,把道德目的视为教育统一的、最终的目的,也是徒劳的。一旦认知方法和材料与道德成长之间失去了紧密的、有机的关联,就不得不诉诸个别课程和规训模式:知识没有被整合进通常的行动动机和人生观中,而道德则成了说教,即彼此分离的德性的拼凑图景。

把学问与活动分离开来,并由此而割裂了学问与道德的关系,主要有以下两种理论:一种理论把内在倾向与动机,即自觉的个人因素与单纯身体的、外在的行为割裂开来；另一种理论则把为兴趣而实施行动对立于为原则而实施的行动。有一种教育方案弥合了上面提到的两种分离，主张学问是伴随着具有社会目的、利用典型的社会情境材料的持续活动或作业而来的。因为在这种情况下，学校本身成了一种社会生活形式、一个共同体的缩影，并且与其他模式的校外共同经验之间息息相关。一切能发展学生的力量，使他们有效地参与社会生活的教育，都是道德教育。这样的教育培养出学生如下的性格，即他们不仅仅从事社会所必要的特定的事情，也对不断重新调整发生兴趣，而这种重新调整对成长是必不可少的。对于生活中的一切交往发生学习的兴趣，本质上是道德的兴趣。

修订版译后记

为什么说杜威是一位深刻的自由教育的倡导者？这是在阅读和翻译这部《民主与教育》时常常浮现在我脑海中的一个问题。在哲学史上，杜威常常被视为美国实用主义哲学的代表人物，但从这部著作中可以发现，他不但没有把文化与实用对立起来，并且还致力于批判哲学史上这类根深蒂固的二元对立。杜威在书中指出，在各种教育价值的分离中，"文化与效用之间的分裂是根本性的。尽管这种分离常常被视作本质性的、绝对的，实际上却是历史性的、社会性的"，我们面临的问题是，"自由教育专注于为认识而认识的自足自立的闲暇生活，而实用的、实际的训练是为了机械地从事某些活动，毫无理智和美学的内涵可言。……旧有的历史状况的因素依然存在着，维护着这种教育上的分离"。因此，他认为，在民主社会中，哲学家有一种天然的责任，消除教育中的各种二元对立，"设立一套课程，使思想引导所有人的自由实践，并使闲暇成为承担服务职责的回报，而不是成为免除这一负担的理由"（第314—315页）。由此可见，杜威认为文化和实用的对立是社会历史原因造成的，虽然是教育的事实，却不是教育的自然本质，在民主社会中，真正自由的教育并不是属于某个"文化的"群体的特权，而是面向社会所有成员开放的。

　　杜威的这种教育理念与他的哲学观点是一致的。他在书中提到，"如果我们愿意把教育视为对自然和人类同胞的根本理智和情感倾向的形成过程，那么，甚至可以把哲学定义为教育的一般理论"（第393页）。认识论中的各种二元对立学说在理智上和事实上都影响了当时的教育理论和教育实践。就杜威的哲学理念而言，人的平等是道德上的平等，是承认事实上个体差异性的平等，因此，民主社会中的教育应该是引导人们充分基于自己的倾向发展自身的教育,这样的社会让"人是目的"成为可能,任何一个人都不是其他个人或群体的手段,唯有如此,才有真正的平等。可以说,《民主与教育》这部著作既阐释了杜威的教育理念,更体现了其哲学观点,值得反复阅读和思考。

《民主与教育》当初是恩师俞吾金教授与我合译的。初译稿由我完成,但因为我缺乏翻译经验,初稿生硬艰涩,俞师和复旦大学哲学学院的林晖老师、陈佳老师进行了繁重的校稿,甚至是重译工作,方终成此译稿。今年上半年,华东师范大学出版社的编辑朱华华老师联系到我谈及再版事宜,我征求了师母的意见以后,欣然接受了这个任务,考虑有二,一则《民主与教育》这部著作在教育和哲学方面都很有价值,二则当初在指导我翻译以及后期校对的过程中,俞吾金教授投入了大量的精力,此次再版是对恩师的一种纪念。在本次校订中我注意到,除了一些错字、别字以及遣词造句等文法方面的错误以外,仍然存在一些翻译上的问题。对于发现的问题以及校订中产生的疑惑,我整理后在校样中一一标明,并联系了编辑朱华华老师,她对我提出的疑问及时回应、耐心解答,在此也非常感谢她细致尽责的工作,以及在校订译稿过程中给予的无私帮助。

孔慧

2018 年 11 月　上海